晚清风云

[美] 解威廉 著
William James Hail
于丽洁 译

新世界出版社
NEW WORLD PRESS

图书在版编目（CIP）数据

晚清风云 / (美) 解威廉著 ; 于丽洁译. -- 北京 : 新世界出版社, 2016.12

ISBN 978-7-5104-6048-7

Ⅰ. ①晚… Ⅱ. ①解… ②于… Ⅲ. ①中国历史—清后期 Ⅳ. ①K252

中国版本图书馆CIP数据核字(2016)第276265号

晚清风云

作　　者：[美] 解威廉
译　　者：于丽洁
责任编辑：余守斌
责任印制：李一鸣　黄厚清
出版发行：新世界出版社
社　　址：北京西城区百万庄大街 24 号（100037）
发 行 部：(010) 6899 5968　(010) 6899 8705（传真）
总 编 室：(010) 6899 5424　(010) 6832 6679（传真）
http://www.nwp.cn
http://www.nwp.com.cn
版 权 部：+8610 6899 6306
版权部电子信箱：nwpcd@sina.com
印　　刷：三河市骏杰印刷有限公司
经　　销：新华书店
开　　本：710mm × 1000mm　1/16
字　　数：222 千字　印张：18
版　　次：2016 年 12 月第 1 版　2016 年 12 月第 1 次印刷
书　　号：ISBN 978-7-5104-6048-7
定　　价：38.00 元

目 录

序言

在世界上，很多知名学者认为：19 世纪发生的所有事情，都没有太平天国运动惨烈，也没有太平天国运动更具破坏性。清政府和太平天国之间，在上百座县城中三番五次地展开博弈，相互争夺，到处烧杀抢掠，使很多城市沦为一片废墟。更别说那些农村了，之前土地肥沃，如今荒芜一片，人烟稀少。太平天国运动的前进步伐，都离不开激烈的战争。他们这么做的目的是为了动摇清政府的统治，迫使皇帝退位。对于太平天国的叛乱者们，大概在 1882 年，威廉在《中央王国》中就写道：

从始至终，他们的存在就像魔鬼一样。在他们的身旁只有不幸。他们不会去费尽心力保护已经被损坏的事物，和那已破败不堪的世界，也没想过重建一个新世界。他们从别人手里抢走的东西，从来没想过要归还。他们曾踏足过的地方，没有一处不遭到破坏，都成了废墟。这里，飞禽走兽自由自在地行走，还成了一些鸟兽筑巢的最佳之选。这里曾经百姓们繁忙嘈杂，如今只剩下动物的吼叫声。以前，肥沃的土地上都是人们辛勤劳作的身影，现在却是荒草丛生。不计其数的金钱，不是被浪费了，就是被毁坏了。而那些有幸在战争中活下来的人，仍然生活在贫困线上，随时都有可能没有饭吃或得病。听一些来自上海的外国人说，在太平天国运动的十几年间（1851—1864），预计已经有2000多万人直接或间接因其而献出了宝贵的生命。

太平天国运动之所以在很短的时间内就发展得如此迅速，一方面和清政府中央集权衰落有关，权力被各势力所分散；另一方面也和清政府官员自身能力有关，他们大多没什么真本事。尽管如此，企图推翻清政府的太平天国运动还是失败了。究其原因，主要是在1851到1858年这段时间内，没有一个强有力的领导者来很好地组织运动。还有一个原因也是人们不能忽视的，那就是曾国藩的存在。在国内，曾国藩获得了本应属于他的所有荣誉。但国外并非如此，外国人更迷恋一支人数不多的洋枪队，这支队伍在当时是赫赫有名的。起初，华尔组建了这支洋枪队，不过后来戈登做了指挥官，官兵全部参照外国的模式进行训练。这支洋枪队在国外威名远播，戈登也因此被人们当作圣徒一样。不过，人们却忘了当初镇压太平天国的真正主人公。

李鸿章和戈登窃取了本该属于曾国藩的荣誉，被历史所铭记并被人们所崇拜。这样的事，在世界史上并不常见。中国长期存在的行政制度使国家内部乱七八糟，可曾国藩没受到影响。尽管没有多少人愿意和他合作，也没有足够的经费给他的部队提供保障。尽管他对兵法不熟，他还是花了十几年时间，仅仅以2100多万两白银就将太平天国运动镇压了下去，这不得不说是很罕见的。他的思路是清楚的，有着坚韧毅力，不乏耐心，做事小心谨慎，知识渊博，正是凭着这些品质，他才能做成这件难以完成的事。即使有人把本应属于他的功劳抢走了，他也不担心，还很情愿将这些功劳拱手让人。对那些有着优秀品质的人，他很愿意招揽到自己身边，取他人之长补自己之短。他信奉儒教，所作所为都以孔子为榜样来严格要求自己。那些不忠不孝之事他是不会做的。他直言不讳，谁也不欺骗，即使身处一个失信的时代，也能出淤泥而不染，将诚信作为自己为人处世的根本。

根据我所知道的情况来看，我并不是最早将曾国藩当成华盛顿的。有一位专门写传记的日本作家更早地用"远东的华盛顿"来比喻曾国藩。曾国藩和拿破仑的差异很大，因此不能把曾国藩和拿破仑相提并论。而他能被比作华盛顿，也是名副其实的。他始终都没有放弃对理学的追求，也始终凭着自己的良心做事。因此，他凭借自己的力量，主持和指挥大战，凭弱小的力量战胜力量强大的太平军，使中国免于四分五裂，陷入水深火热之中。梁启超曾赞许他："曾国藩这样的人，在有着悠久历史的中国是很少见的，在世界历史上也是寥寥无几的。"有些人可能认为这样的评价是夸张的，可如果放在19世纪，这样称许他是一点儿也不为过的，人们都不会反对。

民国成立之初，有些人对于本是汉人的曾国藩，转而拥护满族人建立的清王朝的君主专制政权，表示不赞同，且议论纷纷。而曾国藩就是这样的一个人，即使不是在中国，远在西方的欧洲，人们也都不喜欢君主专制。其实，这种观点并不是出现在曾国藩在世时，而是在他过世很久之后，中国人才认可的。既然一个人已经不在这个世上了，那我们就不应该用这样一种观点来评价他，这么做对他来说是不公平的。我们可以站在曾国藩的处境考虑一下，如果自己生活在当时的清王朝，会怎么样代表政府发声呢？有些年轻人在这种理念尚未在中国确立时，就已经批判了专制制度，但他们却没有考虑到当时的曾国藩所处的时代背景。那时，各资本主义强国都在建立自己的帝国，假如清政府的官员们都不效忠政府，都很弱小，都不愿意保卫国家，那在和太平天国等的战争中，列强就可能轻而易举地分割中国的领土。曾国藩和那些一起战斗在前线的将领们，镇压了太平天国运动，也镇压了其叛乱，有利之处就在于中国没有被瓜分，始终拥有自己独立的主权。当然，中国对西方列强主动妥协就另当别论了。

这本书最初是我在耶鲁大学读书时候的博士论文，起初只写了太平天国运动那段时期的曾国藩。后来，我将曾国藩晚年的最后7年也补充了进去，以保证书的完整性。补充的内容主要是镇压捻军的准备工作，李鸿章最终能快速击败捻军，也都依赖于曾国藩打下的良好基础。同时，增加了曾国藩当直隶和金陵总督时所发生的事。在曾国藩所留存的信件中，我将对其一言一行产生重大影响的准则信条整理了出来。另外，当时的清政府是何种情况也做了补充，这对于引导读者理解太平天国运动迅猛发展的原因会有所帮助。为了使书更好地体现出所补充的内容，一些战争我只做了简单的介绍。

中国的一些人名和地名用罗马字母不太容易标记，幸亏现在有几个注音系统可以帮忙解决这一问题。一般情况下，我主要参考邮局名单来标记地名，用威妥玛式拼音标记其他名称。但一些已经约定俗成的个例，我没有改变，避免别人觉得我是在独创新意。

西方读者在阅读此书后，假如以完全客观的立场来对待太平天国运动，看待曾镇压过太平天国运动的曾国藩，那笔者会感到非常光荣。不过，这仅仅是开始。在书中所叙述的历史时期中，中国对于外交关系的处理变得越来越重要，因此，对于书中所涉及的史料，是不能忽视的，要仔细研读才行。在很长时间内，我们都是站在西方人的视角上对待这段时期的历史，这肯定对我们认识自己的历史有弊端。

在耶鲁大学威廉教授的指导下，我完成了这本书的写作。我从威廉教授那里，借到了很多稀有的档案和书籍，这些珍贵的史料为我的写作提供了保障。当我决定对此书进行修订时，教授提出了很多宝贵的意见，我都接受了，并做了修改。对此，我非常感谢威廉教授。另外，浅川教授帮我做一些翻译的工作，我也很感激；来自长沙的沃伦牧师帮忙修订部分章节，并提出了有益的见解；我的很多汉语资料都是耶鲁中国分院的左幅等成员帮忙整理的。

海尔（Hail. W. J）

中国，长沙

1926.11

第一章

大清帝国

1. 军事

19世纪中期，正值太平天国运动酝酿时期，当时中国的匪徒帮派和狂热的宗教分子的活动都呈力量微弱之势，只是在各省有些小范围的扰乱活动，根本威胁不到大清帝国的全局。对于这些活跃在两广及湘南的非法势力，政府军基本上全无作为，人们指望的能拨乱反正的清朝政府，表现得像处于瘫痪之中似的。据史料，1849年，当时两广总督掌握的军队数量，除去军官数不计，士兵总数高达89000人，其中广西的驻兵为22532人，广东的驻兵为66907人。即使客观地扣除55401人的驻防和执行警备的队伍力量不计，仍有一支34000人的由骑兵和步兵共同组成的野战部队，是完全有能力消灭那些在萌芽中的势力的。[1] 贯穿清政府军政

[1] 对清军军队的论述和数据源于威妥玛刊于《中国文库》第20卷的论文，以及帕克的《中国》一书。

等各个组织层级的分权政策，是导致清军无能乏力的罪魁祸首。在军事上，政府从国家一级，即将部队分为从官兵等级、组建原则，到特权享受等截然不同的两个系统：八旗和绿营。

早在满洲人还未通过战争征服明朝的1614年，满洲的武装力量即以八旗的形式组建起来。八旗具体分为两部分：上三旗（包括镶黄旗、正黄旗、正白旗）和下五旗（包括镶白旗、正蓝旗、镶蓝旗、正红旗、镶红旗），囊括了所有的满族人。其核心力量为8个师，每个师建制7500人，由一名都统指挥管理；每个师下分为五个团，建制1500人；每个团下又分为五个营，建制300人。[1]

不过，清王朝建立的过程中，满族军队的胜利也多赖于蒙古族和汉族军队的力量，所以建朝之初，八旗也吸纳了很多蒙军和汉军的成员。随着蒙汉两军人数的日益增长，满族人意识到满蒙汉混编的政策需要调整，于是在1635年，蒙军16840人被整编入八旗；7年后，最初加入满洲军队的24050个汉军也被编入了八旗。直至征服明朝的战争胜利为止，八旗作为满洲军队力量的核心，已形成了能够护卫整个皇宫、京城、直隶，以及北部、西北边境安全的，总兵力10万人左右的庞大力量。八旗军队后来大多驻防在东北、直隶、新疆等地，人数增加至20万人，八旗人的身份可以世袭。具体数据见下表（数据为1825年的近似数据）：

地区	军官（人）	列兵（人）	编外（人）	工匠（人）
直隶16	7919	131493	31694	2528
东北4	1086	41350	1138	1568
新疆1	289	13576	504	128

[1] 参见《学报》（皇家亚洲协会北华分会新版）第22卷，第3—5页。

（续表）

地区	军官（人）	列兵（人）	编外（人）	工匠（人）
总计	9294	186419	33336	4234
内地其他省份	1297	49595	8088	1011
全部总计	10591	236014	41424	5245

注：上表数据摘自《中国文库》第20卷，其中①列兵含少尉及以下军衔的军官；②可以选拔编外人员进入八旗，他们具有现役军人资格；③内地其他省份的兵力中，一半驻扎在陕、甘、晋，另外一半驻扎在其他八个省份。

非常明显，采取这样的兵力部署方式，能有效地防备来自蒙古、新疆等地的威胁，最大程度上确保东北、直隶地区的安全。其中驻扎在陕、甘、晋等西北各省份的军队，作用非常重要，可作为京城的第一道防线，而驻扎在直隶的军队，则作为坚固的屏障环卫着京城的安全。在除较偏远的云贵两省外的其他地区，则只在总督所在地才会布置一定的军力。（或许因为过于遥远，原为吴三桂封地的云贵两省，在吴三桂反叛被平息后，只留有一支小型军队负责其安全）其他各省的驻军数量则非常有限，如广西、江西、湖南和安徽，虽然设有巡抚一职却无任何兵力安排；河南开封只驻扎了1000名士兵；山东的驻军人数为2600名，分布在青州和德州两个大营；四川省辖区广袤，也只在成都军区驻扎了222名军官和2528名士兵。（以上数据引自威妥玛1850年整理的1825年的数据）长江沿岸的军队部署别有不同，因为清廷明白水道之重要性。为了便于控制四川、震慑湖广，清廷在湖北荆州派驻了旗营，并且在金陵、京口也部署了军队。荆州、金陵、京口三处的军队部署如下：516名军官和6292名士兵驻扎在荆州，369名军官和3122名士兵驻扎在金陵，147名军官和1596名士兵驻扎在京口。

两位满族将军掌管闽浙两个沿海省份的驻军，其中一位将军下辖两支军队，一支为驻扎在福州的，由270名军官和1970名士兵组成的军队；一支为驻扎在乍浦的，由104名军官和1526名士兵组成的海防军。另一位将军也是如此，掌管着一支由209名军官和2000名士兵组成的军队，以及一支由39名军官和475名士兵组成的小型海防军。广东省的总兵力包括249名军官和4599名士兵，全部驻扎在广州城。[1]

各省，除山东、河南两省外，驻防军队的最高权力都由满洲将军掌管。满洲将军的地位高于地方总督，直接对北京政府负责，地方政府必须满足驻地部队的生活供给。山东、河南两省没有满洲将军，其驻军的指挥权由八旗军官负责，八旗军官的级别较巡抚低一级。京城的军事力量则由兵部统一领导，由24名都统组成的领导集团具体负责指挥，每名都统都代表一旗。

享有世袭特权的八旗子弟们是这支武装的中坚力量。其实，所有的满族男性，或从事文职或从事武职，成年后都被纳入了八旗。八旗子弟也按照亲疏远近被分成了两部分。较亲近的八旗子弟被划入上三旗，主要为皇室服务，他们无论是否在清廷任职，都会得到一定数量的补贴[2]；剩下的则被划入下五旗，这些人只有承担了编制内或编制外的实际职务时，才能领到报酬。

如今，我们可以基本把握清廷这支武装力量的特性了。在北京城及边防等较危险地区，它骁勇善战，广有声望，是捍卫清廷统治的柱石。在内地诸省，它却隶属于另一套领导班子，主要以独立驻军的名义，来监视地方督抚的统治，消灭地方大员反叛的萌芽，缺乏真正的战斗力。

[1] 帕克的《中国》一书则略有不同，该书第256页的地图显示清廷军队的部署数据为：河南驻兵820人，山东驻兵2962人，四川驻兵1500人，湖北驻兵5168人，江苏驻兵4000人，浙江驻兵5700人，福建驻兵3060人，广东驻兵6400人。但帕克并未指出数据出处。

[2] 参见梅耶斯：《中国政府机构》，第51页，载《中国文库》第20卷，第252页。

在这些地方，八旗军队被严格地限制在城墙之中，周围满是敌视他们的军民，空有高贵的身份却行动如囚犯一样。为了能和当地的人民沟通，他们还被迫学习本民族之外的语言，否则他们在集市上连一棵菜都买不到。一些满洲将军，虽然职衔上比汉人总督高，但是却常被人轻视地骂“老处女”“醉鬼”。[1] 虽然帕克也反省自己对满洲将军的描述需要更正，因为有些满洲将军还是非常勇敢优秀的，不过他的描述大体属实。

对于旗营之无能，我的描述毫无夸张，无论是主战场上的正规军还是防守的军队，当 1853 年太平军攻下金陵时，满洲人的无能和堕落暴露得淋漓尽致。（此段选自密迪乐《中国人及其反叛》第 168 页及以后，在其中，密迪乐用心地记录了金陵被攻陷后几周内他的采访，虽然他的采访信息也许只能源于太平军）据记载，当时金陵城中领朝廷补贴薪金的满洲官兵有 5106 人，据此推算，满洲成年人口能有两三万人之多。当太平军攻打金陵外城时，他们还曾遭遇了一些汉族人的抵抗，但接着他们在进攻中遭遇了城内的满洲人。密迪乐对这次遭遇战的情况进行了记述：（清廷主要将此事载入《平定粤匪纪略》一书中，在卷二第 26 页中写道：满洲人在外城失守后还坚持战斗了两天，除军人外，妇女也在城墙各处抵御协防。鸦片战争时期，满洲人在镇江也像这样拼死抵抗英军。这不禁让人怀疑密迪乐那些记载的真实性，但也完全说明不了满洲人在满城以外发挥任何作用）太平天国的天王早已公开宣称自己的首要使命就是消灭清妖。满洲人很清楚，无论是为了有恩于他们的皇室，还是为了本族的荣誉、妻儿老小的存亡，他们都必须拼尽全力、殊死战斗，然而他们却未能尽力。在充满仇恨和所向披靡的太平军面前，他们的精神和勇气都被击垮了，他们跪在地上向天平军的首领求饶，大声恳求：“天王饶命啊，饶命啊天王。”……而太平军在审判了这些满洲人的恶行后，宣称

[1] 出自帕克《中国》，第247页。

这些满洲人无论男女老幼，将无一得到幸免。

驻守直隶的旗兵是否真的比地方骁勇善战，也很值得我们怀疑。因为当太平军攻陷金陵后，曾派遣一支人数不多的小分队进行北伐，当这支队伍打到直隶附近时，清廷的皇帝不得不任命无敌将军僧格林沁率领蒙古军队驰援天津。[1] 另一方面也可以说，如果八旗军队真的骁勇善战，那么太平军在直隶就应该被八旗打败了。据威妥玛制作的一张表格（《中国文库》第 20 卷，第 404 页）所示，中国内陆的八旗军队的年消耗高达 1378. 502 万两。（“两”是中国的计量单位。11 两就是 1 盎司银子，但标准由各地决定，一般是一两相当于$1\frac{1}{3}$盎司。此处按照标准的国库两计算）假如帕克的数据是准确的，那么加上东北和新疆的八旗军队的花费，八旗军队的年军费高达将近 1600 万两，这个数字是太平天国起义爆发前清朝廷年总收入的 1/3，比帕克所列的支出额多出了一半还多。[2]

相比较而言，汉人的军队与旗营的区别是非常大的，其官兵都是源自全国各地的志愿军。汉军中，除军官的民族满汉不拘外，所有的士兵都均匀地部署在全国 18 个省份，都是当地人。但是，我们不能错误地将其理解为一支国家军队。因为一个军官一旦上任，他就有了对自己士兵的全部掌控权，在事实上能独立号令自己手下的武装力量，即使最初他的职位任命需来源于位于北京的清政府。鉴于复杂交错的监督体制，他们还需仰赖所在省的军官、文官系统的支持。我们无法在西方国家的军事指挥体系中，找到与其类似的情况。

[1] 见《京报》，1853年11月7日。

[2] 参见帕克《中国》一书第198页及其以后。在这里的预算中，总收入是4687.1万两，总支出是3152.28万两。帕克说总军费只有1959.91万两，而那些驻京八旗人员的开销仅为二三百万两。我猜，他的预算的开销，可能只包括了北京、东北、内蒙古和新疆等地，而没有包含由各省级财政负责的内地各省的花费。

汉军和满八旗一样，也是以 7500 人为基础组成的一个庞大的队伍，这支武装力量被称为“绿营”，其形成的历史可以远溯至满洲入主中原前内部争权夺利的时代。绿营下辖的军事力量目前尚未明确是否与满营一一对应，但有一定可能。顺治皇帝在北京登基时，至少有三支总数不下 15 万人的汉人军队帮助清廷征战各省，这些军队的指挥将领也都是汉人。[1] 如前所述，有些汉人被纳入了八旗之中，而那些更多的不在八旗之列的汉军，则组成了绿营。回顾历史，清廷建朝之初即在华南地区的云南、广东、福建和广西分封了四名藩王，他们是曾经协助过清军的吴三桂、耿仲明、尚可喜与孔有德。[2]

1673 年，掌控云南、广东和福建等地的吴三桂和另外两位藩王发动了叛乱，叛军一度取得了很大的胜利，控制了包括华南、华西以及华北等部分地区。然而，注定成为中国最伟大的君主之一的康熙皇帝成了叛军的劲敌。他年轻而又胆识过人，吴三桂和康熙两个强悍的敌人之间鏖战了很久。终于，吴三桂在 1678 年围攻湖南永兴时去世，藩王的叛乱逐渐被平息。但是这场叛乱产生的影响是非常巨大的，满洲人开始改革其政治体系，在汉族地区兴起并开展了官僚体制的改革。在某一省份的官僚体系中，权力被分散给文武官员掌管，而同一官僚体系中，权力又被分发给各级别不同的官员。[3] 后来在康熙及其继承人的统治下，这一政策又得到了进一步的发展。各省份的政治架构逐渐形成了由三个独立的领导系统——督抚系、满洲将军系和提督系组成的三大组织系统。各省

[1] 参见《中国文库》第20卷，第252页及其以下；皇家亚洲协会北华分会新版《学报》第22卷，第3~5页。

[2] 参见李翁兵的《中国史纲》，第358~368页。罗斯的《满人》第353页。广西的藩王是自杀的，去世比较早，只留下一个无法继承王位的女儿，不过她嫁给了所在省的满洲将军，因而对该地有一定的控制力。

[3] 参见李翁兵的《中国史纲》，第368页及其以后。

的文武大权都被打散并分散给两到十个权力中心。地方督抚能直接掌控的军队不超过他的五六千名护卫，但是却能通过本省钱粮而间接影响该省的军队。满洲将军比总督的地位更高一些，他以与督抚大致相当的兵力来制约总督，他的部队一般与总督共同驻扎在省会或其附近。相似的，地方巡抚在级别上与提督相等，但是也受到提督这个主要负责指挥省内武装力量的地方最高军事长官的制约。提督偶尔才会驻守省会，一般来说，提督会驻扎在该省省会之外的一些大城市。

实际上，下级军官们也会对提督的权力形成一定程度上的限制。现实生活中，当这些军官驻守在不同的区域后，尽管他们按规矩要听提督派遣，要倚靠上级提督才能与位于北京的兵部进行接触，但已在事实中形成了相对独立的机构，很难被上级任意调动，他们从提督那儿收到的也多是督促而非强制性的命令。这些小部队对于地方的低级官员意义非凡，因为这些部队的士兵多驻扎在各战略要地，保护着地方各个主要的商业中心。无论被谁调动集结走，都会使地方的犯罪率上升，给地方的治安形成很大的压力，正像 1847—1850 年的广西一般。

所以地方政府常常对上级的调遣有意拖延，他们出于保护辖区城市的考虑，十分不愿辖区的驻军被调遣走。

对于中部各省而言，绿营的困境不止如此。如管理着大运河的总指挥负责运粮，而长江和黄河却由河督负责管理，他们又各自掌管着自己的绿营兵。实际上，康熙构建的这个政治体制，看起来很理想，在实际操作中却需要所有的文武官员精诚合作才能真正运转起来。而要求各级官员严格协调一致，显然违反了人类的本性。所以，除了真正达到了康熙想要实现的，地方官员绝对不可能反叛中央政府的目标外，在其他方面很难起到应有的作用。

因此，绿营并不比旗营的作用强多少。官员指挥体系的互相影响和指挥权力的分散，使得某位巡抚或者提督能够迅速地调集一支规模庞大的军队的希望，成了泡影。很显然的，对于绿营来说，相对于野战，他们最多只能守卫保护省会和重要城市，更适合驻守和防卫。绿营在预防体系内的叛乱上可能会更有效果，如总督体系的绿营可以预防提督或者总兵体系的叛乱。除非招募新兵，他们很难大规模地集结，所以只能用来镇压地方乡镇辖区的小规模叛乱，而对于大规模的叛乱，则无能为力。又由于不同体系之间官兵合作上的问题，即使军队大规模地集结，也难以顺利地协调合作。

地方 14 省的兵力分配中，防御部队的数量都超过步兵、骑兵的数量的总和，即使各省步兵、骑兵和防御部队三种兵力的比例分配各不相同。1850 年，清廷拥有的兵力如下：骑兵 87100 人，步兵 194815 人，防御部队 336404 人，共计有 618319 人。各省的兵力的具体分布如下表：

省份	师或军区	兵站	总开销（两）	骑兵	步兵	防御部队	总计
直隶	10	138	75360	12829	12049	24311	49189
山东	5	41	568720	3572	2087	19217	24876
河南	3	35	315560	2563	……	11033	13595
江苏	8		954080				
安徽	2	89	113470	4126	10433	31251	45810
江西	3	38	262150	982	1010	7787	9779
浙江	7	62	846950	2196	10791	23527	36514
福建	11	78	1398470	3786	24869	32780	61435
广东	11	95	1463860	2183	22108	42616	66907
广西	4	47	522400	1505	8222	12805	22532

（续表）

省份	师或军区	兵站	总开销（两）	骑兵	步兵	防御部队	总计
四川	7	79	888240	4036	11511	18280	33827
湖北	5	42	533450	2572	5218	14262	22052
湖南	4	53	608720	2262	7065	16477	25804
陕西	7	92	1023407	12390	17589	12085	42064
甘肃	9	116	1395110	22493	23358	10829	
云南	9	53	875870	2538	17229	15447	35214
贵州	6	67	728330	2571	12807	29765	45143
额外			168000				
总计	114	1178	14661997	87100	193815	336140	617055

依重要性来说，显然频繁调动的骑兵的地位更重要些。[1]

无论是在陆军还是在水军中，都采用与文职官员类似的招募办法。除被任命的随军工匠和医生之外的其他官员，一部分可通过考试被招募，另外还可以通过四种方式得到军职：从五品官员至公爵的官阶可以世袭官衔，儿子可因父亲的军功获得名誉官职，儿子可因父亲殉国牺牲而得到名誉官职，由于自己的军功而得到逐层的赏识提拔。[2]

然而，获得名誉上的官衔和被委任实职有着本质上的区别。获任实职有三大途径：其一，等候出缺。那些有官衔的军官，经常会被派遣到各省，等候适当的实职位置上出现官员的空缺。这些军官多是通过正规

[1] 选自《中国文库》第20卷，总结见于第365页。我们要记住的是数据中的薪俸开销只代表朝廷的支付数，其中肯定含有不少空饷。

[2] 选自《中国文库》第20卷，第294页及其以下。

途径选拔出来的中尉到中校级别军衔的官员。其二，论资排辈。有些省（湖南、陕西、甘肃、四川、广东、广西、云南、贵州和福建），则由总督、巡抚或者提督等直接从现役的人员中选人推荐出任相应的职位。在这些省份中，如果这次选用这种办法来选任官员，那么人们都很清楚，下一次要换一种方式来提拔和任命了。第三种办法才是按照实际的能力功勋来选任军官。通常情况下，中校以上级别的军官需中央根据地方的举荐来进行选拔和任命，而各省级官员则可以直接决定中校以下级别官员的选任。在与战争相关的人事任命中，很多时候，上级都会给予那些战场上英勇作战的军兵，以升职或承诺升职作为一种特殊的激励。

武官的等级与文官的等级设置是对应的，但是由于武官的级别代表着四肢发达勇猛，而不意味着头脑和学识，所以同一级别的文武官员中，武官的级别会被看得相对低一些。下表是武官的官名、对应的官衔及其指挥的人数。（表中对应的名称来自《中国文库》第 20 卷第 366~390 页威妥玛的论文。而梅耶斯的《中国政府》中第 59~61 页则开列了不同的名称，自旅长以下，各级军官都降了一级）

职衔	对应的英式官衔	指挥的人数
从一品　提督	将军或总司令	标　理论上是7500人，但实际上平均约为5424人
正二品　总兵	将军或师长	同上
正（从）二品　副将	旅长或司令	协　人数不详
正三品　参将	上校	营　平均525人
从三品　游击	中校	营
正四品　都司	少校	营
正五品　守备	上尉或中尉	营
正六品　千总	中尉	哨　半营长50到100人不等

（续表）

职衔	对应的英式官衔	指挥的人数
正七品　把总	中士	哨　半营长50到100人不等
正八品　外委千把总	下士	哨　半营长50到100人不等
从九品　二外外委武职	下士	

现在我们将研究的范围缩小到广东、广西这两个太平天国运动兴起的省份。这两个省的兵力大约由 2688 名骑兵、30330 名步兵和 55421 名防御部队组成 14 个师，分布在 142 个军营中。由于军营分布过多，平均下来，每个军营中的步骑兵还不到 240 人，防御部队还不到 300 人。每个军营的总兵力都不足 650 人，规模既小，又分散驻扎在两广各地，实际工作中只能负担区域性的武装警察的职责，很难调动集结，所以也就很难控制山野间反叛势力的壮大了。

清廷军制的致命缺点在需要集结紧急制动的大部队时，暴露无遗。地方官员不愿意放弃对手中仅有兵力的掌控，他们的长官也为了避免巨大的财务负担而尽量避免援军的调动和军队空员的填补。为了保住自己的官职，区县级官员会尽量向巡抚隐瞒辖区内所发生的叛乱，当反叛力量壮大到无法控制时，他们不是隐瞒实情，谎报其严重程度，就是暗中用买通等各种诡计将反叛力量祸水引至他人的辖区。同样，巡抚等省级官员也会像他们的下级官员一样，为了官位采用瞒报乱情或者祸水东引的方式，将叛乱力量引至他人的辖区。

隐瞒症结在于，他们担心因平叛不力而承担上级的问责，上级会责备他们的毫无作为，从而最终影响他们的仕途或者财源。那时候的官员，无论文武，都要为自己的任职和继任而投入大量的活动经费。顺理成章的，他们也会将自己的官位当作一种投资的回报，希望在任期内获得尽可能多的盈利。可能会被革职查办或需要重金贿赂的那些突发事件，很可能让他们一蹶不振，血本无归。

在军队中，由于军官们想尽办法吃空饷，所以三类部队的兵源长期不足，现役士兵多为老弱残兵。军官们最常用的办法就是向所在辖区的政府索要全额的人马粮食与津贴，而实际上，他们手下服役的人员津贴被压缩得极低，真正服役的人马也只有一部分。当面临上级阅兵或其他需要出动大规模部队的紧急情况时，这些军官会将未经过任何训练、毫无战斗经验的农民和劳工临时招募进来，把他们当作战斗人员来使用。[1]

清政府的一些监察人员也针对清军既胜不了太平军，也打不过外国军队的状况，向朝廷给出了自己的解释：第一，军队并非齐装满员。军官们向上级汇报的名册中的士兵人数，并不是军队实际的兵额，因此上级无法掌握军队兵额的真实情况，并且不得不为那些并不存在的人员派发薪饷。第二，实际服役的士兵战斗力低下，缺乏有效的训练。第三，军官将士兵看作自己的私仆，侵吞了士兵们的部分薪饷，迫使这些士兵不得不私下与不法分子串通一气。第四，军队招募缺乏有效的控制，经常会有地痞流氓流入军队，这使军营中形成了一种恶劣的风气，导致普通士兵的薪饷进一步被剥夺，加速了军队的腐朽和无能。第五，很多士兵不会使用弓箭和火器，缺少必要的训练，缺乏最基本的战场迎敌技能，最终导致军队在战场上一触即败，临阵脱逃。[2]此外，军队中还有很多被士兵雇佣而来的代役者，这些代役者更是毫无责任心，时刻想着逃跑。

这样的官场现状虽然极其黑暗，但是却毫不夸张。清军在与英国人的战争中即暴露出致命的弱点，清政府却始终未能采取行之有效的办法

[1] 威妥玛的论文引用了一些御史对于此事的意见看法，本节概述了他们的观点，见《中国文库》第20卷第419页及以后。

[2] 太平天国运动伊始，周天爵给湖北巡抚的信中即点出了此项症结。此信见于本书第六章。

来纠正其政治体制中的弊病。清廷甚至遣散了1839—1942年为扩军而在广州招募的编外士兵。清政府已经难以调动可靠的部队去镇压缺乏装备但训练有素的太平军了。当本应大权独揽的钦差（由于他并无大权独揽的首要之权——税收，所以实际上很难大权独揽）或满洲将军被委任去广州前线指挥战斗时，他们实际上已无多少可用之兵。于是，为清廷创建一支崭新的军事力量的重任，就落到了曾国藩的身上。

2. 民政

清廷的民政组织的组建同样遵循将权力分散给多人的根本原则，而非将权力集中在一部分人手中。所以清廷的民政组织并不比军事组织强多少，在危险时期根本满足不了应对危难的需求。

在京城，由两大政府机构行使管理的职权。在明朝曾经居百官之首的内阁，如今变成了政府的档案机构，由两满两汉四个大学士和一满一汉两个协办大学士以及十个学士组成，职责范围为搜集整理全国范围内的事件、信息，使皇帝可以借其了解下面的各级管理机构，在政府的两大机构中处于次要地位。[1]

另一个政府机构权力高于内阁，就是军机处。军机处由最初处理军事事务的机构逐渐发展成为皇帝的私人秘书机构后，权力开始高于内阁。[2]

军机处经常由五位大臣在每天早晨4~6点之间通过开会，处理国家事务，这五位大臣都是某个政府行政部门的尚书，即部长。实际上，两大机构中内阁只负责整理传递信息，皇帝手下的最高领导机关是军机处。

---

[1] 见梅耶斯的《中国政府》，第14页及以后；威廉斯的《中央王国》第一卷，第417、419页。

[2] 参见梅耶斯的《中国政府》，第12页及以后。

从之前朝代沿袭下来的政府部门是六部，这是清廷的执行部门。每个部门下都设有两个尚书和六个侍郎满汉各占一半。兵部、刑部和户部还额外设有肩负核查之职的官员。六部分别为：①吏部，是清政府文武官员的管理机构，下设四个司；②户部，为执掌地方行政和税收的管理机构，下设十四个司；③礼部，下设四个司，以及一个附属的机构——乐局；④兵部，主管军务、水务和邮政服务，直至19世纪末，下设四个司；⑤刑部，主管稽查各省的审判结果，通常需要与督察院、大理寺一起沟通协作。⑥工部，负责全国范围内的公共设施建设，下设四个司。[1]

除此之外，清廷还额外增设了两个特别的部门。一是蒙古衙门。在外交部正式出现之前，它不仅主要处理清廷与蒙古的关系，而且也负责处理清廷同西藏、新疆，以及附属朝贡国的事务，同时中俄之间的事务也归其负责。[2]另外一个是督察院。作为检察机关的督察院，除了需要经常和刑部、大理寺协同审核处理一些案件和上诉事宜外，监察是它最重要的职责。从中央到地方各级官员的品行都由督察院的御史们密切监视着。他们常常直接向皇帝弹劾那些失职或腐败的官员，并提出对失职官员施以或降职或革职查办等处罚的建议，政府各部门积弊的清理和修正的建议，也由督察院负责提出。

清廷真正意识到一个专门的外交部门的必要性，是在清廷与英法联军的战争结束之后。最初成立的处理与各国外交事务的机构是总理衙门，它只是一个特殊的权宜机构，是被迫打开国家大门后处理外事的委员会，而不是一个部门。总理衙门在某种意义上可以说是一个高级官员的委员会，因为它的十个成员皆是来自各部的尚书、侍郎，以及军机大臣，它的常设机构是一个最初从军机处借调过来的秘书机构。在总理衙门这个

[1] 参见梅耶斯的《中国政府》，第17页；威廉斯的《中央王国》第一卷，第421~428页。
[2] 参见威廉斯的《中央王国》，第一卷第429页及以后。

外交机构的名义下，直隶总督和金陵总督被任命为通商大臣。[1]

总的来说，清朝中央政府的状况是：中央政府各个部门，包括六部、内阁和军机处都各有自己的领导机构，并非由一个统一的领导来把控。尽管在实际操作中，政府的权力可能主要掌握在少数人手中，但是在制度上，中央政府的权力是分散的。这种体制虽有些笨重，但尚可顺利运转。

在各省的统治中，满洲人作为一个外族的统治者，对自己祖先的规矩进行了一定的修改。蒙古人曾经试图用自己的族人直接统治国家，然而犯下了非常多的错误。满洲人吸取了蒙古人统治这个国家失败的教训，联合汉人，借由这些汉人来实施统治。他们将明朝时的15个行省进行了耐心划分，将甘肃从陕西省独立划分出来，又将原来的江南行省分割为江苏与安徽省，将原来的湖广行省也分割为湖北与湖南，由此形成了18个行省。不过原来行省之间的联系继续留存，如仍由一位总督掌管分开后的两省的事务等。在我们要谈及的那个时期，东北也被划分成了由三个军事基地组成的三个部分。其中奉天省最先转为常规省份，并在1876年获得最终的确定。

中国内地分别由8位总督和16位巡抚管辖着18个行省。其中8位总督的辖区如下：(1)直隶；(2)两江，管辖江苏、安徽、江西三地，沿袭江南行省未划分之时的两江之名；(3)两广，管辖广东和广西两地；(4)湖广，管辖湖南与湖北；(5)四川；(6)闽浙，管辖浙江和福建；(7)陕甘，管辖陕西和甘肃；(8)云贵，管辖云南和贵州。明显的，总督直接管辖直隶和四川省，而山东、山西、河南由巡抚治理，不受总督管制。

总督总理一省，不仅其治下的所有文官都归其管理，也享有军事上

---

[1] 参见梅耶斯的《中国政府》，第14页及以后。

的特别权力。从担任总督之职起，他就自动被赋予了兵部尚书和都察院副都御使的名誉官衔。只有在反抗外敌的鸦片战争时期，有的皇帝派遣的钦差大臣，虽无治理地方的实权，但作为皇帝的代表，在许多特定的场合级别高总督一级。在太平天国运动期间，也有总督被任命为钦差大臣，政府通过这种方式强化他们的权势，以平息太平天国的叛乱。

各省的政务分别由军事和民政两套领导机构进行管理。大批的已经经过常规的资格认定的候补官员，都在等待着这些军事、民政机构的职位空缺。如无空缺，即使这些候补官员已受封为知县、知府、道员等官职，也无法正式上岗。即使很多人已被派遣到了效力的地区，甚至提交了报名费，也不得不继续苦熬数月甚至数年候缺。候补的官员有时也会被地方督抚和各级官吏选中出任他们的秘书长。地方总督主要负责一地的民政，通常由一名特殊的秘书来掌管地方的军务。[1]

巡抚虽然官阶低总督一级，但是他们的工作职权与总督没有太大的不同，从担任巡抚一职起，他们就同时被赋予了兵部侍郎的荣誉头衔，并被赋予都察院的相关官衔。巡抚和总督一样负责对一些案件的审核，掌握着治下的生杀大权。如果巡抚和总督共同任职于一个省，二者的相处会更像有着不同资历的工作搭档，而不会有过于明显的上下级的官阶之分。另外，巡抚也负责监管下属的工作。巡抚有单独上奏皇帝的权力，也可以与总督一起向皇帝上奏，而下级官员则必须通过巡抚，才能与中央沟通。[2]

正如前文所说，在一些省份中满洲将军与地方督抚同为管理地方的高级官员。当三者共聚在一起行使职权时，就相当于形成了研讨本省相

[1] 参见威廉斯的《中央王国》第一卷，第438页。

[2] 参见梅耶斯的《中国政府》，第33页。

关事务的省级的特别行政机构，也有权限召唤其下各级管理共同议事。[1]

驻地在省会的，除上面几位地方高官外，其下还会有三四个省级官员，分别是布政使、按察使、粮道和盐道。其中，布政使在明朝时主要负责民政，在清朝时则主要负责财政方面的工作，他的地位相当于副巡抚，当巡抚之职无人执掌时，通常由他暂执巡抚之印。[2]

按察使则主要负责一省的司法事务，负责审查县级政府递交的案件判决结果。在地方，总督和巡抚实际上包揽了任免所有文官的大权，因为虽然按察使和布政使可以一起协商与文官相关的任免事宜，但是他们没有直接向皇帝上奏的权力，所以总督和巡抚只需要在形式上听取一下按察使和布政使的意见即可。在实际工作中，地方的政府即由这四个人构成，在日常办公中按察使和布政使向督抚提供建议，四人形成了相当于省级议会的某种机构，共同掌握地方的行政、司法、审判、评议之权。

全国各省份都有设盐道这一官职，因为盐税的作用无所不在。盐道的权责来自中央财政，而不是地方。[3]

清朝 18 个省中，12 个省设置了专门负责粮食税收的粮道一职，他负责将征收的税金上交中央。在剩下的省份中，粮道归属于布政使的下属职能部门。另外，一省的学政通常由级别比较高的省级官吏担任，主要负责管理该省的教育和考试事务，他们通常在由中央派遣的专门考官的协助下，在省会主办乡试。

对于各省之间的关系，我比较赞同帕克的说法，即：每个省都掌管相对完整和独立的区域，“除了那些财政收入较少的省会向较富裕的省讨

[1] 参见威廉斯的《中央王国》第一卷，第440页。

[2] 参见梅耶斯的《中国政府》，第33页。

[3] 参见梅耶斯的《中国政府》，第38页及以后。

要中央划分的款项外，各省皆有其独属的陆军、水军、赋税及习俗，基本上不依赖其他省份。只有在涉及水师和商贸等事务上，各省才会在政府的协调下互相做些让步。其他的几乎所有事情，各省督抚之间都会相互推诿；在共同感兴趣的特殊事件上，各省向皇帝或相关部门呈交的报告，常常是各省份督抚之间经过互相推诿达成默契后的相互妥协结果。”直到太平天国平息后的 19 世纪晚期，他们才在外交环境的恶化以及海军发展需要的推动下，有了更多的协调合作。

虽然地方官员有非常大的独立性，但是仍有两方面的因素制约着其权力。一者，中央政府会秘密派遣官员监视省级的官员，而省级官员也同样会派人至县城秘密监视下级官吏。

再者，位于首府或大城市的士绅阶层会与当地的各种民间团体一起，形成一股抵御官员妄行干涉民间生活、习俗的力量。而按照规定，县及县以上的官员禁止在自己出生所在地担任相应职务。这一制度在一定程度上可以保护人民的利益，使其不会因为统治者的妄为而蒙受损失。但同样给地方文官机构带来了散漫、无能的弱点，这个弱点使地方文官机构在面临太平天国这样的大动乱的年代里，像政府的军事机构那样很难有效地集中组织资源，支持军队的平叛。

各省之间的分权现象，同样也存在于各省之内。当时一个省一般会被划分为 6 个层次，除道属于中央财政性质，其他的府、直属厅或厅、直属州、府辖州、府辖州直属州辖县几个层次皆属于地域性的行政机构。

他们的关系为：道台是道的最高长官，其正式称呼为道员，可一定程度上控制两个或者多个府，由于在其辖区内有较大的军事权力，也叫作兵备道。当他管理的辖区是个通商港口的时候，也会被叫作“海关监督”，所辖海关的控制权由他全权掌握。在与外国签订条约开放通商的城市，如无专门的外交机构，他就相当于该地区的外事总监，级别与他国的领事类似。在遇到职权外的重大事务时，他们需向地方督抚上报请示。知府是府的最高领导，知府除司法审核权外，无明确的权责范围。也许可以这样描述知府的职责：他向上沟通省级官员，向下沟通县级官员，是两者的沟通中介，另外也是一名地方的监督管理者。同知是厅的管理者，知府的下属、某些特殊的官僚都可以被任命为同知之衔。他们有的掌握兵权，有的管辖水上交通，还有的管理土著居民的政务。另外，还有负责收税的督查同知和负责警务的同知，即通判。[1] 他们是级别最低的朝廷官员，是百姓的父母官，也是中央和地方政府的骨干。直属州与厅处于同一级别。普通的州和县只是名称不同，实际上与县属于同一级别。领导州县的官员直接负责处理与普通百姓相关的各项事务，是中央政府直接任命的最低级别官吏。虽然级别最低，但他们实际上是中央和地方政府的业务骨干，被称为百姓的父母官。帕克教授是这样总结描述知县的职能的："他是各种刑事民事案件的判官，无论案件的大小或轻重，他还是典狱长、验尸官、警长、县长、首席公证员，他还必须承担民事督查、税务官、注册官、皇家代表、首席执行官、求神拜佛的祈祷者等各种身份角色，总而言之，他就是人们所称的'父母官'。"[2]

尽管按照原则上，官位应该依据其考试成绩授予，然而在实际操作中，保住官位的手段，不计其数。其中，最常见的就是买官。曾国藩就在信中写道，他的一位朋友先后用 7000 串钱和 8000 串钱买到了知县和知州的职位。（一串钱，就是一千钱，虽然兑换价值略有差异，但一般等值于一美元或更多）这些官员依赖四位下属协助其管理具体的公务，这四个人通常分别掌管一般事务、秘书事务、核查和财政事务，以及治安事务。这四个人下面又有称为衙役的爪牙，这些衙役常常会给百姓带来

[1] 参见梅耶斯的《中国政府》，第35页及以后。

[2] 参见梅耶斯的《中国政府》，第6页。

深重的灾难。

一个县的财政收入主要来自知县在掌管税收和处理司法事务中对百姓的压榨，另外他们还通过“（胡乱）侦讯、发放执照、特许、乡绅的行贿、土地的转让、邮局驿站、官方仓储和供应等”手段和名目搜刮钱财。

地方上虽由知县管辖，但是绝大部分权力都掌握在地方百姓，确切地说是百姓中的地方乡绅手中。“团总”“练总”负责民间的警务，而乡村的“地保”或“保正”则保证了乡村的安全和稳定。清廷的政治体制给地方组织保留了一部分职权，地保和团总不是政府任命的官员，而是来源于百姓的、当地的举足轻重的人物。他们尽量争取在法庭之外解决地方的一切可以和解的，如财产纠纷、离婚、伤害案等小型事件，从而避免将事件闹到官府。当遇到涉及其他村的领导者事件时，他们可以行使一部分地方政府的职能。[1] 地保和团总的力量是很大的，他们既可利用这些力量行善，也可以利用其行恶，利用职权敲诈、勒索、包庇恶人等恶行对他们来说是很容易的事。[2] 非常明确的，在漫长的中国历史中，地保作为百姓与官府之间的中介和缓冲，在保护百姓，避免官府过多侵占和暴政等方面都起到了重要的作用。

通过以上的信息，大家可以清晰地看到这样一个问题：集中一省甚或多省的资源，去平息一个大规模的反叛运动，对于当时的清政府来说，是万分困难的。在当时的全国范围内，我们都可以看到权力分割对政府效率所造成的危害：虽然各地督抚都有很大的自主权，然而他们又被严密地监控着，同样的，州和县又由府级政府所控制，省级政府基本上难以施加行之有效的管理。在实际的工作中，即使非常小的干涉也是不能允许的。在政府层级中，上级机关对下级机关的控制手段就是剥夺其权

[1] 参见道格拉斯的《中国的结社》，第111~113页。

[2] 参见道格拉斯的《中国的结社》，第16页。

力，除非省级官员居中协调，否则州县之间各自为政。知府间、知县间几乎没有直接的交流。在民间事务上，知县的职权被迫限制在一定的范围内，地方组织解决了大多数的地方的日常事务和民间纠纷，知县也被迫适应了这种源自历史的古老的乡间习俗。在太平盛世的时候，这种致力于分散官员权力的文官体制确保了皇权的至高无上，然而到需要集权和联合的战争时期，这种过于侧重分权的制度就只能陷入瘫痪了。

第二章

金田起义

如果要进一步了解太平天国发展和壮大的根本原因，除了清廷基于其文官制度和军事体制所固有的一系列顽疾外，我们还要更深入地了解太平天国运动爆发时，华南地区复杂特殊的历史背景。

太平天国运动席卷中国的那十几年，正值清廷处于军事上惨败，兼之自然灾害频仍的时期。

1839—1842 年的鸦片战争中，清廷的衰落和脆弱的军事力量暴露无遗，举国震惊。在这场战争中，被清廷鄙夷的蛮夷，仅凭一支小型的部队，即战胜了驻守广州的钦差大臣，并且沿着海岸线挺进至长江，逼迫清政府在金陵城下，签订了一个在法理上双方认可的“平等”的和约。[1]密切关注此事的曾国藩，在多次家信中谈及这场战争的进程。当英国兵临金陵时，他写道：“英夷在江南，抚局已定。盖金陵为南北咽喉，逆夷

[1] 参见威廉斯《中央王国》或莫尔斯《中华帝国的国际关系》，其中有对这场战争的详细记载。

既已扼吭而据要害，不得不权为和戎之策，以安兵息民。……自英夷滋事，已历二年，将不知兵，兵不用命，于国威不无少损。”[1]

战后的广东，被遣散的官兵纷纷回到了农村和山林，其中的一些人重新开始谋生，而另外一些人则干起了杀人越货的买卖。他们不免向百姓描绘洋人先进的枪炮和战术，极言洋人武力之强大、之恐怖。这就使民众对洋人恐惧之余，又产生了好奇心。彼时，洋人驻扎在广州城外，清廷的钦差由于过于恐惧以及担心洋人会引起民众的骚乱，并没有让洋人进城。又由于当时英国人出于保护自身商业利益的打算暂时搁置了广州，所以给民众造成了洋人怕百姓的误解。于是一条不实传言就流传开来："百姓怕当官的，当官的怕洋人，洋人怕百姓。"[2] 及至 1856 年"亚罗号"事件后，这个传闻又被翻了出来。一些爱思考的汉人看到满洲人在鸦片战争中的软弱，认为如果这时候能发动一场起义很可能将满洲人赶走，而由汉族人登上皇位。

这样的反面教材让当时中国的那些革命会党印象深刻。其中一些革命人士将自己的政治要求和宗教教义融为一体，而另外的那些激进的反清势力则不得不秘密地活动，因为政府的警探正瞪大双眼搜索并试图摧毁他们。1796 年到 1804 年间，即半个世纪前，清朝政府曾忙于镇压一个名为白莲教的会党的起义。白莲教最初是为反抗蒙古王朝的占领而出现的，在汉人的明朝统治时期，它消失了，但是满洲人推翻明朝统治中国后，它又死灰复燃，其造反运动波及了西部、西北部的很多省，甚至曾一度蔓延至华中地区，直到被镇压。

另一个坚定的反清力量是一个叫三合会也叫天地会的秘密结社组织，它诞生于满人统治中国之初，在两广地区的势力非常强大。三合会的目

[1] 参见《家书》，1842年10月20日。

[2] 参见《粤氛记事》卷一，第1页。

标是反清复明，他们广泛分散在民间，靠反清复明的誓言团结起来，时刻等候在适当的时机推翻由外族统治的清政府。他们在太平天国运动时期与太平天国之间的关系，也在后面我们的考察范围内。在1853年到1857年这四年间，三合会的一个分支力量掌握了上海，但与金陵的那些狂热的宗教分子合作共事，对他们来说却是很难实现的。可以确定的是，由于发现了清政府在面对外敌时所表现出来的软弱，那些想推翻清朝统治的会党和其他目的相同的组织相信，起义的好时机终于到来了。[1]

这场战争的影响不仅局限于战争本身，还影响了那些有思想的人、广州附近的民众，以及那些秘密会党。另外，1846—1847年间发生在湖南和广西的自然灾害，也是需要我们特别指出的。由于湖南和广西粮食歉收，在灾民中兴起了很多盗贼土匪。[2] 贼匪规模不等，既有规模不大破坏有限的小型贼匪，也有数千甚至数万的巨型匪徒团伙，这些巨匪的首领都颇有威望，吓得地方上从知县到省级大员终日恓惶，焦头烂额。[3]

面对这些反叛者的肆虐，官府的应对办法是发布了训练乡勇甚至将乡勇组建成正规军的命令。曾国藩大量地使用类似江忠源带领的“勇”

[1] 德格鲁特和J. J. M在《中国的门户之见与宗教迫害》第二卷第17章第536~556页说，由这场运动尤其是1836年前后湖南的发生的事件，追溯到了门户迫害。于是不同的宗教在这种由迫害导致的混乱中结合到一起，加入到了这场运动中。因为德格鲁特对这一观点的正确性和完整性毫不怀疑，所以他说洪秀全的幻境全部是由韩山文虚构出来的。那么，在这个推断中令人疑惑的是：为什么这个到后来掌控了这场运动的狂热的保持半基督教教义的宗派，却无法和其他同样遭遇到迫害的教派精诚合作友好相处？他认为需强调背后的实情：大多数迫害针对的目标，其实是那些革命分子，这些革命分子通过宣布宗教目的来掩饰自己。

[2] 参见《粤氛记事》卷一，第1页。

[3] 《善化县志》（善化县包括湖南长沙的一部分）中对此时的情况有段典型的记载：“广西边界盗贼多如牛毛。道光二十七年（1847），饥荒严重，盗抢四起。巡抚陈楚曾（音译）年老多病，性多耽溺（即信奉宗教），无法弹压。时有湖南逆贼雷再浩、李沅发连年潜入两广边界骚扰。虽小股贼匪已伏法就刑，大股贼匪却未剿灭。两广有陈亚贵、区楚云、山猪箭、山羊头、颜品瑶，其逆众每股数千人，筑巢山中，鱼肉百姓。”

队的部队，并对他们进行整编和操练，这为他最终扑灭太平天国起义打下了基础。而太平军正是在广西这种自发性的运动中诞生的。[1]

此外，1849 年，英国军队出动了军舰去攻打横行在沿海地区的海盗，这些海盗不仅抢劫中国的船舶，也同样不放过那些挂着外国旗帜的船只，让英国人非常困扰。在军舰的攻击下，8 艘海盗船在广东附近的海面上被击沉。许多没有缴械投降的海盗，被迫登陆。当时官军正与大批叛军武装在广西交战，战场与海盗的海战区域间的距离不过几天的行程。由此可以推断，那些登陆的海盗或者加入了太平军或者到地方占山为王了。而据这些海盗的习性，他们很可能与广西那里的客家人（客家人指新来的定居在本地的人，他们和本地人的关系比较像 20 世纪迁到新英格兰的移民和 1620 年建立普利茅斯殖民地的清教徒的后裔间的关系）联合了起来。[2] 而拜上帝教明显最初是在客家人聚集地区发展起来的，后来拜上帝教进一步将太平军聚拢在了自己的旗帜下。

清朝的道光皇帝治理国家的无能和失败，也是大家普遍认可的导致这场运动爆发的一个原因。除非道光皇帝一直处于昏睡之中，否则他肯定能够看到在康乾盛世时曾经一度非常辉煌的帝国，已经逐步显现了它的衰败和停滞。这时候的清廷，卖官鬻爵日益增多，军队日益软弱无能，国家的金融系统由于货币的贬值也濒临破产，来自海上和陆地的匪徒日益增多到处肆虐，地方各省纷纷发出要求地方自主权的声音。无论是对外反抗的失利还是对内镇压的不力，种种迹象都使清朝中央和地方各级政府的无能暴露无遗。种种迹象表明，这对于那些有能力竖起反旗或者想要光复汉人王朝的人来说，都是一个绝妙的时机。当类似道光这样的

[1] 参见《忠王自述》，第2页。

[2] 参见密迪乐的《中国人及其反叛》，第147~148页。他认为就是这些人发动了太平天国运动。

黑暗统治时期出现的时候，也就意味着这个王朝离告别历史舞台不远了，这样的先例在历史的记载中屡见不鲜。实际上，早在 1849 年，一个外国人根据当时清朝政府管理中国局面的乏力和混乱，即已预测道：一场大规模的内战即将爆发。[1]

他的判断非常准确。这时的广西，未来的太平天国运动已经开始萌芽，只是尚未从混乱的局面中脱颖而出，未曾壮大。未来的那个号称太平天国的“天王”（天王即天国的王子或国王，因为“帝”字对他来说是神圣的，代表着上帝，所以他不用皇帝这一称号），并在金陵登上了王位的人就住在距离广州城不远的花县，他是客家人。未来的“天王”名叫洪秀全，出生于 1813 年，家里有两位兄长，家人努力供他读书科考。他曾经在年轻时经历过多次科举考试，每次都名落孙山。（每次科考录取的人数都是固定的，科举失败并不能说明他学识不够）1836 年他在参加科举考试期间得到了一本关于基督教的宣传手册，但是当时他并没有读。直到 1837 年他落第后生了一场大病，病得只能雇人用轿子将他抬回去。因为他在病中所看到的一些幻象，他坚持认为那是上帝给他的启示。

幻境显示，他被带往了天国，沐浴过天河水并被换了一颗心脏后，被引至一位尊敬的老人面前。那位老人端坐在一个大厅的宝座上，对洪秀全召唤道：“这世上的人都是我生我养的，他们食我穿我却没有人用心纪念我，供奉膜拜我。反而有人用我所赐的去拜那些妖魔鬼怪，故意背叛我，还惹我生气，你不要效法他们。”语毕，老人将一柄斩魔剑、一个镇妖玺赐予洪秀全，并让他品尝了一个金黄果。洪秀全立即对站在大厅中的芸芸众生进行劝化，劝他们对老人顶礼膜拜。但是众人大多不是无动于衷，就是敌视他。老人将其带至天国的边界，俯瞰尘世，尘世的邪

[1] 参见密迪乐的《中国人及其反叛》第122页，其中说道：“从我们获得的情况来判断，中国正在步入一个无政府状态的混乱时期，这迟早会使清王朝走向万劫不复。”

恶和腐败令他震惊不已。

通过类似的几次幻境，洪秀全受到了进一步的指引。他经常遇到一个被人们称为长兄的中年人，他还遇到过一些古代的圣贤，他甚至有一次见到那位老人在指责孔子没有在作品中宣扬他的存在。

带着对世人恶行和虚伪行为的气愤，洪秀全从幻境中清醒了过来，心中充满了要铲除奸邪、拨乱反正的信念。那时，他的亲友都担心他会发疯，暗暗密切地注视着他的一举一动。病愈后，他开始了教书先生的生涯，除了从一个随和乐观的年轻人变成了一个庄重严肃的教师之外，那场病对他并没有造成什么大影响，好似病中幻境的景象对他产生的那些天翻地覆的影响早就烟消云散了。

直到 6 年后，他的一个李姓表弟偶然在浏览洪秀全的藏书时，翻到了那本他 1836 年在广州得到的基督教宣传册。病中的幻境才在这一契机下再次复活，并成为了洪秀全心中的强大动力。当时，洪秀全的表弟对这本基督教宣传册的内容非常感兴趣，在借回家阅读后，他在还书时将这本书推荐给了洪秀全。书中的内容让他理解了病中幻境的意义，读完，这本书让洪秀全非常震撼。很显然，梦中的那位令人尊重的老人就是书中的上帝，那个兄长就是书中的耶稣。幻境中的景象与书中的内容一一对照，完全吻合。他认为自己肩负着供奉宣扬真正神灵的使命。（这个宣传册名为《劝世良言》，是由奥里森博士劝化的教徒梁阿发在 1832 年出版的。这本册子中包含《圣经》某些章节的翻译和节选，其余的是论文和说教。其中刊载的《圣经》不多于三十章，但有选自许多其他章节的经文。该书对基督教的教义做了粗略的解释）就这样他和他的表弟互相进行了洗礼，开始肩负起他宣传新的教义的使命。他首先劝化了自己的邻居冯云山和族弟洪仁玕。此二人后来都在太平天国中坐到了王爷的职位，其中冯云山在前期登上了王位；洪仁玕，即西方人通过韩山文记载中所了解的洪金，在太平天国运动失败之前不久做到了王爷。[1] 这里给出的材料是由洪金提供的，他在运动爆发后逃到了香港，在那里成为福音传教士并滞留了许多年，后来到金陵加入了太平天国运动。（有人曾说，在香港期间，洪金曾在一个外国人家里做过用人）

1844 年开始，由于宣传新教的活动遭到了家乡群众的反对，洪秀全决定跟随冯云山到外地去活动。在到达广西贵县的时候，一个姓王的亲戚热情款待了他们，最后洪秀全不愿意再打扰这位亲戚，先让随行的人返回花县后，然后自己也决定近期内返回家。冯云山未与他人事先知会即离开了随行同伴，孤身来到了紫荆山，并将紫荆山作为自己发展拜上帝会这个宗教组织的根据地，随后的几年中，他的活动取得了非常大的成功。在太平天国起义爆发前，拜上帝会已在广西东部沿河到广州一带的府县间盛行。除发展了很多客家的农民和山里的苗民（苗民是一群少数民族的原住民，被汉族的征服者赶到了山里，湘南同样有许多苗民）做教徒外，还吸纳了一些地方上的头面人物和学者加入其中。

回到花县的洪秀全，非常吃惊于冯云山的未曾返乡。在家乡，洪秀全重新操持起教书之业，虽然安顿下来了，但是他一有空闲时间，便思考宗教，撰写关于宗教的宣传册子，后来的太平天国运动中的几本小册子，成了运动的理论指导。这时，一位来自广州传教团的穆教士来到了花县，借由和他的接触，正在形成自己的宗教思想的洪秀全，对宗教及传教士的工作有了进一步的了解。在后来的 1846 年到 1847 年间，洪秀全还曾和表弟洪金专门拜访过这个传教团，接受过这个传教团的指导，最终他们因为误会离开了广州，没有接受洗礼。

1847 年前后，洪秀全再次前往他 3 年前传教的位于广西的那个地区，

---

[1] 在这里所录的关于洪秀全的幻境及其他的同行者冯云山的活动信息，都是取自韩山文的《洪秀全的幻觉及其广西造反的起源》（1854年香港版）。

在那里，他初次听闻了冯云山在紫荆山所创建的伟大事业，于是决定去紫荆山寻找冯云山。然而，当他到达紫荆山时，却听闻冯云山被捕入狱了。他马上根据清廷与外国签订的关于宗教自由的条约，前往广州代表冯云山与总督沟通，但是他的诉求未能实现。及至返回广西后，却听闻业已被释放的冯云山正在寻找他，于是他返回花县家乡，但是又错过了刚寻访过他的冯云山，得知冯云山又返回了广西。为了不再这样一次次寻找错过，洪秀全索性长留在家中，终于冯云山于1849年的农历十月再次返乡，将其请至广西领导太平天国运动。

综合洪金的以上记述，我们可以得知：在拜上帝会的组建过程中，洪秀全并未产生什么太大的作用。在忠王的自传中，我们可以更明确地得知："谋立创国者，出南王之谋，前做事者皆南王也。"[1]忠王还写道，除天王外，只有六个人知道立国大计。[2]有关太平天国运动奠基人的事宜我们将在下一章详谈。由洪金及忠王二人的言论，基本可以总结为：即使当时洪秀全明确了太平天国运动的目标，他也很少参与到实现目标的实际工作中，而我更认为，当时他实际上并不是很了解运动的目标。

1846年到1847年朝局的混乱，给新生的拜上帝会民兵队伍的组建提供了一个非常好的时机。在盗匪横行的天灾地区，由于政府没有力量去对付这些暴徒，当地的村民逐渐自行武装起来，组织民兵训练来保卫自己的家乡。当时的各个势力之间都曾出现过相互敌视争夺的情况，拜上帝会作为新转变的军事组织，非常小心地身处其中，小心翼翼地避免纳入其他的志愿者，在这种氛围中，这些队伍的力量都大

[1] 参见《忠王自述》，第2页。

[2] 《忠王自述》，第2页。"所知事者，欲立国者，深远图为者，皆东王杨秀清、西王萧朝贵、南王冯云山、北王韦昌辉、翼王石达开、天官丞相秦日昌六人深知。除此六人以外，并未有人知道天王欲立江山之事。"

大地增强了。[1]

1848 年，拜上帝教会的武装力量就曾与官军发生过小规模的冲突，但只是一些小摩擦。在这一年中，拜上帝会曾遭遇过灭顶之灾，但是奇迹般地获救后，拜上帝会的事业成功地渡过了艰难时期。具体详情已很难查证了，但是从后来的结果看，这一年，拜上帝会经历了两个巨大的变革：首先，拜上帝会和政府之间发生了许多冲突。其次，他们的运动转变成了为立国大业而努力，运动性质发生了根本性的改变，洪秀全作为领袖领导这次运动。另外，天父上帝附体东王杨秀清介入了运动，及至后来救世主耶稣也通过附体西王萧朝贵来发表言论。有几段论述可以说明当时太平天国运动的变化：

戊申岁（1848），皇上帝恩怜世人之陷溺，被妖魔之迷缠，三月上主皇上帝降凡，九月救世主耶稣降凡，显出无数权能，诛尽几多鬼魔。场场大战，妖魔何能斗得过天？[2]

针对这里展现出的神奇力量，下面的文摘对其性质进行了更为清晰的解释。下面这些内容摘自 1858 年送到英国的文书：

7. 戊申（1848）三月，上帝下凡。

8. 附体于东王。

9. 九月救世主下凡。

10. 命西王显示神迹权能。

11. 天父天兄引领我们坐天国（的宝座）。

12. 大显权能并能坐入天堂。（有可能是指占据金陵，下一条一定是这个意思。）

13. 将天京立为国都；建立天国。

---

[1] 参见《忠王自述》第3页。

[2] 文书，麦都思译：《中国造反者在金陵出版的宣传册》，第33号。

14.（令）各国臣民敬拜天父皇上帝。[1]

《三字经》描述的这些下凡也给了我们一些暗示：

戊申岁，子烦愁，皇上帝，乃出头。率耶稣，同下凡。教其子，胜肩担。帝立子，存永远。散邪谋，威权显。

此外还有关于这一年的一段摘录，同样出现于1858年送到英国的那份文书，它的内容可能涉及一次天神下凡，但却表现为一次特殊的权能展现。

35. 戊申岁（1848）南王围攻桂平。

36. 我等见证天父下凡显示出神迹权能。

37. 我等自广东返回广西。

38. 天父下凡救南王。

洪金记述了这一年拜上帝会内部发生的混乱和冲突事件，事情发生时，冯云山回到了广东，没在广西。按照洪金的记述，基督教早期教会文献中讲述的现象发生在了生活中。许多善男信女讲起话来，都像被某种神灵附体了一般。在广西也发生了类似的神灵附体现象，被附体的教众多半在昏迷状态下以类似打油诗等形式传递信息，很多的信息让人无从理解，但是有不少都被人记录了下来。洪秀全到场之后，对自称神灵附体的人的发言记录进行了审判，他判定杨秀清、萧朝贵两人的发言来自于天国，他们确实是在帮天父和天兄传递信息。而另外一些神灵附体的人的话则来自于妖魔。[2]洪金最终没有明白地记述是谁在试图借此抢班夺权。但无论怎样，洪秀全既然宣称杨秀清和萧朝贵代表着上帝和耶稣，当事件平息之后，自然将部分运动的管理权分给了此二人。假如这个团

[1] 文书，1858年12月在芜湖交给H.M.S的《报应》。依据林德塞·布莱恩的《1858年蓝皮书》重印，《太平天国》，第229页。

[2] 麦都思译：《中国造反者在金陵出版的宣传册》，第8页。

体想要继续前进，就必须有一个领袖来引领他们，而作为这次运动的发起者，这个领袖非洪秀全莫属。大部分的宣传活动，都是借助于他的经历而进行的。

据这些记录，我们可以非常清晰地得知：教众们围绕着拜上帝会的控制权的斗争曾经非常激烈，甚至危及了洪秀全本人的利益。在洪秀全的主持下，暂时平息了这场内部的斗争。另外一件事也是非常明显的：虽然 3 年后的太平军尚未组建，但是当时冯云山从桂平（或许是监狱中）的成功解救，简直如一场奇迹。虽然没有明示，但是据引文可推断拜上帝会对抗官军的武力激战，获得了成功。太平天国运动的真正起点，可以看作由此事件开始。

虽然洪金说，太平天国运动爆发的原因是由于 1850 年中，官军对拜上帝会所发动的攻击。但是他也曾承认，早在 1845 或 1846 年时，洪秀全在一次与亲友聊天的过程就表达过他有推翻清朝统治的大志。[1] 洪金可能忘记了自己说过的话，后来一直坚持说太平天国运动开始于与官军发生冲突两年之后的 1850 年。起因是，一群被官军打败的客家人被迫与临近的一些势力发生了冲突，为避免全军覆没，他们过来投奔，想加入拜上帝会。不过，我们能看到的几段引用文字能说明，运动开始的真正年份是 1848 年。另外，还可以进一步得知，1850 年时，这些人在不同的人的领导下接受了大量的军事操练。

各分支部队首次于 1850 年农历六月，在桂平县的小镇金田集结。杨秀清在金田迎接了从四面八方的乡村赶过来的教众。在一次客家人与当地人的冲突中，偏袒当地人的官府，彻底激怒了这些教众。[2] 杨秀清需要在农历八月前，率领教众将被囚禁在 130 里远的南县花州镇监狱的

[1] 参见韩山文：《洪秀全的幻觉及其广西造反的起源》，第48页及以后。

[2] 韩山文的《洪秀全的幻觉及其广西造反的起源》，第48页及以后。

洪秀全和冯云山拯救出来，在最终救出了两位领导人后，队伍向武宣县进军。在武宣县，一批实力强悍的教众加入了队伍，这批人中就有后来从金陵北伐的领袖林凤翔、三合会的首领罗大纲，以及未来的天德王洪大全，他后来几乎能与洪秀全平起平坐。当他们后来返回金田时，势力早已大增。

官府在太平军的几次成功后，忽然明白了这支队伍比盗匪更可怕、更危险，必须采取非常手段来对付他们。早在八月份就奉命担任广西提督的湖南的向荣将军，已于十月抵达。因鸦片战争而驰名中外的林则徐也被重新启用为钦差大臣，然而，他在从家中赶来赴任的途中，去世了。政府任命李星沅接替林则徐的职务，任命周天爵出任该省的代理巡抚。双方于 1851 年 1 月 1 日发生激战，最终官军被打败。（曾国藩当时在京城，在 1851 年 5 月的家书中，他提到，广西的那些官员们急得就像热锅上的蚂蚁）同年的 2 月 1 日，时值当年的春节，反叛者的新政府建立了，名为“太平天国”，寓意为和平的天上王国，由天德王与洪秀全共同治理。[1]

官匪双方，都在之后的几个月里努力壮大自己的力量。太平军通过其在金田，以及之后陆续在大黄江、象州等地成功发动的攻击，迅速地增加了自己的兵力，并且收获了很多增援和补给。官军也得到了政府的支持，八旗将领乌兰泰被调任至广西，被任命为全权钦差大臣的赛尚阿，于 4 月带着 200 多万两白银奔赴前线。都统巴清德和副手达洪阿奉命从京师经湖南到广西上任，而广西巡抚为了全力平叛，将省内的左右民政事务交予了布政使。

这年春天一直到夏天，在太平军与官军的交战中，官军没能将其镇压下去。7 月 4 日，全权钦差大臣赛尚阿终于抵达，他认为不能完

[1] 依据《干王自述》第5页所载，建国的时间是一年以后他们进驻永安之后。

全依靠现有的兵力，需要招募新的兵勇，才能取得胜利。最终，官方招募了三万多兵勇，并令其驻扎在较危险的前线。[1]

遗憾的是，我们无法得知交战双方的具体兵力。7 月 25 日对象州的战斗中，尽管官军的战斗力低下，但是由于其数量上占据的优势，最终七战七捷。太平军损失了两三千人，受到重创的太平军被迫退守到了新墟。

太平军将兵力驻扎在山间的战略要地，在这个新的根据地里，新墟是防卫敌军的门户，两侧各有一座山被充作作战的前哨。虽然在发起进攻前，官军周密地部署了进攻的战术：达洪阿由东南路进攻，乌兰泰和秦定三由西北进攻，副将李能臣、经文岱分别由东面和东南进攻，而巴德清与向荣则扼守住进出紫荆山的道路。然而由于各种原因，官兵的进攻计划未能取得胜利。不过这次进攻消灭了领导太平军安插在两翼山头的前哨队伍，迫使太平军不得不缩守于山内的产茶地带。

在太平军立足未稳的五天时间内，官军中主张乘胜追击的向荣和主张稳妥的巴德清之间起了争议，就这样，官军错失了良机。在这段时间内，太平军早已准备就绪，就在官军的又一次错失良机后，太平军凭借其坚固的工事，于 8 月 28 日将官军的进攻击退。官军再次发动攻势时，太平军趁着乌兰泰的部队在山间迷了路，而向荣的部队被大雨困住的机会，再次逃过了一次灭顶之灾，逃向了永安。9 月 25 日，太平军水陆并进，攻克了永安城。[2] 及至此时，太平军总人数为 37000 人，有效兵力

---

[1] 这些内容取材于《平定粤匪纪略》卷一第8页及其以后，对照《太平天国野史》卷一第2页及其以后。

[2] 独立出版的《京报》把此日期记为8月27日（阴历八月初一）。《平定粤匪纪略》（第106页）和《粤氛记事》所记载的日期是闰八月。前者说那天是闰八月初一（9月25日），而后者说永安陷落于闰八月初二（9月26日）。

为 5000 人。[1]

在遭遇官军围困时，太平天国险些被扼杀在摇篮里。8 月 17 日，在那场运动最接近灭亡的危险时刻，处于内外交困的太平军首领，为了支撑教众继续战斗，不得不让上帝和耶稣至少三次下凡来激励教众。从记载中无法得知，到底是出于对进逼官兵的恐惧还是受到了有意煽动，当时很多不满的情绪都指向了洪秀全和他的手足——天父上帝的喉舌杨秀清。

永安的胜利攻克坚定了所有人的信念。他们不再惧怕官军，也开始信服领袖的指挥。在行动迟缓的官军终于能够集结起来围攻永安之时，太平军已于城内成立了自己的王国。新王国作为一个具有较强稳定性的组织取代了当时在金田的临时政权。在原来的两王之外，又分封了五个王，并对其委以高职。新王国任命了部长，制定了军制，指派了将领，还设立了必需的民事机构。他们还开始使用新的太阳历法，新历法规定一年为 366 天，并将其分为 30 或者 31 天的 12 个月，新历法不再使用闰年。

之前被挫败的官军逐渐逼近，准备围困并攻击永安。此前的 11 月 4 日，钦差大臣赛尚阿的队伍就到了附近的军事要地阳朔，乌兰泰在南，刘长清据北，另外部署了足够的兵力在永安南北两边的山上，向荣的队伍也赶了过来，官军形成了对永安城的包围，太平军的命运再次被敌人攥在了手心。

1852 年 7 月，官军已准备齐全。已被降职为提督的赛尚阿的部队从阳朔方向推进到了永安城下，赛尚阿亲自组织对永安城的围攻。缺少武器装备和粮食的太平军，先后于 2 月 17 日和 19 日组织了两次突围行动。而为攻下永安城，官军也发起了强大的攻势。这场攻城战持续了三天三夜，如果不是因为那些勇将战死，而那些活着的军官玩忽职守，官兵完全有可能全歼太平军。太平军被迫退守永安城，并再次于 2 月底试图突围，却始终未能突破官兵的包围。

[1] 《太平天国野史》卷三，第53页及其以后。

攻守双方的对峙持续到了4月6日，太平军再次向防守官军最薄弱的环节发动了猛烈的攻击，这次突围成功的影响，对官军来说是非常可怕的。太平军终于在4月7日杀出了一条血路，主力部队全部从其夺路而出。虽然在太平军翻山逃脱时，被全力追击的乌兰泰消灭了2000人，俘虏了两位执政王之一的天德王洪大全。但是，总的来说，由于大雨中的官军反应迟缓、追击失序，太平军在损失极微的情况下翻过大山，安然逃走了。只有乌兰泰的部队追击到了太平军的断后部队，及至桂林不远处时，乌兰泰受了重伤，其麾下的士兵就溃逃了。

这次战争的结果对双方都是一个重大的转折点。尽管太平军损失了重要的军事领袖洪大全（当时只有韦昌辉试图去救他，其他将领都没有前去支援，所以我们有理由怀疑他是被有意抛弃的），但是这次犹如神助一样的成功突围，使他们觉得自己有神灵相助，是不可战胜的。这使他们的事业中宗教狂热的部分日益滋长，而政治家所需要的那些必要素质，如冷静的头脑、远大的目光却越来越少。不过这次伟大的胜利突围所带来的精神动力，为太平军增加了上万名的追随者，它注定要支持这场轰轰烈烈的运动持续很长一段时间。但是其失败的命定结局也是最终无可避免的，因为这个群体缺乏高瞻远瞩的领袖，用宗教的幻想而不是理智的方略来治理国家。

另一方面，在稳操胜券的情势下，官军仍然于1851年在新墟与花雷茶地遭到了失利，在1852年的永安遭到了失败，这就预示了他们未来要面临着一场长达12年之久的漫长战斗。无论如何批评官军在这场战争中的大量的弱点都不过分。虽然没有精准的数字，但是据说官军人数多达“几十营”[1]而据推测太平军的战斗人员不满12000人，因为太平军在到达

[1] 《湘军志》卷一第8页说官军有“几十营”。假如一营的人数就像后来一样建制为500人，那么当时的总兵力就是5000人的数倍。

湖南之前尚不能编满一个军。这样对比，赛尚阿带领的兵力高达太平军的四五倍。随后赛尚阿被革职，尚荣取代了他的职位。

太平军由汉人和苗人组成[1]，他们的家属坐牛车随军而行，很多人都放火烧掉了自己的房子，彻底切断了自己的退路。他们绕过严密戒备的城市，绕小路向桂林进军。向荣发现桂林有危险，带兵火速驰援桂林，仅在向荣进驻桂林城的一个小时之后，太平军果然发动了攻击。尽管太平军用尽了包括云梯、吕公车等所能用的全部武器去攻击桂林的城门，但是仍然没有攻克。太平军在 31 天的持续攻击后，最终放弃了桂林，向湖南和位于湖南以北的长江沿岸的城市进军。他们不再是小股的“土匪”或“贼寇”，而是一个正在征战其领土的王国。

太平军进攻桂林时，收到官军发出的十万火急的求救信的江忠源，率领着他在湖南招募的 1200 人私人部队赶来驰援。同时被他带来的，还有曾经镇压过李元发叛军的私人部队刘长佑。这两人率领着私人招募的兵勇在城东的战斗中，多次战胜太平军。自此时起，后来在整个太平天国运动中享获巨大声誉的湖南兵勇的名声，开始流传开来。

[1] 《湘军志》卷一第9页。

第三章

销声匿迹的领导者

截至目前，我们一直都在假设这样一些故事的真实性，并如此描述太平天国运动前期的主要事件：以 1848 年这一年作为分水岭，在此之前的一两年里，拜上帝会以邻近一些势力为榜样，建立了属于自己的军事力量，并通过精心的训练乃至与各个组织间的竞争，缔造了一支具有高度热情和严明纪律的队伍。这支队伍有着清晰明确的目标，相互协同合作，共同抵抗那些四处流窜的贼匪之徒。1848 年后，队伍内部出现了一场危机：借助天神附体，杨秀清和萧朝贵掌握了大权，并成为天父上帝与救世主耶稣的代言人；同样在这一时期，这支原本以对抗贼匪为目标的队伍，开始反抗政府。当然，也可能是一些不受欢迎的其他势力加入了他们，这些，都是我们完全无法证实的猜测。1848 年之后，随着时机的不断成熟，掌权的杨秀清和萧朝贵越发需要一个领导者。最终，他们选择了洪秀全——洪秀全在 1837 年的幻境，为大家相似的生活经历和心理诉求提供了背景。于是，冯云山前往广东邀请洪秀全，让他来做这场运动的领军人物。

如前所述，这些关于太平天国的记录都是真实的、可信的，洪秀全的诸多教众，是推动这场运动的唯一力量。至少描述到这里，我们并未怀疑这些故事的真实性。

但是我们也有疑问和不解：疑问之一在于，所有的记载都清楚地表明，冯云山创立了拜上帝会，但是为何最后，冯云山成为这个新生组织的从属者角色，反而排在了杨秀清和萧朝贵的后面，是谁让杨、萧二人成为天神的喉舌？第二个令人不解的问题是：虽然洪秀全已然成为领袖人物，并也确实得到了杨秀清的全力支持，但是显然，教众并未因此接受他。根据记载，即使是那些已经抛家舍业的教众，也仍然对天王有所不忠，以至于洪秀全不得不多次通过附体的天神来发动教众履行对天王的责任。这个如此让人惊讶的事实，可以从1851年和1852年有关上帝和天兄的下凡记录中得出判断[1]。根据那些可考的文献，我们自然会认为，天神多数的追随者都不愿意背井离乡，因此需要天神下凡来给他们鼓励；而且，随着追随者越来越多，他们也希望天国承诺这个组织受天神的护佑。尤其是当他们打败仗时，必须依靠天神下凡来激励将士奋勇向前，可是令人奇怪的是，有几次天神下凡并非为此；对于这些十分善战的小部队，有一次天神下凡则明显是在全无外部威胁的情况下发生；更让人惊诧的是，天神下凡的频率竟然高达九到十次。是否天国里存有一个阴谋势力，利用追随者的恐惧、激发其不满情绪来助其夺权？凡此种种，迫使我们怀疑，天神屡屡下凡恐怕并非对抗外部威胁，而是由于队伍内部争夺领导权、排除异己。

以上来自太平天国的材料似乎无法解答我们的疑问。让我们转向清政府对此的主要记录：对于太平天国，清政府始终都将其源头认定为当

---

[1] 《定粤匪纪略》附录卷二，第1页。

年在狗头山揭竿而起的朱九涛以及他所领导的革命党。后来，洪秀全和冯云山也加入了这个革命党。只不过，他们后来发现自己的这一套在朱九涛那里并不好用，所以就转战广西，并在桂平创建了拜上帝会。

1853 年，麦都思博士公布了一些据说他从内部拿到的太平天国的文告，并援引别的报道说，朱九涛的地位在洪秀全之上。据说当年朱九涛到湖南时，狗头山的全部首领出来跪拜迎接，还为此宰牛杀猪大摆三天宴席。享受这样待遇的，前无古人，后无来者。[1]

麦都思博士援引的这个说法存在明显漏洞，因为狗头山是在广东而非湖南；也可以因此判断，倘若这件事是真的，那么一定是发生在太平军于广西崛起之前。这个说法的巨大价值在于，它提及了另外一位首领，这个首领不仅与洪秀全比肩，甚至可能地位在洪秀全之上。正是这位首领，早在拜上帝会成立之前，就企图建立自己的革命队伍。遗憾的是，他所传播的迷信内容无法让大家信服，所以没有取得好的效果。如果这种推断是真的，那么，这位首领在遇到洪秀全和冯云山后，当他发现洪秀全相信自己曾作为“上帝之次子”被带入天国，并坚信自己肩负着神圣的天命时，毫无疑问的，他很愿意利用洪秀全的这一幻境，来实现自己的初衷。

如此便可以解释为什么冯云山和洪秀全前往广西了。——朱九涛很聪明，他知道自己推行的信仰远不如洪秀全的幻境更吸引人；他也相信这个新的幻境能为自己的革命目标招兵买马。哪里更容易让这种新信仰发挥更大力量？他最终带上冯、洪二人来到了广西边界地区。这里是苗族地区，同时也有客家人。

种种迹象表明，洪秀全其实是一个不切实际的幻想家，相比而言，冯云山则更加理性、务实、能干。在传播信仰方面，也许朱九涛和冯云

[1] 《造反首领文告》，《京报》1853年到1856年合订本，第7页。

山提前征得了洪秀全的同意，但也极有可能，他们根本未与洪秀全商议就形成共识，并开启了新信仰的传播之路。事实证明，朱九涛离开广东的同伴传播新信仰，取得了巨大的成效。[1] 当然，虽然未经洪秀全的同意，但朱九涛和冯云山都是以洪秀全的名义在宣传，洪秀全的那些关于天国的幻境也都成为教义里的核心要义。此时的洪秀全或许一切都还蒙在鼓里，他也许正在他的家乡或者广州汲汲于自己所追求的学问。这自然也是朱九涛计划的一部分。

当时间走到 1848 年，队伍中危机频发，是时候讨论领导权问题了。如此，争权夺利必不可免：在洪秀全看来，这场运动中信徒的召集是以自己的幻境为基础的，那么，他不仅必不可少，而且必须地位至高无上；事实上，幻境也正是洪秀全的立足之本。[2] 同样的，如果朱九涛真正领导了这场运动，他自然也想要夺取最高统治区。对领导权的争夺，或许才是对 1848 年那些具有重要意义的天神下凡的最合理解释。

那么，谁来统治新的国家？是幻想家洪秀全还是政治家朱九涛？这是一个问题。对于我们来说，也许应该希望冯云山与朱九涛掌权；杨秀清和萧朝贵二人更多地倚重上帝耶稣附体这种宗教手段而非政治素质，他们利用这种宗教地位上的便利，迫使其他人不得不暂时蛰伏，等待时机；而洪秀全的到来则更是彻底否定了杨、萧势力以外的领导者及追随者。对于朱九涛而言，除了选择妥协，别无他法。

但是，又有一个新的疑问：朱九涛究竟人在何处？我们遍寻清政府和太平天国的资料，都没有找到他的名字；倒是在清政府的文献里看到

[1] 忠王如此对教义加以总结："有一日，天王忽病，此是丁酉年之病，死去七日还魂。自还魂之后，俱讲天话，凡间之话少言，劝世人敬拜上帝，劝人修善，云若世人肯拜上帝者无灾无难，不拜上帝者，蛇虎伤人，敬上帝者不得拜别神，拜别神者有罪。故世人拜过上帝之后，具不敢拜别神。为世民者，俱是怕死之人，云蛇虎咬人，何人不怕？故而从之。"

[2] 见本书第二章。

了另外一个名字，这个名字也出现在据说出自某太平军之手的书中。[1]根据所有的汉文文献记载，都说太平天国最初有五位王，而非六位。这另一位，其实就是天德王。而更大的疑点是，那些外国人翻译和公布的关于太平天国运动早期的所有文书里，在诏书中通常由皇帝署名的地方，签署的都是"天德"的名字。这些文献表明，直到太平军抵达金陵，人们都知道应该如何称呼自己的首领；可是当他们占领金陵，首次与外国接触的时候，"天德"这个名号就销声匿迹了，人们改称自己的领袖为"天王"。[2]

对于这种奇怪的现象，有几种理论对其进行了阐释，其中一份文献叫做《洪大全自述》。洪大全，也就是在永安被官军俘获的那个人，自称天德王。当然，对这份文献的真实性的判断将决定自己的判断。密迪乐的《中国人及其反叛》第240、241页的说明，就否定了有关天德王的全部传闻，认为历史上从无此人，至于《洪大全自述》，只不过是一个太平军知道自己难以活命时伪造的，为的不过是求一个虚名罢了。他认为，在太平军的文献中，根本找不到任何抹杀"天德"领导者的证据。如果确实让人觉得可疑，他推崇韩山文推断的可信性。

根据韩山文的推论，"天德"就是洪秀全本人，不过这个称呼，是对"太平天国"这一国号的后两个字"天国"的误读。由于这两个字出现在皇帝署名处，来自北方的汉人士兵很自然地将其读作了"天德"，因为显然，"天德"更适合做皇帝的称号。韩山文表示，洪金向他提供了这一信息并作出这样的解释。

不过，一个事实是，麦都思把太平天国的一些文告译成了英文，同

[1] 《太平天国野史》，太平天国的非官方史书，上海1893年版。

[2] 《英国女王全权大臣文咸从男爵等人的旅行，1853年4月22日乘"汉密斯"号抵达金陵的笔记》，依据《北华捷报》1853年5月7日重印号。

时提供了原文。写出来的字不可能被弄混，“国”字和“德”字是迥异的两个字，并不会被误读。

在布莱恩《1858年蓝皮书》第136~138页中，认同了洪大全的供词的真实性，不过尚未弄清他在这场运动中所处的地位。

如果洪大全的身份真如他所言，那么，他的供词便揭开了此前的团团迷雾，让我们得以在相当程度上对太平天国运动初期的状况有所了解。如我们所知，1852年4月7日，在永安遭受持久围攻的太平军成功突破重围逃脱，自此长期跋涉向金陵挺进。在此征途中，有一小股队伍不幸被官军俘获，首领也被抓。显然这位首领级别较高，官军将他全副武装地押赴北京。在审讯中，他隐姓埋名，自称洪大全[1]，并说自己与洪秀全在太平军中平起平坐。这份供词意义重大，因而值得全部抄录。[2]

洪大全的供词：

我是湖南衡州衡山县人，年三十岁。父母俱故，并无弟兄妻子。自幼读书作文，屡次应试，考官不识我文字，屈我的才，就当和尚，还俗后，又考过一次，仍未进取。我心中忿恨，遂饱看兵书，欲图大事，天下地图，都在我掌中。当和尚时，在原籍隐居，兵书看得不少，古来战阵兵法，也都留心。三代以下，惟佩服诸葛孔明用兵之法。就想一朝得志，趋步孔明用兵，自谓得天下易如反掌。数年前游方到广东，遂与花县人洪秀全、冯云山认识。洪秀全与我不是同宗，他与冯云山皆知文墨，屡试不售，也有大志，先后来往广东广西，结拜无赖等辈，设立天地会名目。冯云山在广西拜会，也有

[1] “大全”和“秀全”十分相像，给人以他们是兄弟的印象，“大”字则表明此人可能是兄长。

[2] 摘录自布莱恩《洪大全自述》第132页及其以下，该书又是源自《陆上中国邮报》1852年8月23日。（此处译文摘自《太平天国资料第一辑·诸王自述》——译者注）

好几年。凡拜会的人，总诱他同心同力，誓共生死。后来愈聚愈多，恐怕人心不固，洪秀全学有妖术，能与鬼说话，遂同冯云山编出天父天兄及耶稣等项名目，称为天兄降凡，诸事问天父就知趋向，生时就为坐小天堂，被人杀死，也是坐大天堂，借此煽惑会内之人，故此入会者，固结不解。这是数年前的作用，我尽知的。

我是道光三十年十二月间，等他们势子已大，我绕来广西会洪秀全的。那时他们又勾结了平南县监生韦正即韦昌辉、广东人萧朝贵、杨秀清等，到处造反，抢掠财物，抗官打仗。拜会的人，有身价田产，妻室儿女，都许多从他，遂得钱财用度，招兵买马，胆智越大，又将会名改为上帝会。我来到广西，洪秀全就叫为贤弟，尊我为天德王，一切用兵之法，请教于我。他自称为太平王，杨秀清为左辅正军师东王，萧朝贵为右弼又正军师西王，冯云山为前导副军师南王，韦正即韦昌辉后护又副军师北王。又设立丞相名目，如石达开称为天官丞相右翼王，秦日昌称为地官丞相左翼公。又封胡以洸、赖汉英、曾四为侍卫将军，朱锡锟为监军。又有曾玉秀为前部正先锋，罗大纲即罗亚旺为前部副先锋。此外又有旅帅卒长等名目，姓名记忆不清。旅帅每人管五百人，卒长每人管百人或数十人不等。打仗退后即斩，旅帅卒长都要重责，打胜的升赏。历次被官兵打死者亦不少。我叫洪秀全为大哥，其余所有手下的人，皆称我同洪秀全为万岁。我叫冯云山等皆呼名字。去年闰八月初一日攻破永安州城，先是韦正同各将军、先锋、旅帅带人去打仗，杀死官兵。我同洪秀全于初七日才坐轿进城的。只有我两人住在州衙门正屋，称为朝门，其余的人皆不得在里头住的。历次打仗，有时洪秀全出主意，多有请教我的。我心内不以洪秀全为是，常说这区区一点地方，不算什么，那有许多称王的？且他仗妖术惑人，那能成得大事？

我暗地存心借他猖獗势子，将来地方得多了，我就成我的大事。他眼前不疑心我，因我不以王位自居，都叫人不必称我万岁，我自居先生之位。其实我的志愿，安邦定土，比他高多了。他的妖术行为，古来从无成事的。且洪秀全耽于女色，有三十六个女人，我要听其自败，那时就是我的天下了。

那东王杨秀清统掌兵权，一切调遣是交给他管。那韦正督军打仗，善能征战，是他最勇敢。常说他带一千人，就有一万官兵也不怕。在永安州这几个月城内就称为天朝，诸臣随时奏事。编有历书，是杨秀清造的，不用闰法，我甚不以为然。近因四路接济不通，米粮火药也不足用。官兵围攻，天天大炮打进城内，衙门房屋及外间各处都被炮子打烂，不能安居，因想起从前广东会内的人不少，梧州会内人也不少，就起心窜逃。二月十六日，是我们的历书三月初一的日子，发令逃走。是分三起走的，头起于二更时韦正带二千多人先行；二起是三更时候，杨秀清、冯云山等五六千人拥护洪秀全带同他的妇人三十多人，轿马都有；第三起就是我同萧朝贵带有一千多人，五更时走的。我离洪秀全相去十里远，就被官兵追上。萧朝贵不听我令，致被打败，杀死千余人，将我拿住了。我们原想由古苏去昭平梧州，逃上广东的。出城时各人带有几天的干粮，如今想是各处抢掠。那晚走的时候，东炮台火起，是烧的住屋，都是众兄弟的主意，在城外着火，城内便好冲出。

至我本姓，实不姓洪，一因与洪秀全认为兄弟，就改为洪大全的。洪秀全穿的是黄绸衣黄风帽，那东西南北王戴的是黄镶边红风帽，其余丞相、将军、军帅、军长每逢打仗都穿的黄战裙，执的是黄旗。我在州衙门也有黄袍黄风帽，因我不自居王位，又不坐朝，故不穿戴的。所供是实。

这份供词中让人信服的理由很多，可以断定基本真实。

首先，清政府将洪大全视为真正的高层领导，戒备森严地将他押到京城，便可很好地证明这一点。他们认为，洪大全的地位高于洪秀全；当然清军也并没有自欺欺人地认为洪大全是唯一的领导者，以至于认为抓住了洪大全就等于摧垮了这伙叛军。如果清廷后来发现这个人不过是一个小喽啰，那么，在编写有关太平军的文献时，势必将其剔除；但是他们没有。[1] 与之相呼应的是，如果清廷认为这是个骗局，那么此后不久因无能而被革职的赛尚阿，势必会因为自己的这一失误被弹劾，同样的，也没有。

其次，洪大全是湖南人这一条也被证实。当时，清军沿着湘江顺流而下，在到达长沙时告诉洪大全说到衡州了，但他立刻认出这是长沙。[2]

第三，洪大全宣称他和洪秀全平起平坐，这一点也能找到证据，众所周知，最初就有一个号称“天德”的人参与了这场运动。如果“天德”是洪秀全自己的名号，他后来何必要更改名号？即使改了，也没必要将原来的名号隐匿起来。

第四，“天德”这一称号明显与天王所封的其他五个王有所区别，更适用于皇帝身上。一个“天”字，即可看出他的地位甚至位居天王之上，至少是和天王平起平坐的。“洪大全”这个名字也是一样，一个“大”字说明他拥有更大的权威。

第五，在我看来，最能证明这份证词真实性的，是洪大全对于洪秀全的准确认知：他十分清楚，并且在诸王之中，只有他一个人清楚，洪秀全绝对没有领导一个政府的能力，只能躲在妻妾成群的深宫沉迷于自

[1] 如果将《京报》所记载的某些错误信息与后来官方的史料记载相对比，可以发现其他错误已被改正，但对此事却并未更改或删除。

[2] 官兵以重兵押解洪大全迅速顺江而下，是担心他在湖南的一些同党营救他。

己的宗教幻境，而他的将领们则以他的名义去管理政府和享受胜利果实。洪秀全之所以如此，是因为只有这样才能让他的追随者们相信他是一个拥有超凡能力的领袖。如果被将士们得知自己是如此无能，还如何煽动他们继续前进？因此，虽然并肩作战的几位亲密领导者都了解洪秀全的这一缺陷，但他们都乐于去掩盖、补充这个缺陷，支持这位神奇的预言家。

当然，还有一个不能忽视的实情，就是这份供词中的确有一些错误，也有一些显而易见的谎言。例如，单单把冯云山说成北王而不是南王这一个问题就足以说明他的无知[1]。不过，供词中绝大多数的错误似乎都是故意编造，并且还似乎有意为之了某些显而易见的自相矛盾之处。极有可能，他想洗刷自己是这场运动的宗教信徒的嫌疑，从而维护自己在同伴中的理性声誉。他显然不反对将洪秀全的宗教作为获得更多追随者的工具，但他希望自己能够通过战斗登上王位，而非洪秀全的魔法。

现在只剩下最后一问题：这个人究竟是不是我们曾提到的朱九涛？截至目前，尚无任何文献可以用来帮助区分两者的身份。但供词里明确说到，洪大全这个名字是虚构的。而需再次强调的是，这个人，他和天王关系密切，密切到可以自由来往的地步；他的穿戴有皇家特征；他的名号显示他与天王平起平坐甚至地位更高；他还洞悉到一个症结：如果洪秀全继续使用现行政策，势必将太平天国引入覆灭。如此看来，这个人应该在很早以前就处于被人尊崇的位置。据我们所知，无人具有这样的地位，除了朱九涛。我们有证据表明，基本上可以认定洪大全的真实身份就是朱九涛。

假如我们认定这份文件的真实性，则它可以很好地帮助我们考察这场运动及其发展情况。经过一系列的比较和研究，我们大抵可以构建出

[1] 中文文献中并无此错误，可能是英文翻译中出了问题——译者注。

这样一幅图景：一位姓朱的湖南人，在乡试中屡试不第，最后退引到某个地方出家，并潜心钻研兵法，立志推翻清朝。大概是1843年或1844年的某一天，他在广东的狗头山与洪秀全和冯云山结识。正在组建革命势力的他，被洪秀全的那套新迷信理论深深吸引，毫无疑问的，这是一个可以获取更多追随者的重要手段。于是，他与冯云山达成了某种协议，要做新运动的布道者。从这个角度，也可以证实忠王在自述里关于冯云山是太平天国运动发起者的描述。现在我们知道，布道的目的就是为开展他们二人所共同策划的革命事业。这是洪秀全不知道的秘密，并且一直到1848年危机之后，才为洪秀全所勘破。

朱九涛目光深远，想要通过军事武装来赢取革命胜利，这一点毫无疑问。但是如果没有这些宗教面具，大家就会质疑他的权威性，也就无法获取他所需要的追随者，因此他需要拜上帝会这个组织。当然，对于他来说，军事才能是他的必需，如何将更多的追随者训练成军人，是他的首要任务。如此背景下当然可以想见，谁也不会小觑朱九涛的作用，又有谁会相信洪秀全的能力呢？

通过洪大全的供词我们可以清楚地了解，由于政策取向问题，他和洪秀全在永安发生了分歧，并希望择机取代洪秀全。本来机会可以迅速到来，但可能不幸被延误。我们还可以从证词中看到，在这场突如其来的运动背后，两种对立的观念始终在相互抗衡：观念之一是由天德领导的真正的革命运动，依靠的是反清的政治动机；观念之二是所谓的天降旨意，它结合了儒学和基督教要义，强调破除旧偶像崇拜的狂热的宗教信仰，“天主”是它的首领。这两个不同的观念，在运动初期阶段并驾齐驱，但注定要分道扬镳：天德已经发现这种宗教狂热将会遭到民众的反对，也在尽量避免发生这种情况。双方斗争的主要目的就是确保教众的忠诚。如果没有这一点，无论是谁，都无法获得成功。

领导集团在1848年到底如何分裂，这个过程我们已经没办法查明，但还是可以推测当时发生的一系列斗争：杨秀清、萧朝贵与朱九涛、韦昌辉相互对抗，冯云山可能也是他们的对手。作为宗教狂热派，杨、萧二人施展手段，使教众相信上帝和耶稣确实曾来到人间将领导权交予他们。随后不久，太平军顺利在金陵落脚后，杨秀清曾经试图夺取洪秀全的大权，结果与韦昌辉成为死敌。此外还有一个事实是，在从永安突围的过程中，韦昌辉曾试图救援洪大全，萧朝贵却拒绝执行命令。综合以上证据，可以假设领导集团就是这样走向了分裂。这其中，也不排除一个事实：当洪秀全受邀出任共同的领导时，他肯定了杨、萧二人而否定了其他人的天降神谕，可能导致朱九涛被打压，不得不暂时蛰伏等待。

这样看来，1848年发生的这场斗争，可以被视作对革命领导权的初步争夺，最终结果是那个理应成为首领的人被排斥，而杨秀清和萧朝贵则成为被洪秀全所认可的领导。[1] 由于天德的力量很强大，不可能被完全排除，为了内部的团结，最终双方不得不达成妥协：天德与天主同为最高领导，其中天德这个称号暗示他是皇帝，当时签署文件时用的，也是这个称号，可见他应该地位在天王之上；实际上，天王只是国家的宗教领袖，角色类似于太平教皇。不过，由于整个运动的实际控制权在天神附体的杨秀清和萧朝贵手里，天德无计可施，只能等待并伺机推翻他们。遗憾的是，虽然太平军屡经绝境，但都奇迹般获救，所以朱九涛一直没能等到这个机会。最近的一次起死回生就是永安突围，他们认为这是一件只有上帝才能办成的事。在这次突围中，天德被俘，永远丧失了自己寻求的机会；让人觉得可笑的是，洪秀全和杨秀清的宗教狂热，使这场运动一直坚持自己的迷信之路，直至灭亡。有两个人没有参加以后的事

[1] 《太平天国野史》在列出诸王时，东王和西王列为第一等，南王和北王列为第二等，翼王和天德列为第三等。

情，一是萧朝贵，永安突围后不久，他阵亡于长沙围攻之战中；曾与朱九涛联手创建拜上帝会的冯云山，原本可以利用自身的影响力使洪秀全的这场事业走向理性，然而，他也阵亡于从广西刚进入湖南的战斗中。

如果截至目前我们的推测都是对的，那么我们就找到了打开三合会与太平天国运动关系之锁的钥匙。根据韩山文的说法，洪金记载说三合会领袖曾经率部加入太平军并接受全新的宗教训练，最后却因太平军军纪严明不辞而别。实际上，这绝非真正理由，不过是个表面借口罢了。天德的供词中暗示，太平军的很多军士来自三合会，但天德本人却试图将自己与三合会的关系，转嫁到冯云山身上。1852 年，三合会发动规模不小的叛乱，东王杨秀清也在向部下发布的一份文告里证明了这一情况，说道："尔等勇士多为三合会众，生死与共，同心协力，灭除胡掳。"[1] 倘若在这个组织中，确实有很多三合会成员，那么，他们到底是拜上帝会的原有成员，还是如洪金所说，他们于 1852 年那场战争开始加入的拜上帝会？姑且先把加入时间撇到一边，对于他们离开的理由，难道就是因为太平军军纪严明、以至于第一次胜利后就选择了离开？[2] 让人更加困惑不解的是，他们中的一些人抛弃了汉人的革命事业而叛逃到清军那里，又是为什么？显然叛逃行径不仅激怒了太平军，也违背了曾经的誓言，"生死与共，同心协力"，杨秀清刚刚立此血誓。

我们不得不开始讨论这个人间蒸发的领袖朱九涛的身份问题。明朝的开国皇帝是一个叫朱元璋的当过和尚的人，因此，朱九涛的姓氏，让

[1] 出自1853年3月12日《北华捷报》公布的文告，在太平天国的书籍中也可见。太平天国后来再版这些书时，删除了所有有关三合会的文字。参见麦都思《中国造反者在金陵出版的宣传册》第33页的注释。

[2] 韩山文《洪秀全的幻觉和广西造反的起源》第55页中说，队伍分裂发生在攻下永安前，但记录中的事情不可能在那么短的时间内发生，因此我推测此事应该是发生在永安陷落后。

人马上联想起他与明王朝的关系（或许他与明朝无直接关系，只是姓氏暗示了这种可能性）；他当和尚研究兵法，也暗示他有反清复明的理想。早在太平军起义初期，就有传言说太平军的幕后操控人是明朝后裔，只待时机成熟便会现身。[1] 此外，外国人拿到的一些文献里 [2]，“前明”和“太平”皇帝两个词连在一起，后来又与“我们的天德皇帝”连用。基于这两个事实依据，我们可以推断，实质上，天德就是以光复明朝为目的；为了完成这一目标，必须对追随者中的宗教分子，也就是拜上帝会的人员，进行一种特殊的安抚方式。正因为此，洪秀全才被赋予了平起平坐的地位。

三合会也是以反清复明为目标，因此他们支持的对象应该是朱九涛而非洪秀全。在 1848 年权力斗争中，志向高远的朱九涛没能控制拜上帝会组织、没法反对这些宗教狂热分子，也无法号召他们跟随明朝后裔成就复明大业，因此，他只能选择妥协。不过，他依旧留在这里等待时机。三合会也做好了准备，就等待朱九涛一声号令，他们就加入拜上帝会。1850 年，起义即将到来，他发出了信号。

洪金记载说，三合会很快就走了。这一记录属实否？在我看来，杨秀清发布的告示中，就足以否定这一记载；洪秀全当时曾经宣称自己不以复明为目的，并称自己痛恨三合会以及他们的事业 [3]，这也说明洪秀全跟三合会没什么联系。那么，如果不是朱九涛与这场运动有关联，则三合会绝不会甘居洪秀全之下。

---

[1] 摘自布莱恩的《1858年蓝皮书》第136页，他发现了某种一致性，但在分辨洪大全和朱九涛方面没有拿出证据。

[2] “总理军机镇守湖北地方大司寇郭”于1853年4月3日发布了一个文告，很可能这是一份伪造的文件，但有趣的是，他说明了这位君主的双重性，明确宣布希望复辟明朝。见《中国造反首领的文告》。

[3] 韩山文的《洪秀仝的幻觉和广西造反的起源》，第55页及之后。

从朱九涛在永安被俘并押送至北京时开始，宗教狂热派便掌控了这场运动，三合会成员也因此开始抛弃新的领袖，最终遭到杨秀清在上述文告中的斥责。这种“精神溜号”的情况一直存在，等到攻占金陵时，队伍之中已经没有几个三合会的成员了。只有在这种假设的基础上，我们才能理解三合会与太平天国之间奇怪的背离，也才能理解太平天国为何对三合会充满仇恨。后来三合会的分支占领上海，他们自然而然地希望能与太平军联合起来，共同保卫这一硕果。但是令人遗憾的是，由于双方的嫌隙过深，最终没能走到一起。就像其表弟所言，洪秀全本人或许出于宗教立场的差异反对三合会，但他那些聪明的下属原本不会抵制三合会这样有力的支持。不过，当三合会背弃太平军而转投敌人的那一刻起，双方的嫌隙就再难弥补了。太平军取得胜利后，小心谨慎地删除了自己与三合会有关的全部痕迹，拒绝再和他们有任何交集，无论何种形式。[1]

另一个需要解答的问题，是天王开始统治的确切日期。史料里记载了三个不同的时间和地点。运动失败后，被捕的干王洪金提出，在金田，教众们举行了夺取永安之前的首次大集会。这个说法与洪大全自述里的说法是一致的，他也承认在正式建立太平天国前的永安，就已经存在某些形式的政府并履行职能。[2]

太平立法的记录以及所有官方资料和韩山文著述中有关洪金的早期记录，一致说明了一件事：太平军建立政府、颁布国家政令、建立军制，以及各种其他事务的建制，都完成于占据永安时。这大约是在1851年到

[1] 或许也有一些三合会成员留在了太平军里，包括1853年在镇江任司令的罗大纲，但他似乎只是一个例外。见麦都思《宣传册》第33页的注释。有关这一事件的记载都已被修改，这一事实也让人有足够的理由去怀疑，他们篡改了有关此事和天德的一切记录。

[2] 《干王自述》第5页，同时见于《洪大全自述》；《平定粤匪纪略》一附录卷一第1页；韩山文的《洪秀全的幻觉和广西造反的起源》第57页中也说洪秀全在永安称帝。《湘军志》卷一，第8页。

1852年春。对于这其中存在的小小的不精确，我们大可不必不安，因为中国人在算一个新生政权的起始之日时，习惯上从实际建立后的那年年初开始算起。[1]

忠王在他的自述中说，1852年11月底，恰恰就是解除长沙围困之时，洪秀全得到了印玺。这表明，洪秀全在永安时尚未拥有属于自己的印玺，直到长沙才弥补了这一疏忽。这一较为谨慎的论述，得到了官方资料的完全证实。我们应该知道，中国人一向十分看重印信；太平天国所看重的对其诸位将领的级别的认定，也不单凭借旗帜来区分，同样要通过印信。显然，没有印玺这件事显得很荒唐，令人不可思议：在两年时间里，天王竟然没有印玺？另外一个合理的解释就是，洪秀全之前只是一个王，或者说是一国之首领。如今他想要称帝，却由于他的宗教决定了“帝”只能是上帝，而不能拿来作为他的称谓。不过，通过印玺这一形式，实际上他已经达到了称帝的效果：史料表明，他在那个地方被称为“万岁”，显然只有对皇帝才这么称呼。

如果洪秀全在长沙已经称帝，但却还要保留“王”这样的称号，那么，他的这一仪式意义何在？根据我们所掌握的各项线索来看，可以并不莽撞地说，一直以来，洪秀全都是作为两个执政王之一，而后来，天德王的命运已定。那么，在长沙进行的这个仪式，是否就是为了宣告太平王或者说是天王成为唯一的君主？[2]外国人手中的关于这场运动中的早期文献，均以天德的名义签署，这就说明，无论他在供词中招认了什么，

[1] 例如1911年中国的革命才宣告完成，期间，虽然中国人已不再使用帝号纪年，但直到1912年，才开始采用新的历法。

[2] 早期学者称洪秀全为“太平王”，但后来他一直被称为“天王”。我们倾向于认为他是在长沙改了称号，当然我们缺乏证据。而一旦有了证据，那就会和所有证据一样，指向天德才是最高的领袖。

至少在 1852 年之前，他都被认为是这场运动的最高领袖。[1]

我们看到了一份很有意思的早期文献，它签署的日期恰好是在对长沙发起最后一次攻击之前，是以洪秀全的名义发布的，即“奉天承运太平天国总理军机都督”，日期是天德二年。[2] 这个文献中有一些不实之词，因为其中说长沙已定，要去广西（也许是江苏）。由于它没有填写确切日期，因此不妨大胆假设这是一个进军文告，计划张贴到沿江各城的墙壁上，月、日之所以都留下空白，是为了方便以后填写。因为这一文件是写于放弃围攻的前几天，这里说到的“长沙已定”是尚未发生之事。当时太平军正计划用地雷炸毁城墙，引爆地雷的时间分别是 11 月 10 日、11 月 13 日和 11 月 19 日。有意思之处在于：直到在长沙举行那场印玺仪式的前几天，太平军依然用“天德”称呼领袖。

如果上文中安排的顺序，就是历史本身的顺序，那么所有的一切就都真相大白了。（不过，如果洪秀全确实从最初就是这场运动的领导者和主要推动者，那此事便成了一个谜团）但是，这种观点也有一些无法解释之处。布莱尔在其著述里说，在太平军攻下金陵之后的几天时间里，罗孝全——洪秀全从前在广州时的导师——收到一封邀请他去金陵访问的信。据说信的封口处有一个两英寸左右的印记，印记上写有“天德太平皇印”的字迹。[3] 在未见到原印的情况下，我无法妄下结论。假设这个信件是真实的，且是从金陵送出，那就说明天王有“天德”和“太平”两个称号。但如果在 1853 年攻下金陵的前夕天王拥有两个称号的话，那又

[1] 《北华捷报》刊载的麦都思的译文中，记录了这里文件中的若干内容，后来重新印了题为《京报》（1853—1856）的小册子，我手里有一册不完整版。

[2] 见上述重印本中第77页最后的注释。

[3] 如果没有见到中文印文，就很难发表观点，这一信件或许是发于长沙陷落前；如果发于长沙陷落后，则很难解释了。另外，从汉字的读音看该字是“皇”，而不是他们通常所用的“王”。布莱恩的《1858年蓝皮书》，第202页。

缘何几周后这一称号就再也不被太平天国所承认了呢?

我们有必要记住的是，在太平天国的后期文献里从未提到任何与洪秀全平起平坐的统治者。假设天德真的存在过，那他在太平天国的记录里已经被彻底删除，只在清政府和早期的太平文告之中留下了蛛丝马迹。这种判断令密迪乐轻易地抛弃了洪大全的供词，他说："天德甚至称不上是神话，压根就是个误会。"[4] 他做此断言的依据就是他与太平天国子民的交谈，以及在太平天国的书籍中找不到天德被抹杀的任何痕迹。但是，假如我们的推论是对的，也就是说，当这场运动失去了他的真正领袖以及大多数的三合会成员，当剩下的部众都是集结在天王周围的狂热的宗教信徒的时候，我们又岂能指望他们去承认曾有一位已经人间蒸发了的领袖? 正如前文我们提到过的，他们详细谨慎地修改了杨秀清的一段谈话，以便删掉其中部众里有三合会成员的表述，这已然可以帮助我们推断，他们在对待天德一事上，也必然有同样的举动。最近已经出现关于这场运动的野史记载，其名单中天德王也赫然在列，只不过被排在了第三等级。

综上，总体而言，我们有足够的理由相信天德是真正的领袖，那些能证明他是领袖而假设出的一系列活动及事件都是真实的。天德是一个野心勃勃并且努力想要得到拥戴的人，也许，他也是真正的明朝后裔。上天给了他借以达到目标的手段，但这其中，也充满了各种危险要素，尤其是当践行使命的伟大时刻来临之际，这些危险逐步显现，他被逼到附属者的地位，抑或是说，他被迫与那些宗教狂热分子共享权力。时势使他被迫蛰伏，以伺时机。但是，也许是偶然，也可能是蓄意的阴谋，那位耶稣的喉舌——萧朝贵，在永安突围时抛弃了他，使他被清军俘获。就这样，设计这场运动的人消失了，取而代之统治天国的，是能力较弱的宗教狂热分子，

---

[4] 《中国人及其反叛》，第240页及以后。

领导集体也随之日益腐化堕落。最后，帝国的保守势力联合起来并与清政府站在一队，镇压了这个奇怪的政权。这场运动在朱九涛率领下的国民诉求，由于加入了洪秀全宗教幻想的因素，消失殆尽。

在运动的后期，洪大全对洪秀全个人实际能力的判断被多次验证，其中最明显的证据或许莫过于洪秀全在长沙以及稍后在金陵的作为。在长沙，太平军遭到了长达 81 天的抵抗，几万兵力也未能攻下城池，于是洪秀全决定去湘西常德建立自己的王国。但由于他们在益阳找了很多船只，于是临时决定改变主意顺江而下——这是完全出于偶然的决定！[1] 伴随着一座又一座城池被攻下，恐惧也被刻进所有太平军人的心里，最终迫使他们止步于金陵。当一些胆大的部下催促部队继续攻打河南，将河南作为进军北京的前沿时，一名船夫用几句话就驳回了这个明智的建议。那个船夫说："河南河水小而无粮，敌困不能救解。而今得江南，有长江之险，又有舟只万千，又何必往河南？南京乃帝王之家，城高池深，民富足余，尚不立都，尔而往河南何也？……河南虽是中州之地，足备稳险，其实不及江南，请东王恩知！"[2] 结果，太平天国的领袖们就决定不再去征战而留在金陵。假若统领这场运动的是一个像朱九涛那样的人物，定会抓住时机攻打北京。洪秀全和杨秀清错失良机，最终失去了唾手可得的帝国。

---

[1] 《忠王自述》，第6页。

[2] 《忠王自述》，第6页。《平定粤匪纪略》附录卷三第12、13页将此事列为奇迹之一，以此来说明天神护佑中国。他无法确定这个人到底是一名普通的船夫还是官军的间谍，或者是某位神仙。

第四章

由广西至北方

在对桂林进行了长达31天的围攻而毫无结果后，太平军从桂林城撤退，转而向湖南进发。率领7000大军的和春在后面马不停蹄地追赶，并分别于5月22日、6月3日攻下兴安和全州。根据湘军将领江忠源的判断，太平军的行军路线将沿着湘江到长沙一线，因此，他选择率领大军迅速赶往蓑衣渡。蓑衣渡距离全州不远，江忠源考虑到这一带江面狭窄，两岸树木茂密，决定用树木代替土块和石头堵塞河道，用以阻挡太平军的行进步伐。果然，太平军印证了他的猜测，乘坐小船顺着湘江而下来到蓑衣渡。两军交接，激烈的战争整整持续了两个昼夜，最终的结局是太平军伤亡惨重，1000多人葬身于此，包括他们的将领冯云山。江忠源烧毁了太平军的船只，这使得太平军不得不登上岸，改向永州和道州出发，并于6月12日打下道州城。[1]

[1] 《湘军志》卷卅，第9页。《平定粤匪纪略》说冯云山阵亡于全州，推测应该是指全州地区而非全州城。

太平军滞留于道州的一个月余的时间里，成千上万的追随者加入他们，太平军兵力得到了极大的增强。[1] 然而，蓑衣渡一败的影响是深远的。道州城里吸纳的众多新鲜血液虽然使太平军得以继续向金陵进发，但失去了冯云山这样一位能力与理智兼修的领导者，太平军就像当日失去洪大全一样，可谓损失惨重。事实上，冯云山也是太平天国运动中最后一个既有能力又有理智的领导者。当年，冯云山与洪大全共同创立了上帝会，两人无论是长远的眼界或是立场方面，或许都是一致的。或许北王韦昌辉、翼王石达开也具备这样的素质，但历史已经证明，他们的力量根本不足以将领导权从杨秀清和萧朝贵这样的宗教狂热分子手中夺回。冯云山的死，让太平天国从此被杨秀清和萧朝贵这样的人所掌控，他们将一种陌生的、诡异的宗教传播给大众，也因为此，太平天国运动从此陷入阴霾之中，并最终走向了覆灭。

于清政府而言，蓑衣渡的重要影响在于，它让清政府找到了一条镇压太平军的新办法：在这场战争中，一支看似普通的民兵力量坚守阵地，赶走了原本势不可挡的太平军，为长沙的防御争取了宝贵的时间。而在此之前，曾有两次，当官兵率军与太平军对阵时，虽然太平军人数不多，但还是从包围圈里逃脱了。[2] 这是一个全新的、效果显著的攻防新法宝，通过它，完全可以避免体制所带来的致命弊端。最终，在曾国藩的带领下，这个法宝得到了发扬光大，并最终帮助清政府赢得了胜利。如此情形下，若想要太平天国运动免遭覆灭，除了乘胜追击，或者出现一个有能力取代洪大全、取代冯云山的领袖，再无良方。

就在位于广州通向北方的大路上，一座重要的城池——郴州，是遭受集结于道州的官军威胁的太平军的下一个落脚点。8 月 16 日，也是太

[1] 《平定粤匪纪略》卷一，第15页。

[2] 《平定粤匪纪略》卷一，第15页。

平军攻陷桂阳的次日，郴州被太平军攻下。[1] 此后，天王和主力部队屯扎于此；西王萧朝贵认为，长沙没有设防，易于攻陷，于是他率领一支小规模敢死队向长沙进发，意图占领它。[2]

在长沙对战中，又一个重要将领阵亡：西王萧朝贵，他死于长沙守城上大炮的攻击；而此时长沙城外的太平军，已经围攻长沙整整 81 天却毫无所获。萧朝贵的死，让居于郴州的洪秀全和杨秀清不得不率领主力部队赶往长沙继续围攻长沙。守卫长沙城的巡抚骆秉章，和洪秀全是老乡，都是花县人。但这个巧合并不能改写历史的结局；只要有像江忠源那样英勇善战的军队，消灭太平军便指日可待。围攻中，11 月 10 日、13 日、29 日，太平军三次引爆了地雷，其中有两次已将长沙城墙炸开，但最终都被守军挫败，到底没能冲入城中。

就这样，太平军在这场艰难的拉锯战中最终落败，只能撤走。当时，他们已经陷入了官军的包围圈，连盐油都已告罄。据《忠王自述》载，在离开长沙前，天王在城南门制造玉玺，先封东、南、西、北、翼王，又称呼万岁 [3]，皇帝的妻子称娘娘 [4]，玉玺制成后，长沙城久攻不下，“计及移营，欲由益阳县欲靠洞庭湖边而到常德，欲取湖南为家”。[5]

为了掩人耳目，太平军略施伎俩，派出一个小分队进军湘潭；而太平军主力，则从浮桥渡过湘江，向西边的益阳开进。最终，太平军计成，受到蒙蔽的官军火速赶往湘潭。11 月 30 日晚，太平军渡过湘江并顺利逃走。自 9 月 10 日起，为期近 90 天的对长沙的围攻，宣告终结。

---

[1] 《湘军志》卷一，第10页；《平定粤匪纪略》卷一，第19页。

[2] 据说，官兵对太平军这一行动毫不知情，城门甚至尚未关闭；但历史阴差阳错，如果不是太平军错将城上的塔楼认作是城门，恐怕长沙不会免于被攻陷的厄运。

[3] 万岁只能用于称呼皇帝。

[4] 也就是皇后。

[5] 中文的《忠王自述》，见《中国秘史》第128页。

太平军在益阳的江面上找到了几千艘船只，于是经水路，先后过临资口，过洞庭湖，最后来到岳州。12 月 13 日，刚刚到达这里几天后，他们便攻占了岳州城。而在此之前，这里的守军便已逃之夭夭。岳州城中有大量军用物资，正是康熙时期的吴三桂留下的，这极大增强了太平军的军备力量。加上另外得到的 5000 艘船只，太平军实力大增。1852 年 12 月 19 日，太平军一举攻下汉阳；先是烧掉大商埠汉口，接着又渡江攻打武昌。在如此气势汹汹、势如破竹的太平军面前，两广总督曾国藩借口要保卫湖南，没有赶到湖北救援；向荣则率部赶到了距离武昌城池三里之外的地方。向荣，城池守军，太平军，三方陷入胶着状态：无论是向荣还是守军，都不愿意先对太平军开战，连冬日的阴雨也成了他们不开战的好借口。太平军却最终先发制人，于 1 月 3 日时炸毁了城墙，巡抚尽最大努力保卫子民，但最终还是被太平军打败，等待他的，还有其他的省级军官们的，自然是死于非命。

徐广缙接替赛尚阿担任钦差大臣，却屡屡落在太平军之后：当他到长沙时，太平军已离开；当他到岳州时，太平军已经攻下武昌。于是，朝廷将他革职，任命向荣为钦差大臣。

武汉三镇未经战斗便落于太平军之手，令清政府颇为震惊。他们再次启用了琦善——这位于 1840 年奉命于危难之间、到广州取代林则徐的钦差大臣。按照清政府的指令，琦善从黑龙江、直隶、山西等地挑选精锐部队，用于镇守河南，进而阻止太平军攻打北京。[1] 升任钦差大臣的向荣一改往日之谨慎，变得积极活跃起来。——可惜这一积极不是在太平军攻打武昌之际。

此时，太平军认为虽然攻下武昌，但自身力量不足以长期防守这里，

---

[1] 根据《平定粤匪纪略》卷二，第1页下栏所述，太平军想要通过襄阳北上，但意识到了河南防守森严，不便进军。

所以决定去金陵。1853 年 2 月 8 日，太平军征集了几千艘船只，满载包括男女老少的 50 万民众，沿着长江浩荡而下，开往金陵去建立他们的天国。[1] 如此气势之下，那个刚刚积极活跃的向荣一定是吓坏了：他竟然眼睁睁地看着这支大部队在自己眼皮底下扬帆而去。

洪秀全的这支大部队沿着长江浩荡而下，一路攻城略地，所向披靡。[2] 就在这时，原本正在金陵边界武穴那里等待与太平军对决的江苏总督，既感到恐惧，又深觉自己的守兵实在少得可怜，于是他忽然做出了回到金陵的决定。然而，这个决定无济于事：虽然他派遣了一个总兵去抵挡太平军，但很快就被击溃，总督本人也和巡抚四散逃命而去。[3] 由于清廷官员们的胆怯，九江毫无设防，并在 2 月 17 日陷落；巡抚突然去世的安庆，由布政使负责守卫，但很快就被击败，于 2 月 24 日陷落；布政使退守到一个小城，一周后这座小城也陷落了。可笑的是，坐镇金陵的巡抚本可以在总督外出的情况下，采取措施守卫城池，但他却打着战略转移的旗号逃去了镇江。3 月 8 日，太平军抵达金陵的外围工事，3 月 19 日就攻下了金陵。清廷宣扬满人的驻守部队如何顽强守卫内城，但没过多久，太平军就告诉密迪乐说：下跪求饶的满洲人，一个一个就像哀嚎的羔羊般死去。

就这样，一座接一座城池相继失守，地处北京城的领导们也一次又一次地陷入恼羞成怒之中。

没过多久，太平军的内部发生了分歧，形成了北伐派和原地不动派。

---

[1] 此数据出自清政府的文献，如《平定粤匪纪略》卷二第16页。曾根俊虎的《发贼乱志》则说有60万人。

[2] 如果巡抚和钦差向荣能够勠力同心，而不是互相推诿，就算不能击溃太平军，至少可以将他们赶走。可惜事与愿违，清朝的现任官员，和那些被革职的官员毫无二致。面对如此对手，洪秀全像守金陵一样守住武昌，应该是有可能的。我甚至也毫不怀疑，此时的洪秀全完全有能力直抵北京城。

[3] 《京报》1853年3月16日号，清廷斥责了江苏总督的这一胆怯行为。

天王洪秀全原本主张马上向河南进军，或许东王也想附议这个决定。如果他们采取了这一行动，那么，一则他们可以躲过向荣的攻击——向荣已经安排好了武昌的各项事宜，正在追赶太平军，此刻正因为船只匮乏而停滞在九江；二则，如果太平军能在河南站稳脚跟，则将处于威慑北京城的有利位置。可惜的是，洪秀全最终选择了原地不动，放弃了北伐这一明智之举。原地不动派（那位老船夫）力数河南的种种困境，力劝洪秀全将金陵作为天国之都，建议他在金陵建立“天京”。[1]

事实上，对于当时的太平军而言，拿下北京是完全有可能的。那么，导致原地不动派赢得胜利的，其实不仅仅是这位力主金陵建京的老船夫，他的观点，更可能代表着全体将士的观点，那就是自然原因：和美国的南北分界线相比，长江更像是一条南方和北方的分界线，自长江向北一二十公里，就是气氛迥异的北方。太平军自广西起事，一路所向披靡至金陵，其受欢迎的程度，更像是一支节日的游行队伍。一路走来，百姓们将其看作是救星，一个帮助自己摆脱满人统治的大救星，而毫不在意他们的宗教为何物。如果跨过长江、迈上北方的土地，事情会不会发生变化？说不定，他们会成为敌占区的生人，清廷乃至北方百姓都会进行顽强的抵抗，更不用说增加兵源这样的事了。船夫正是如此说中了将士们心中的焦虑。

当然，这个关于自然分界线的原因也不足以说服洪秀全做出最后的决定。他应该懂得，无论北方还是南方，清政府几乎均无设防。而且，清政府此时可谓四面楚歌：此时捻军四处出击并在后来造成大乱，乃清政府之心腹大患；西北地区的回民也正在酝酿动乱。如果洪秀全的胆子再大一些，就可以抹去所谓自然分界线等种种顾虑。对于太平军而言，他们只需要多一些当机立断、多一些勇气和力量以及安抚民众的小智

[1] 《忠王自述》，第6页

慧，那么，将满人统治推翻，是轻而易举的事。历史没有如果，否则我们便可以去想，如果洪大全和冯云山还在世，说不定历史的进程就可能改变。

太平军来到金陵，把金陵改名为“天京”。建立天京并没有使太平军的资源受到多大的损耗，现在，他们要动用手中的力量，去占领两处战略要地——镇江和扬州。镇江位于长江和大运河交汇的咽喉要地，扬州则在大运河岸边，两座城市正是通往北京的漕运的命脉。奉命攻打镇江和扬州的将领林凤翔于 1853 年 3 月 10 日成功攻下镇江，命罗大纲留下镇守；他继续率军攻打扬州，并于 4 月 1 日将其攻下。随后，他们花费了一些时间攻打并夺取了位于金陵对面的浦口以及浦口与扬州之间的地带，从而大大加强了镇江和扬州的防守。

3 月 30 日，钦差大臣向荣——在九江滞留了五个星期——抵达金陵城下。面对太平军高墙深沟的严密防御，向荣无可奈何，只能扎下营地，做好慢慢围攻的准备。在这里，我们没办法停下来去讲述自此开始的 11 间围攻金陵的详情，总之就是无数次的小规模战斗，结局是双方各有输赢。如此长期的对峙和围攻之下，太平军倒不畏惧向荣的驻军，但人生观却发生了颠覆性的改变：他们必须将金陵视为自己的老巢，并且将其处于严厉的管控之下。此时的金陵，可以来去自如的包括军队、背景良好的百姓，以及外国的船只（至少在 1860 年之后可在长江上随处可见）。但是，金陵已经不再进行开放的贸易，俨然一座巨大的军营，实施着最为苛刻的法律：城门长期紧闭，士兵站岗放哨，人民靠国家分配的粮食度日。而他们的丈夫、父亲、儿子，则在战场上浴血奋战。

鉴于镇江和扬州城重要的地位，清廷不得不采取重大行动来收复它们。于是，钦差大臣琦善、直隶总督陈金绶和漕运总督杨殿邦火速集结，率 4000 骑兵和至少 3 万步兵驻扎于扬州城外。可惜，他们赶不走深沟高墙里的太平军。[1] 甚至于，他们眼睁睁地看见林凤翔大摇大摆地将妇女和孩子甚至金银财宝运往金陵城。不久，大约在 5 月 22 日，林凤翔亲自率领 21 个“军”北上，让曾立昌留下驻守。[2]

林凤翔先是率兵攻击了滁州和临淮关，又于 5 月 28 日攻下了扬州西北 300 公里处的重要城池。随后，他从 21 个“军”中分出 6 个“军”，派他们攻打六合并占据六合和浦口之间的地带。但在六合，志愿军和乡勇的顽强抵抗令这股小部队伤亡惨重，最后被迫退回金陵。

由于得到了东王派遣的大部队的增援，林凤翔的主力部队得以顺利穿越了安徽北部地带；而自扬州出发时就开始追击的胜保，由于出发时便已被远远落在后面，也始终没有追上他们。6 月 1 日，林凤翔攻打河南的归德府；6 月 19 日，攻打河南省会开封（但未成功）。于是他继续前进，整个地区的官军则都在后面追赶。一直到 7 月 1 日，林凤翔已站在了汜水黄河边。

事已至此，清廷已经完全了解，如果不将太平军阻止在黄河以南，北京城势必遭受巨大威胁。没有时间继续互相推诿了，直隶总督讷尔经额被任命为最高统帅，奉命与之配合的是山东、山西和河南的巡抚。此外，蒙古的力量，黑龙江的骑兵，西安的骑兵，都分别火速赶来。林凤翔知道，如此高规格的官军将领亲率大批队伍正在靠近自己，用不了多久，他所在之地便将落于敌手。因此，他乘坐煤船渡过黄河，悄无声息地迅速转移。7 月 9 日，林凤翔率军攻击怀庆府，那一批高级将领全力反击，并向太平军发动了 10 次攻击。没被清兵击溃的太平军，却被一场暴风雨击溃，太平军仓皇向西逃离，清兵则在后面穷追不舍。太平军为此

---

[1] 曾根俊虎的《发贼乱志》，第15页。

[2] 《平定粤匪纪略》和其他中文文献里说有21个军。假如“军”是术语，那么它指的是21个作战单位，每单位有12500人。曾根俊虎说有36个团，每个团有2000多人，那么总兵力就是75000人，但不详依据为何。

损失三千余人。

河南虽已被清政府平定，但未能阻止太平军行进的脚步。他们转而向西，来到山西垣曲，随后立即向北转移并攻下平阳。清廷很快便将钦差大臣讷尔经额革职，转而让精通谋略的胜保取而代之，并且还授予胜保胜卓刀，也就是授予他斩杀副将以下官员的权力。

虽然太平军此时已经锐减到 2 万兵力，但朱锡锟和许宗扬从金陵带去的援兵，很快让他们得到极大补充。就这样，太平军以令人难以置信的速度穿过山西，攻城略地，所向披靡，其战斗力之强，令清廷官兵胆战心惊。9 月 29 日，太平军穿越临洺关抵达直辖省直隶，依然以破竹之势进发：10 月 1 日任县，10 月 2 日隆平，10 月 2 日柏乡，10 月 4 日赵州，10 月 6 日藁城，10 月 8 日栾城、晋州，10 月 9 日深州并着手休整……在十天的时间里，太平军推进三百余里，连攻五座城池。在深州，太平军遭到了清兵的顽强阻击：钦差大臣胜保从扬州一路追击而来，太平军曾在怀庆避开的官军将领也在这里集结。10 月 21 日，官军对深州发起攻击，当日即被太平军击退。不过，太平军于次日逃离深州城来到富庄驿，10 月 31 日抵达静海县。静海县以及距离这里不远的独流，距离天津仅仅不到 100 里，但是，已然成为太平军继续进军的终结之处。[1]

纵观太平军从广西起事，一路到金陵以及向金陵进军的全过程，一切证据均表明，清政府的正规部队和文官集团形同虚设，均脆弱得不堪一击。当时的《京报》上，处处都是公开的谴责，谴责这些知县、巡抚乃至将军、总督在危急时刻擅离职守、临阵逃脱。他们伪装成病人到处求医问药；他们在兵临城下时却打着招募新兵的旗号跑到乡下；他们或是将抓住的几个太平军的探子处死，或是将占领的太平军弃置的城池当作自己的功劳向上级告捷。以向荣为例，他本来数次均有机会打败太平

[1] 《平定粤匪纪略》卷二，第22页。

军，但他总是在错失机会后才开始发威。就在此时，他屯兵于金陵城下，开始对“天京”进行持久却毫无效果的围攻。胜保也是一样，他不久前终于在天津附近追上了太平军，但谨慎地与太平军遥相对峙，生怕自己由于兵败被谴责。生死关头，清政府无计可施，最后被迫向嫌隙已久且令人畏惧的蒙古部落求救。就这样，蒙古王子僧格林沁和他的草原勇士们，与满人的部队开始携手作战，欲将太平军拦截于静海和独流一线。

面临如此强劲的对手，林凤翔在寒冬中顽强坚守了3个月后失败，逐步撤退到黄河。随后，林凤翔得到了一些增援，又与清兵进行了多次战斗，直到被捕。在他被捕后，他的部下在1855年溃散。[1]

与林凤翔北伐远征军并驾齐驱的，是由赖汉英和石祥祯率领的两个师，他们沿长江而上，陆续占领昔日在进军金陵时被放弃的城镇，包括首先收复的九江，之后又经由鄱阳湖到达了南昌。

与此同时，奋战在广西和湖南的官军将领江忠源，因勇武被清廷任命为湖北按察使。他奉命火速赶往金陵城下的清兵大营，[2]5月14日，江忠源率领3000人离开武昌，途中听闻太平军已到达湖南的后门——南昌。他决定去驰援南昌，于是日夜兼程，沿长江进击，从九江向南抵达南昌，以期解除太平军对南昌的包围。7月7日，太平军炸开城墙，官军守住缺口。如此反复激战，太平军围困南昌城耗时3个月，在最后一次轰击城墙未遂后，决定撤离这里。江忠源对太平军穷追不舍，不过未能彻底击溃太平军。太平军再次占领南昌，但随后离开南昌溯流而上，击败了在田家镇坐镇的总督；继而途经黄州，10月，终于到达业已重新建好的汉阳。[3]

[1] 本章主要取自《平定粤匪纪略》和曾根俊虎《发贼乱志》，部分源自《粤氛记事》。关于北伐的记述援引了《京报》的译文。

[2] 《年谱》卷二，第3页上栏载，时间为阴历二月，1853年3月10日至4月7日。

[3] 《平定粤匪纪略》卷二，第13~28页。

太平军另外一支西进部队主要走陆路，先是攻下安庆，随后翼王石达开和胡以晃穿越安徽并频繁告捷。等到了这一年年底，太平军完全控制了整个湖北时，赖汉英和石祥祯率领的第一支西征军从汉阳返回安徽与石达开、胡以晃会合。被曾国藩及其他人举荐的江忠源，随之被任命为安徽巡抚，并被派去镇守庐州。江忠源得到了刘长佑和自己弟弟的全力支持，但是，面对胡以晃的10万兵力，兵力少得可怜的江忠源根本无法突破敌人的封锁。1854年1月14日，太平军发动总攻，守兵陷入包围。尽管守军全力守城，最终城池还是被攻破，江忠源投水自杀。

江忠源的死，令朝廷损失了一位最杰出的将领。江忠源未能跻身于中国名人堂，只是由于他的过早逝去；但是谁都无法掩盖他的杰出价值：毋庸置疑，是他率先在广西发现了民兵组织对于镇压太平天国的价值；是他在蓑衣渡一役中迫使太平军更改行军路线，对于拯救长沙功不可没；他和他的部队，同样在长沙被围困期间发挥了重要的防御作用；也正是他，给予曾国藩组建民兵队伍的灵感，并为后来曾国藩青史留名的作为奠定了坚实的基础：曾国藩最终按此模式创建了水师，成为守卫江南河湖的重兵。

试想在整场太平天国运动中，如果江忠源能够活着参与后面的战斗，他势必会与曾国藩、左宗棠、李鸿章齐名，甚至可能位居这三位之上。据载，曾国藩昔日对江忠源便做出如此评价，当江忠源提出设立水军的建议时，曾国藩愿意和他联名上奏；书中还写道："国藩在与某人交谈时说：'生平未见如岷樵这般有远见之人，若有人不久名动天下，非此人莫属。'"[1]

就在太平军将安徽据为己有的同时，东王杨秀清率军沿长江而上向

[1] 依据《发贼乱志》（第23页）一书说法。我看到这段话之前便下定这样的结论。曾根俊虎没有指出资料的来源。

武昌进发，希望能够完全控制住直达金陵的长江水道。湖广总督向黄州进发，以拦截杨秀清的军队。1854 年 2 月 7 日，这位总督认为太平军会欢度新年、放松警惕，便发动攻击，最终兵败身死。总督死后，代理总督率武昌的官军直接撤退，一直退到武昌上游的金口，武昌城里只留下城头的少许士兵。当年 6 月 26 日，杨秀清攻破兵力空虚的武昌，达成了此行的既定目标。

第五章

太平天国的信仰

要在中国建立一个基督教性质的王国，这是太平天国领袖洪秀全一个非常清晰的奋斗目标，这也是太平天国运动令人非常吃惊的一个特点。我们也可以看到韩山文根据干王洪金（洪仁玕）的记述资料整理的所有关于洪秀全宗教幻觉的文章。这难免让人觉得是由于清廷的宗教压迫，才使这个信仰基督教的宗教性质的组织事件，转变成了一场反叛运动。所以，及至太平天国运动尾声时，一个在忠王属下效力的名叫呤唎的英国人，出面斥责西方列强竟然与清政府一起去镇压基督徒，认为他们无耻地背叛了自己的宗教信仰。虽然他也承认，无论是太平天国推崇的信仰本身还是在他们实践中的探索都存在很多弊端，但是他将这些弊端归因于领导者的学识，而不是这场运动的本身。[1] 在这场运动里，他们仅看到了指向清政府的宗教讨伐，其基础是依据国外基督教文献创立的一种迷信。在一些批判太平天国的中文图书中我们也找到了类似的观点。针对这场运动，他们只看到

[1] 参见呤唎的《太平天国》，1866年。

了根据国外基督教文献，而从宗教的角度指向清政府的挞伐。[1]

究竟基督教的教义和儒家思想在太平天国创立的新宗教中各自占有什么比重？在研究这个问题之前，必须记得，洪秀全在生病前，很可能从来没有听说过这个在广州和澳门传播的由传教士漂洋过海引入中国的宗教。即便他偶尔听说过，也不可能对基督教的教义有什么准确的理解。而作为一个屡次乡试不第的书生以及一个私塾先生，他是肯定要熟读儒家典籍的。所以我们有理由相信，在没有人对他进行指点的情况下，无论那些新书的内容是什么，他都自然会用既有的中国传统典籍的知识去解析书中的问题和疑难之处。

我们能了解到，洪秀全得到那些基督教宣传手册，是在 1836 年赴广州科考期间。并且还了解到之后的几年他都没有看过这些手册。（见本书第二章）1837 年，养病期间的洪秀全看到很多神奇的幻象，但是不知道为什么，直到 1843，他偶然阅读了那些基督教的宣传手册，才对之前的那些幻觉豁然大悟。从他在 1845 年和 1846 年所写的文章中，我们可以得知，当他开始关注这些传教手册后，他从其中得到了深刻的体会。我们无从追溯其时洪秀全的思想是如何变化发展的，因为我们所能看到的他的早期作品，皆是金陵出版的那一类，被 1853 年“汉斯号”从金陵带出来的宣传册收录其中。这些早期作品包括《百正歌》《原道醒世训》《原道觉世训》《改邪归正》。[2]《太平诏书》就是由其中的三篇加上《原道救世歌》所构成的。

正如我们所知，这一诏书中除洪秀全本人的著作外，还加入了《三字经》《幼学诗》《太平朝宗教观书》《天命诏旨书与天命下凡诏书》，以

[1] 许多官方记载与此相似，摘自《平定粤匪纪略》卷一第2页上栏：“秀全深知若无迷信便无法欺骗大众，借西方宗教之名，企图采纳并建立将之立为耶稣之宗教。”等等。

[2] 韩山文的《洪秀全的幻觉及广西造反的起源》，第29页。

及一些当时发布的文告。这为我们对太平天国宗教的研究，提供了非常重要的英文材料。最近因为《太平天国野史》的出版，也可以看到很多中文材料了。[1]

洪秀全掌握住了崇高的上帝创造世界并保护世人的要义，但很明显的，他不知道在基督教中这个崇高的上帝是世间唯一的神。在一个公告里，他说："天父上主皇上帝才是真神，天父上主皇上帝以外，皆非神也。天父上主皇上帝无所不知，无所不能，无所不在，样样上，又无一人非其所生所养，才是上，才是帝。""天父上主皇上帝是神爷，是魄爷。"[2] 如果真如公告所说，他应该是真正主张一神论的，但是下面这段即使不是出自洪秀全之手也至少是他认同了的一段《三字经》中的文字，让人不得不去质疑，基督教意义上的一神论，这位领袖是否真正领悟。这段文字描写的是洪秀全和阎王遇到后升天的状况：

> 战胜妖，复还天。皇上帝，托大权。天母慈，最恩爱。娇贵极，不可赛。天嫂贤，最思量。时劝兄，且悠扬。

在这段诗歌的描述中，在天国的上帝和耶稣都有了配偶。所以，前文中本应一神论的上帝，竟然摇身一变有了妻儿，成为了天父。（假如洪秀全接触过罗马天主教的话，有关女神的叙述也许是基于该教教义，或者他是因为误解了处女分娩的记述）这让人觉得：洪秀全因为理解不了基督教上帝三位一体那种微妙的理论，所以用三神论来对其进行解释。

---

[1] 《太平天国野史》，1932年上海文明书店版。数年之前偶然发现的手稿，被认为是太平天国一名文书所作，非常具有参考价值。

[2] 天王诏旨，应该是1852年在永安发布。我所引用的译文，发表于《北华捷报》1853年5月7号，依据"汉密斯号"从金陵带来的附件翻译出来。宣传册中的译文略有不同，主要表现在遣词用句上。

不过他掌握了一个重点：三位神组成了一个家庭，上帝像中国每个家庭的父亲一样，是整个家庭的领导者，剩下的成员从属于父亲。洪秀全及其信众，与假神和代表它们篡夺上帝的至高之位的偶像进行着辛苦的战斗。但是，上帝和耶稣都已婚的论点，却偷偷暗示着世界上还有其他神灵的存在。因为在中国人的固有观念中，婚姻就是一个家庭和另一个家庭的组合，所以虽然在上帝的地位之下，但是天国中仍然存在着一个高贵的家庭，其成员有资格成为上帝这个最高之人的配偶。

关于耶稣在世间的工作和救助计划，有一段《三字经》在意思上几乎和《约翰福音》遥相呼应：

> 皇上帝，悯世人。遣太子，降凡尘。曰耶稣，救世主。代赎罪，真受苦。……信得救，得上天。不信者，定罪先。

如果仔细搜查，就能发现，我们作为研究参考的那些诗歌、文字和公告，在西方的《圣经》中能找到与其极为相似的表述。但是这些资料无法证明洪秀全及其信众领悟了基督教教义的真正内涵。谦逊、仁爱、淳朴、宽容、渴望和上帝为伴这些基督教意义上的美德，在这里都从儒学美德的角度被加以阐释，用以规范劝诫人们的行为。同样是谴责恶行、攻击妖魔、提倡善的理念，但他们表达的方式更像是儒家的而非基督教的。所以对那些需要在宗教那里找到慰藉的人来说，无法实现自己的需求。

笃信上帝、行善，以及对上令的绝对服从是太平天国宗教的主要教义。它认为所有人只要足够努力，只要能做到行善事、遵从上帝的神命，就能得到神灵的保佑，就能得到上帝的眷顾，就能在国家中得到自己相应的权力。而对善行的定义中最重要的标准就是要孝顺及在性上坚贞，因为要尊重他人的婚姻。除不做坏事之外，对淫荡、忤逆父母、杀人或伤人（其主要依据是：如果你杀害或伤了别人，你就会伤害你自己。“自古杀人便是杀自己，谁说老天不开眼？自古救人就是救自己、灵魂得上天堂……己所不欲，勿施于人，方不出错。”）、偷盗、巫术和魔法、赌博、吸鸦片、饮酒、算命和看风水[1]等行为也是严令禁止的。

在洪秀全看来，中国的古代典籍和西方的基督教经典在宣扬上帝这件事上是殊途同归的。无论是古人崇拜的、历代皇帝们都在圣坛祭祀的神，还是西方人信仰的神，其实都是同一个神，那就是上帝。在这里他其实是把《圣经》和古代儒家典籍作为其教义的依据，而一概而论了。仅仅这一点，就足以引起全天下学者的反对。他是如何引导人们做他的信众的？在《三字经》中有集中的记载：

> 普天下，一上帝。大主宰，无有二。中国初，帝眷顾。同番国，共条路。盘古下，至三代，敬上帝，书册载。商有汤，周有文，敬上帝，最殷勤。汤盘铭，日日新。帝命汤，狂其身。文翼翼，昭事帝。人归心，三有二。至秦政，惑神仙。中魔计，二千年……汉明愚，迎佛法。立寺观，大遭劫。至宋徽，犾猖狂。改上帝，称玉皇。皇上帝，乃上主。普天下，大天父。号尊崇，传久载。徽何人，敢乱改？宜宋徽，被金掳。同其子，漠北朽。自宋徽，到于今，七百年，陷溺深。讲上帝，人不识。阎罗妖，作怪极。

从上帝创世纪、给以色列人以启示、在埃及和红海展示怜悯和力量、给予荒野中的以色列人以关怀、传播十诫，到派长子将被妖魔迷惑的长道上的人们解救出来，这些《圣经》故事都被这篇诗歌所一一概述。在这个基础上，他宣布了他在其中的重要位置：就像西方的耶稣一样，他

[1] 参见《原道救世百正歌》。

在中国同样肩负着遵从上帝指令，向人们传播上帝旨意的重任，他的工作是提醒人们回头去膜拜自己曾一度追随的至高无上的伟大的上帝。

> 皇上帝，海底量。魔害人，不成样。上帝怒，遣己子。命下凡，先读史。丁酉岁，接上天。天情事，指明先。皇上帝，亲教导。授诗章，赋真道。帝赐印，并赐剑。交权能，威难犯。命同兄，是耶稣。逐妖魔，神使扶。

诗歌的这段起，历数阎王由于嫉恨他，对他所犯下的恶行，不过在上帝的庇佑下，他作为上帝之子最终打败了阎王及其手下的魑魅魍魉。洪秀全在完成了使命后，将去天国向上帝复命并接受新的指令，然后再重返人间完成新的任务，暂为上帝管理好人间的一切事务。

我们无从确认在第一次斗争中，他的对手究竟是谁。从诗歌中的表述来看，这次斗争可能是指像 1848 年上帝下凡事件那样，他在运动初期与一些造反者之间的矛盾，也可能是指他与洪大全早期的遭遇，或者是史料未曾记载的他们与清廷的一些矛盾。虽然留下了以上的疑团，但是诗歌某种程度上透露了洪秀全对自己在上帝面前的身份地位的认知。他将耶稣定义为上帝的长子，并且说自己的地位和上帝的次子等同。[1] 虽然他没有顾忌地宣称自己是来自上帝一家的一员，但是，在他看来“帝”只能用来称呼上帝，“圣”也只属于上帝和救世主，所以，在诗中他拒绝接受帝号，也不允许信徒们用“圣”来称呼他。

正如我们在前文所看到的那样，在 1848 年，为了争夺运动的领导权，曾经有两个人得到了来自天国的眷顾。上帝曾经在 1848 年农历三月

[1] 参见布莱恩的《1858年蓝皮书》，第229页（第五行）记录的一份文告，他说：“我们同母异父之兄是耶稣。”

和农历九月，通过附身未来的东王杨秀清来发号施令，而耶稣则借未来的西王萧朝贵之口说话。直到两年后萧朝贵在长沙城下阵亡前，上帝和耶稣先后多次附体下凡。之后作为上帝代言人的光荣权力，就只属于杨秀清和洪秀全了。及至洪秀全随着太平天国运动的发展，越来越久居深宫，杨秀清在实际工作中独揽了太平天国的大部分权力。这种大权独掌持续到1856年，直到他被杀死于太平天国内部的权力斗争中。在此期间杨秀清陆续用劝慰师、圣神、风秀师、赎病主等名号来加封自己。（杨秀清的汉语称谓全称为“劝慰师圣神禾乃师赎病主左辅正军事”），“他（杨秀清）把古兹拉夫版《新约》中的用语‘劝慰师’以及莫里斯用来表示圣灵的用语用在自己身上”。[1] 曾乘坐“苏斯克哈钠号”在1854年到金陵的布立基曼博士，在其著作的第192页也做了同样的介绍。有一段时间杨秀清篡夺了太平天国政府的大权，处于权力巅峰的他将天王的名字从赞美圣灵的诗歌中抹去，代之以自己的名字，而且指摘天王的过错（这作为其中一个因素，造成了杨秀清最后的垮台），通过自封为圣人，以及很多恐怖黑暗的政治手段，他逐渐侵占了洪秀全早年因为幻象而树立起的领袖地位。不过通过这件事，我们可以体会到洪秀全对自己在天上的身份定为：在天上，他仅仅是个人类，作为弟弟要听命于作为父亲的上帝、作为兄长的耶稣，不能侵犯他们的威严。他对自己和天神家庭关系所做的定位，在理论层面不会引起什么思想上的争论。从他是出于信仰而拥有的这种关系的角度上来说，这种关系的可能性也是无可争论的。通过这些，我们可以看出在研究《圣经》材料的时候，儒学的思维方式所产生的巨大作用。洪秀全从文字上全盘接收了这些《圣经》材料，并且将其收为己用。但是在思想上，他意识到自己与在广州时最初所接触的那些基督教教义越来越不同。从他自封为上帝的儿子和先知后，他就

[1] 该文由一名署名X. Y. Z的匿名作者撰写，布莱恩引用其著作的第196页。

再也不愿意接受那些同样信仰基督教的外国牧师的任何指导了。虽然他也承认他们都在信奉同一个上帝，但是他认为应该是这些外国牧师来他的金陵宫中听从他的教化。因为他是直接来自上帝身边在世间化成人身的圣神。

他宣扬的这种思想轻慢了神灵，同时也难以团结在 1853 年和 1854 年来到金陵的外国代表们。我们随后会对代表们向本国政府递交的政治和宗教方面的报告，进行比较细致的研讨。如果他们在金陵看到的是另一种类型的领导，如果他们没有遭受到太平天国对他们宗教的冒犯，他们在很大的程度上也许会承认这个政府。1854 年，美国远征军在杨秀清权力的最顶峰时出现了。在美国官员拜访了太平天国后，太平天国的官员亲手给他们送来了一封大言不惭的训令，这份训令让我们回想起北京使馆建立以及使馆地位问题万分火急的那个时期。那份训令是这样说的：

只要尔等诚心拜天，承认我主，则天朝视天下皆为一家，万国联为一体，定会接受尔等诚心，允许尔等年年进贡，岁岁来朝，承认尔等为天国臣民，永沐天朝之恩，于尔等土地之上安居乐业，享大荣耀。此乃我等大臣诚心所望。速遵从此谕，不得有违。[1] 这样看来，为什么这个美国官员得到了给有希望实行开明统治的太平天国政府的地位予以承认的授权，但他却并没有这样做的行为就不会令人奇怪了。[2]“无论地球上开明的国家对这场运动抱有过什么样的希望，现在事情都已很明显，他们既不宣传也不懂得基督教的教义；无论构成他们政治势力的真实判断是什么，人们都不再怀疑，跟他们的交流建立或维持在平等的基础上是不可能的。”

如果我们对洪秀全作品的解读是正确的话，那么他的宗教思想可以

[1] 第35届国会，第二次参议院执行委员会，第22号文件，第一部分，第62页及其以后。

[2] 佛斯特：《美国在东方的外交》，第211页。声称其有此证据。

概括如下：无论是西方传教士宣扬的上帝，还是中国古代典籍中的崇高的神，都同样指代的是上帝。本应充分地向民众宣传上帝的存在，不让人们远离宗教真理的孔子，并没有这样做。随后，历朝历代的统治者们逼迫了上帝，导致上帝的名字被篡改了。不过，幸亏耶稣作为救世主出现在了西方，由于他的宣传，西方开始重新信奉上帝。所以，我们必须接受来自西方的《圣经》，其实我们自己的儒学也同样是关于上帝的记述，通过《圣经》和儒学典籍的相互对照，我们可以对这些著作进行合理的解释。由于中国正处于毫无希望的黑暗中，上帝像降临到西方一样，再次降临到我们这里。1837 年，我所看到的那些幻境，就是他在对我进行培训，我将像耶稣那样从事拯救全世界人的工作。通过幻觉，上帝告诉我：我是上帝的第二个儿子，是耶稣同父同母的弟弟。我是天神中的一个，所以我能直接代表上帝解释上帝的旨意。

宗教结社最终在洪秀全自我命名为天神的基础上建立了起来。但是当富有野心的杨秀清和萧朝贵也开始声称自己是天国的代言人之后，洪秀全神圣不可侵犯的天神地位被或多或少地限制住了，而这种宣称也将太平天国运动引向了一场巨大的宗教荒谬。

对声称来自天国的洪秀全而言，上帝是他和他的事业的最终庇佑者。根据忠王的记述，洪秀全“靠实于天，不肯信人，万事俱是有天”的信念，直至金陵被攻陷之前都毫不动摇。[1] 他笃信天神会保护他，所以即使忠王多次苦求他离开兵临城下的天京，他也坚决不愿离开。关于天王洪秀全是如何迷信天神庇佑的逸闻，清政府的资料里有一个记载：忠王详细地向他陈述了天京城即将面临的迫切的危险，恳请天王离开天京到其他地区暂避。但是天王却回他道：“朕奉上帝圣旨、天兄耶稣圣旨，下凡作万国九州独一真主，尔欲出外去，欲在京，任由于尔，朕何惧之有！

[1] 参见《忠王自述》，第186页。

朕铁桶江山，尔不扶，有人扶。朕之天兵百万千万，妖兵怎能窜入？[1]”

发生于 1858 年的另外一件事也被记录了下来：有一次一颗炮弹砸穿了屋顶正好落在了天王的脚下，正在举行宴会的人们都被吓得面色如土，只有天王面不改色，他笑着对手下的将领们说：“朕奉天命，登上天王宝座，何惧妖兵百万，炮子如雨？又何惧妖将？”[2]

因为他过分执迷于自己的信仰，所以在天国政府中他常常无法履行自己的职责，对政府的工作起到了非常消极的作用。由于他过分迷信上天的力量，而不愿意积极地用智慧去解决问题、争取胜利，所以他常常无端否定精明强干的将领们制定的取胜战略。就此事，忠王是这样评价天王的：“主不问国中军民之事，深居宫内，永不出宫门，欲启奏国中情节保邦之意，凡具奏言，天王言天说地，并不以国为由。”[3]

洪秀全不单单宣称自己具有天神的属性，而且宣称他的儿子也有神性，是上帝的孙子。在 1860 年的一道旨意[4]中有一段值得注目的记录：“戊申爷哥痛下凡，带朕暨幼大当担。上帝亲子迹越见，父兄君王共为三。基督亲胞哥故降，三人同日苦成甜。开关尽三子爷人，同世一家莫猜嫌。”由这道措辞怪异的诏书可以看出，为了使自己的儿子能延续天神的神性，洪秀全将自己的儿子安排成了耶稣的义子。

我们可以看到，在这种宗教盛行的背景下，太平天国的官员，会精心安排太平军在每个行军所到之处的礼拜。他们不但每天早晚及进餐时都要进行祷告，甚至在每星期的第七天还要被人在午夜时从床上叫醒进行午夜祷告。无论中午和晚上都要进行大礼拜。

据呤唎多次观摩这种礼拜仪式后所述，礼拜早期的模式和如今基

[1] 参见《平定粤匪纪略》卷二，第11页。参见《忠王自述》第37、62页。

[2] 参见《发贼乱志》。

[3] 参见《忠王自述》第62页。

[4] 参见布莱恩的《1858年蓝皮书》，第266页及以下。

督教教堂的礼拜模式很相似，由唱赞美诗开始礼拜。不过当太平天国的宗教越来越向奇怪的方向发展后，他们将神性的荣光赋予给各王，在1853—1856年，东王杨秀清被当作圣神看待。赞美诗如下：

> 赞美上帝，为天圣父，是独一真神。
> 赞美天兄，为救世主，是舍命代人。
> 赞美东王为圣神风，是赎病救人。
> 赞美西王为雨师，是高天贵人。
> 赞美南王为云师，是高天正人。
> 赞美北王为雷师，是高天仁人。
> 赞美翼王为电师，是高天义人。

接下来是一段赞美诗：

> 真道岂与世道相同，能救人灵，享福无穷。智者踊跃，接之为福。愚者省悟，天堂路通。天父鸿慈，广大无边。不惜太子，遣降凡间。捐命代赎，吾侪罪孽。人知悔改，魂得升天。[1]

赞美诗朗诵完之后，是读《圣经》，之后是念信条（信条的文本未能找到）。随后信众们会以一名领导者领诵、众人复诵的形式进行祷告。有王爷在场的礼拜时所朗读的祷告文被清廷的一本文件记载了下来：[2]

[1] 其为四字对偶句，可见于《太平天国野史》卷四，第19页。
[2] 参见《平定粤匪纪略》卷二，第2页下栏。

小子某同众小子外小跪在地下祷天父上主皇上帝老亲爷、[1] 天兄基督亲大哥：今于某月某日礼拜之期，理宜虔设茶果、灯亮，颂德歌功，酬谢天恩，恳求天父时赐神风，化醒天下万国臣民，早日回心，共同赞美天父上帝权能太平一统，祝福小子等百战百胜，事事如意，有衣有食，无灾无难，永保平安，共享荣光天子万年，托救世真圣主天兄基督赎罪功曹，并托禾乃师赎病主功曹，转求天父上主皇上帝在天神灵，在地如在天焉，俯准所求心诚，太平天国年月日。

随后，即是依照纸上的布道文念读，念读后再恭敬虔诚地将纸烧掉。随后，教众在乐队的伴奏下起立，祝福天王万寿无疆。之后，是诵念十诫和十诫每条的注释。十诫只摘取了《圣经》中十诫的主句部分，删掉了那些起修饰作用的从句，十分短小。诵读后，唱响赞美诗，焚香放炮。[2]

对拜上帝教这个流行宗教来说，被太平天国加以解释又在太平天国内强制推行的十诫，是一个非常重要的组成部分，它的全文有必要抄录给大家。每次诵读都安排在一组根据不同场合制订的祷告文的后面，另外还有一段导语来综述这些戒律的由来：

天条书

天下凡间，谁人不犯天条？但从前不知，犹可解说。今皇上帝恩诏既颁，自今以后，凡晓得在皇上帝面前悔罪，不拜邪神，不行

[1] 用于表示父亲的汉字不同，上面是“父”，此处为“爷”。

[2] 参见呤唎：《太平天国》第1卷，第319~321页。在《宣传册》第一册中有十诫及其说明的译文；也可见于布莱恩著作的附录部分。原文是他们在《太平天国野史》卷四，第19~21页上找到的。

邪事，不犯天条者，准上天堂享福，千年万万载威风无了期；凡不晓得在皇上帝面前悔罪，仍拜邪神，仍行邪事，仍犯天条者，定罚地狱受苦，千年万万载哀痛无了期。孰得孰失，请自思之。天下凡间我们兄弟姊妹可不醒哉！若终不醒，则真生贱矣，真有福不知享矣，千年万万载在高天威风，如此大福都不愿享，情愿受反天之罪，致惹皇上帝义怒，罚落十八重地狱永受苦矣。[3]哀哉！今有被魔鬼迷蒙心肠者，动说君长方拜得皇上帝。皇上帝天下凡间大共之父也，君长是其能子，善正是其肖子，庶民是其愚子，强暴是其顽子，如谓君长方拜得皇上帝，且问家中父母难道单是长子方孝顺得父母乎？又有妄说皇上帝是从番，不知上古之世，居民一体，皆敬拜皇上帝，盖拜皇上帝这条大路，当初皇上帝六日造成天地山海人物以来，中国番国俱是同行这条大路，但西洋各番国行这条大路到底，中国行这条大路，近一二千年则差入鬼路，致被“阎罗妖”所捉。故今皇上帝哀怜世人，大伸能手，救世人脱魔鬼之手，挽世人回头，复行转当初这条大路，生前不至受鬼气，死后不至被鬼捉，得上天堂享永福，此乃皇上帝格外恩怜莫大之恩典也。不醒者反说是从番，何其被魔鬼迷蒙本心之甚也！

在其礼拜式中，十诫是一个完整而十分重要的部分，对每一个戒条都用正文、评说和诗歌的形式表述出来：

时时遵守十款天条（十款天条是皇上帝所设）

第一条崇拜皇上帝（皇上帝为天下万国大共之父，人人是其所生所养，人人是其保佑，人人皆当朝晚敬拜，酬谢其恩。俗语云

[3] 《太平天国野史》卷四，第13页及以后。有关十八层地狱的是佛教的观念。

“天生天养天保佑”，又俗语云“得食莫瞒天”，故凡不拜皇上帝者是犯天条）。

诗曰：

皇天上帝是真神，朝朝夕拜自超升。

天条十款当遵守，切莫鬼迷昧性真。

第二条不好拜邪神（皇上帝曰：“除我外不可有别神也。”故皇上帝以外皆是邪神迷惑害累世人者，断不可拜。凡拜一切邪神者是犯天条）。

诗曰：

邪魔最易惑人灵，错信终为地狱身。劝尔豪雄当醒悟，堂堂天父急相亲。

第三天条不好妄题皇上帝之名（皇上帝本名那火华，世人不可妄题，凡妄题皇上帝之名及尤骂天者是犯天条）。

诗曰：

巍巍天父极尊崇，犯分干名鲜克终。

真道未知须醒悟，轻狂亵渎罪无穷。

第四天条七日礼拜颂赞皇上帝恩德（皇上帝当初六日造成天地山海人物，第七日完工，名安息日，故世人享皇上帝之福，第七日要分外虔敬礼拜，颂赞皇上帝恩德）。

诗曰：

世间享福尽由天，颂德歌功理固然。

朝夕饔餐须感谢，还期七日拜尤虔。

第五天条孝顺父母（皇上帝曰：“孝顺父母，则可遐龄。”凡忤逆父母者是犯天条）。

诗曰：

大孝终身记有虞，双亲底豫笑欢娱。

吴天周极宜深报，不负生前七尺躯。

第六天条不好杀人害人（杀人即是杀自己，害人即是害自己，凡杀人害人者是犯天条）。

诗曰：

天下一家尽兄弟，奚容残杀害群生。

成形赋性皆天授，各自相安享太平。

第七天条不好奸邪淫乱（天下多男人，尽是兄弟之辈；天下多女子，尽皆姊妹之群。天堂子女，男有男行，女有女行，不得混杂，凡男人女人好淫者名为变怪，最大犯天条，即丢邪眼、起邪心向人，及吹洋烟、唱邪歌，肯定犯天条）。

诗曰：

邪淫最是恶之魁，变怪成妖甚可哀。

欲享天堂真实福，须从克己苦修来。

第八天条不好偷窃劫抢（贫穷富贵皆皇上帝赐定，凡偷窃人物、劫抢人物者是犯天条）。

诗曰：

安贫守分不宜偷，劫抢横行最下流。

暴害人民还自害，英雄何不早回头。

第九天条不好讲谎话（凡讲谎（荒）诞鬼怪奸作之话及讲一切粗言妄语者是犯天条）。

诗曰：

谎言怪语且宜捐，诡谲横生获罪天。

口孽既多终自受，不如慎密正心田。

第十天条不好起贪心（凡见人妻女好便贪人妻女，见人物产好便贪人物产，及赌博、买票、国姓皆是犯天条）。

诗曰：

为人切莫起贪心，欲海牵缠祸实深。

西奈山前垂语诫，天条钦钦烈于今。

回心信实天父皇上帝终有福，硬颈叛逆天父皇上帝总有哭。遵天条，拜真神，分手时天堂易上；泥地俗，信魔鬼，尽头处地狱难逃。

溺信邪神，即为邪神卒奴，生时惹鬼所缠，死时被鬼所捉；敬拜上帝，便是上帝子女，来处从天而降，去处向天而升。

上帝有主张，尔们切莫慌；真心多凭据，方可上天堂。真心敬上帝，莫信怪人诳；凡情丢却尽，方得上天堂。

天上真神一上帝，凡人行错总无知；泥团木石将头磕，问尔灵心失几时？从天妄说是从番，真正凡人蠢且顽；上古君民遵上帝，英雄速破鬼门关。顺天获福逆天亡，何故世人论短长；看尔原非菩萨子，因何不愿转天堂？

天国对这一系列戒条非常重视，不但在每周的公共礼拜会上要进行诵读，而且还强制性地命令每个新成员必须在三周内熟练地背诵这些戒条，否则就会被处以死刑。[1] 他们还通过处死违反者，来确保戒条被严格地遵守和执行。很明显的，第七条戒条是其中最重要的，对组织中违反了此戒条的老成员，他们将对其施以令人恐怖的“点天灯”的惩罚。这种惩罚，通常是针对叛徒使用的。[2] 在执行此种刑罚时，他们会用浸满油

[1] 见《太平天国野史》卷七，第4~8页刊载的法律。

[2] 《太平天国野史》卷七，第2页。

的纸或粗布将罪犯包住，然后纵火将犯人烧死。至少在行军途中，或者在金陵城中的时候，太平军是非常重视男女之间的交往的，他们对夫妻之间见面时的规矩也进行了详细的规定。据说西王因为自己的父母违犯了戒律，就将他们处死了。对于这件事，他在部众面前是这样说的："如果做父母的违背了天条，就没有做父母的资格！"[1]

戒条中那些非常严格的规定，在早些时候或者运动的前一两年之后，肯定是大大地放松了。天王的后宫里充满了女人，为了避免被西王用同样的戒律惩罚，杨秀清针对他和其义妹的关系传达了天帝的上谕："秀清、宣娇，都出自天父，是同胞兄妹，虽然在一起同居，也没有什么可怀疑的。"[2] 在运动的高层都这样难，想要在基层强行推行这条戒律就很难施行了。

十诫及其释文过分强调了偶像崇拜这种邪恶的行为，于是它引发了更加粗暴的盲目的偶像破坏。无论庙宇、塑像、祭祀用具等是否具有价值，太平军所到之处，皆对其进行大肆的破坏。[3] 那些曾经闻名于世的庙宇现在依然能够看到，但是拜太平军的大肆破坏所赐，那些文物和价值连城的古代祭器已荡然无存，只留下一片废墟了。

对于一个高阶的领导者而言，用宗教信条去教导百姓是他们一项非常重要的工作。对于各级官员来说，他们不仅要像其他民众那样必须去参加安息日的礼拜活动，还要对宗教礼拜事宜负责。很明显的，他们视领袖为宗教活动的导师或者牧师。由一名官员负责安排由 25 个家庭组成的村落（区域）的礼拜事宜，他至少每个月要有一次将这 25 个家庭集合起来，聆听某一位高级官员或者王爷的布道。如无充分的理由，任何官

[1] 《太平天国野史》卷十二，第12页。

[2] 《太平天国野史》卷十二，第12页。

[3] 参见《平定粤匪纪略》附录卷二，第11页上栏。

员不准缺席这个大集会。第一次违反规定的官员，还可以给予带枷示众七周、杖责一千下的机会，再次犯错就一定会被处死了。[1] 呤唎将自己曾经亲自听过的一次大集会上的布道记录了下来。如果其他布道也和这次的布道内容类似的话，那么这些布道其实就是一场爱国主义的演讲，其主要内容就是号召全体官民都紧紧拥护天王的领导，共同争取太平天国的胜利。[2]

不单单是布道后的赞美诗，太平天国人还制定出了重大时刻的祷告和仪式。每当忏悔时、日常祷告之后，有罪的人都要用一盆水或者到河里去清洗自己。很明显，他们认为浸礼就是这样的。然后他们必须向上帝请求对他灵魂的指引，必须坚持在用餐前祷告，必须严守十诫，不崇拜真神以外的其他神灵。如果一个人能够忠实地践行这些戒律，他就可以进入天堂，得到上帝的庇佑。他们也为婚礼、葬礼、产后、新居落成等重要时刻制定出了祷告文，还用动物在国家典礼上进行祭祀。他们要在每次礼拜后贡献茶水和米饭，还要在重大时刻贡献出酒水和肉。

虽然我们可以从这些文献和诗歌中看到西方宗教对其的影响，但是释文和举办的各种仪式从根本上还是像儒家和佛教那样中国式的。最开始，外国人以为太平天国真的要建立一个基督教的国家，但是太平天国人尤其是天王和东王自称天神这种亵渎神灵的行为，让他们感到怪异、疏远和吃惊。尽管太平天国的礼拜仪式与基督教的礼拜仪式很相近，太平天国人也尽力地在基层民众间进行布道，但是他们认为太平天国的信众对基督教仅仅是形式上的了解，而且他们的领袖表现得过于狂热并且明显在装腔作势。西方人在运动兴起时怀抱着的太平天国能建立一个基督教国家的巨大希望，最终落空了。

[1] 参见《太平天国野史》卷七，第8页。

[2] 呤唎：《太平天国》第一卷，第319~321页。

在有些关注太平天国运动的人看来，太平天国失误的主要原因源于其对基督教的错误理解，只要太平天国能占领中国，有机会与外面的其他国家进行自由的交流，还是有进步的机会的。虽然他们知道太平天国的宗教只有一小部分是遵循基督教教义的，大多数是渎神的，他们的很多理解是错误的，无法从早期人的那些风俗习惯来进行回溯。但是从他们能够勇敢地攻击中国宗教中的虚伪和错误、无畏地引入国外的《圣经》并依照自己的理解去进行阐释的角度看，他们有要和西方国家开放交往的意向，这是非常有价值的。相比顽固保守的清廷和其儒家官员来说，中国如果由太平天国统治，外国人有获得更多的利益、签订更有利的条约的可能。

中国人非常愤怒并排斥这个宗教，因为从中国传统文化的角度看，洪秀全的宗教无疑是对西方宗教中国式的嫁接。除了那些或出于诚心或出于弄权手段的角度而强化新宗教的某些领袖之外，太平天国的民众对于这种宗教的深层蕴意是没有多少概念的。对于不能熟记十诫、不参加礼拜所进行的严格的惩罚，实际上正是说明了这一宗教是不顾民众的主观意志强加给他们的东西。天德王和忠王被抓时的供词中，只关注了运动的政治目的，而无一语体现出对宗教的关心。即使忠王在天京被攻克时将自己的马让给了小天王，他也完全不是出于信奉宗教的原因。如果连这些领袖都在虔诚信奉宗教这件事上都如此随意，那么那些普通的追随者又怎么会更虔诚呢？也许只有那些来自广西的队伍和少量的温和谦虚的信众，才真正认真热情地笃信着这一宗教吧。

在洪秀全和其追随者的宗教愚昧中，或者在这些自命为神的强大信心中，他们能否找出为之战斗的理由？他们看到的宗教非常驳杂，其实是一群底层的农民和劳工用以迷惑民众夺取皇位的工具。在这之前，宗教教义曾被革命会党用作借口。太平天国的这场运动在宗教层面上被很多人看作一个十足的笑话，特别是他们利用天国的神谕去做很多令人不屑的事，以及他们残暴地对多数犯人处以死刑，都让他们丧失了人们的信任。他们认为，这顶多是一种非常残暴的宗教。由于攻击社会流俗、疏远有识之士信奉的儒学教义，太平天国运动最终失去了那些对他们来说非常重要的不可或缺的普通民众和社会精英。

他们在第一次进军金陵时，似乎有了一次深刻的觉醒。在起义中，他们从强大的经过严格训练的军事力量中，看到了推翻清廷占领国土的那些可能因素。但是当第一波进攻浪潮散去时，他们就丧失了自己的动机和目标，他们的斗争沦为了一系列除抢掠之外，毫无建树的奔袭。而天王则长期深处金陵的深宫，只知关注他的宗教幻想，对那些从国民中生出的敌意和外部逐渐集结的目标为消灭太平天国的力量毫无察觉。

第六章

太平天国的政治社会概况

1. 太平军

出身农民的太平军有着一股天然的闯劲儿，在作战中，他们也表现出了无所畏惧的气势，这些特点曾得到广西巡抚周天爵的赞许。这一点他于1858年写给同僚湖北巡抚的信中有所提及：

> 洪秀泉（全）乃一蛮逆，颇悉古代兵法。起始藏匿不露，随后稍露锋芒，再显峥嵘，最终全力出击，常为二胜一败，此系孙子兵法（公元前341年）。前几日吾得一书，载有一军之兵制，乃周朝司马营制（周武王治下）。师有师帅，旅有旅帅。一军一万三千二百七十人，比之古代一军人数多出百人。[1]此书详列第一军之制，由洪大元帅辖

[1] 太平军的官兵总数为13125人，而非13270人。其兵力分为九军，对应禹贡九等之制。（见《书经》）

制，其末言其余九军将同样炮制。余已将之送往朝廷。逆贼有增无已，官军愈战愈惧，逆势甚炽，绝非乌合之众可比，且其纪律严明。官军毫无约束，退易进难。屡经训诫，仍怯懦如前。[1]

周武王平定天下之后始设“三司”，即司徒、司马与司空，司马掌管军队。将12500人组成的军队置于卿（国务大臣）的指挥之下。宗主国有六个军，允许其分封国按照大小维持三个、两个或是一个军。一军为五个师，每个师2500人，由第二等的大臣指挥。一师分为五个营，每个营500人，由更低一级的大臣指挥。一营分五个卒，由同等军官指挥。一卒分四个队，每个队25人，由中级军官指挥。最小的单位是伍，由五人组成，设伍长。[2]

1853年，太平军的军制是这样的：

官职	管辖范围	旗长阔
伍长	管4人，两司马管5个伍长，共管25人	2尺5寸
卒长	管4个两司马，共管104人	3尺
旅帅	管5个卒长，共管525人	3尺5寸
师帅	管5个旅帅，共管2652人	4尺
军帅	管5个师帅，共管13125人	4尺5寸

另还有监军、总制、将军等均在军帅之上，其中之一可以指挥一个完整的军。其旗帜比下级将领的旗帜大半寸。他们之上还有指挥、检点

[1] 摘自周天爵1851年4月的一封私信，密迪乐收藏并翻译，见《中国人及其反叛》第154~159页。

[2] 《广记兵略续志》，第二十五章《周家兵制》，第1页上栏。见斯宾塞《图解社会学》，威纳卷第四卷，第108页第一栏。

和丞相。在太平天国的整体规划中，据说有95个军的陆军，9个军的江湖水师，2个军的工兵、挖掘战壕兵、地雷兵和类似兵种，以及6个军的五金匠、木匠和其他技师。官兵和其他军队雇员包括文书与仆从的总人数为385021人。[1]

上文提到的军官出身都是平民，在他们之上还有贵族、王子与王爷等，这些人有的在军中担任现职，有的则做文官，在朝堂任职。根据等级的不同，王爷与贵族所用旗帜与印章也各不相同。东王与西王所用旗帜尺寸较大，为9尺5寸，按品阶看，三等王爷（包括三等）以上，所用旗帜均为方形；四等王爷、贵族直至总制一级的高级军官，所用旗帜均为镶边三角形，旗帜的尺寸随官位级别而变化，每低一级小5寸。印章大小也随级别而定，从大至东王6乘3寸的大印，小到2乘1寸的军帅印。

太平军仿照《周礼》组建军队，将军队分为五个师，分别称为前、后、左、右、中营。每个师又分五个旅，也是称为前、后、左、右、中旅。旅有一、二、三、四、五五个卒长统带；每个卒长下面又有东、西、南、北四个两司马统带。每两司马下分刚强、勇敢、雄猛、果毅、威武五个伍长统带。每伍长下分冲锋、破敌、制胜、奏捷四伍卒。每个卒在胸前一块标识，上面写自己的职务全称，标识四寸大小，方形。军中第一个人的标识应为“前营前一东刚强伍长统下的冲锋伍卒”。依次排列，最后一人应为“中营中五北威武伍长统下的奏捷武卒”。[2]

在广西平南县率先组建了这个军，军旗为黄色。其下之师来自不同的地方，第一师来自广东，第三师来自桂平的桂城，其余都来自广西，其中第二师来自平南，第四师来自苍梧，第五师来自武宣。旅的组建不是一朝之功，有的来自其他地方的补充，其中一支旅到湖南的道州时才组建完成。

---

[1] 《太平天国野史》卷二，第48页。

[2] 《太平军目》。

考据太平天国的文献可知，其中没有任何关于其他八个军的记载，我们可以推测，它的任何一个军的组建完成都不可能是在1852年。在此年，它的第一军也未必是完整的，他们还需在湖南补充病员就可以说明这一点。根据最近的一份记录可知，太平军攻下永安时总人口是37000人，有效兵力却只有5000多人。[1] 后来，随着太平天国在战事上的胜利以及声势的壮大，有大量人愿意加入到太平天国的队伍中，新兵的数量大幅增加，而第一军的早期士兵因为训练需要陆续成为后续各军的军官，有的还进入了各种民政结构中。但仓促的军事变化也埋下了隐患，很多人不具备胜任新职务的能力又缺乏虚心求教的态度，身居高位却不知加强自身的学习，很多人开始恃位傲物，这也加剧了军队的腐败。[2]

太平军的军队管理制度是十分严格的，对于自身的修习，要求士兵必须做到以下几点，即专心、服从、灵活、秩序。除此之外，十诫也必须牢记，早晚进行礼拜，戒烟戒酒、远离女营。在行军过程中，必需的装备、食物、炊具、盐油等都由士兵自己携带。根据级别的不同，有的官兵若是身强体健，是不得骑马的，更不能驱使他人为自己服务。除此之外，太平军也有许多利民的举措，如禁止征用粮食、进入村庄做饭，不准偷窃和破坏他人的房屋。如有抢劫公共财物和在途中铺户处睡觉耽搁行军者，一律按军法严惩。[3] 这些举措，如果能够很好地贯彻执行，太平军这支武装力量的威慑力将不可估量，或许就像克伦威尔的铁骑一样。

太平军的主力军并不是同时建立的，大约在金陵陷落时有五个主力军才按照第一军模式建立起来。但由于各种因素的限制，几个军的士兵的军事训练是不同的，相应的军事补给也是十分匮乏的。[4]

[1] 《太平天国野史》卷三，第53页及以后。

[2] 《太平天国野史》卷三，第53页及以后。

[3] 《军制》等，见第1、2、3页的注释。

[4] 《英国女王全权大使文咸笔记》，摘自《北华捷报》1853年5月7日号。

> 他们的枪炮很多，而火绳枪和毛瑟枪少得可怜。作战武器主要是矛、戟和刀剑，仅有少量的弓箭。物资的匮乏以及不同的军事训练让太平军看上去不像一支正规军，他们的制服不统一，甚至连最能体现其身份的包头布都不一致，更见不到严格有序的军事训练。这一切都给人以松散、落后之感。但他们对口令和信号的服从却是不容置疑的，从这一点来看，部队的纪律十分严格。[1]
>
> 太平军中，女性不像男性那样自由，都被隔离在独立的建筑物内。她们在统一的安排下工作或领取配给，而这一切必须在年长者的监管下进行。但并非永远如此，因为现在局势混乱，这些措施是特殊时期的特殊之举。任何男人都不允许进入这些建筑物内，如若发现，当场即处以死刑，即使是丈夫或父亲也不例外。[2]

其他各军的模式都依此而建。太平天国信仰拜上帝教，他们作战讲究宗教规则，这些规则贯穿他们所进行战争的始末。但是我们也不能说这种规则与他们早期所秉承的信念相同。军纪明确表明，士兵的提升要凭借自己的军功。有不少人因此得到提拔，可见，部队中才智超群的人不少。直至战争结束，太平军的武器都是匮乏的，但这也并没有产生多大影响，因为他们的敌人和他们的情况类似。战争后期，太平军一个军里的士兵依据从军的时间被分成三类，即服役不少于 6 年的、服役不少于 3 年的、刚入伍的新兵，新兵的数量最多，超过了前两者。每一种士兵又以勇敢程度为标准分为三个层次，第一层即最为勇敢的士兵可以成为枪手或者骑兵，第二层次的士兵可以做抬枪手与戟兵，而长矛手则由那些勇敢程度最差的士兵担当。火绳枪、欧洲制造的枪、毛瑟枪还有手

[1] 《英国女王全权大使文咸笔记》，第16页。

[2] 《英国女王全权大使文咸笔记》，第19页。两性关系较为良好，没有听到猥亵之辞。

枪是枪手的武器装备，骑兵与之相同。抬枪的搬运需要四个人，射击时要支上三脚支架。长矛的制作比较简单，在长竹竿的尾端装上长钉即可，长度标准不统一，8尺到18尺之间均可。蒙古的弓箭也用于作战，不过只有来自北方的士兵有装备，多次作战表明，这种武器比火枪还要好用。[1] 在战场作战时，依据武器特点排兵，最前面的是长矛兵，其次是戟兵，最后才是枪手和骑兵，还有可能是预备队。[2]

关于女兵和女营的记载也能见诸太平天国的文献。虽然在战争结束时，已经不见女兵的影子了，但很多妇女渴望与丈夫并肩作战，共同经历艰险而狂野的生活，这种现象是存在的。呤唎这样写道："最初，她们作战勇敢，能有效地发挥自己的作用，但她们被分到了独立的军营，仅在参加宗教仪式的时候才和男人一起。"太平天国的早期文献可以对这一点进行印证。《太平条规》"行营规条十要"中的第五条这样表述："要别男营女营，不得授受相亲。"在"行营规要"第五条中我们同样可以见到"军兵男妇"的表述。还有一些条款也用了同样的说法。（其中有天王在1853年3月2日在永安发布的文告，涉及第七戒条。在1851年1月签署的一份较早的文告中，已经要求男女分营）就在1852年4月5日，即攻陷永安前夕，太平军曾发布一则文告，要求男女军官提剑持刀，共同作战，英勇顽强，气势昂扬，勇斗小鬼。（在太平天国针对清政府的任何文告中，"小鬼"是指妖孽的崇拜者）

透过文献的印记，我们可以确定的是，在那场运动中，妇女确实也参与其中，她们接受训练，拿起武器上战场。据相关记载，在太平军建立之初，"有二女匪首九儿及姊三"加入了洪秀全的队伍。她们的人数约

[1] 呤唎：《太平天国》第一卷，第248页及以下。

[2] 呤唎：《太平天国》第一卷，第303页。

4000，与太平军分营驻扎。[1] 成功攻占金陵后，妇女们也结束自己的军旅生涯，她们有自己的居住区，与男人，包括她们的男性家人，严格地隔离开来。男女阵营都被分配了各自的任务：男人继续在战场厮杀，女人则制衣、造军火、生产旗帜以及准备战争必需品。[2]

我们不能理解太平天国为何要让女人参加战争，因为这和中国传统的观念是相悖的。我们不妨大胆推测，这或许是某种先进理念精神的体现。这种精神萌芽使得在中华民国（1912 年）早期，妇女可以参与军训，可以为新的事业而战斗。参加太平天国的女领袖，某种程度上也体现了这一点。可随着天京的攻占，太平天国就表现出相反的态度，将太平军中的女人另行安置，不再让其上战场。太平军的这一举措，则又证实了朱九涛农民起义的目的。朱九涛参加天地会，期望夺取全中国，他明白征服胜于战争，所以他训练了妇女和儿童，让他们加入成年男子的队伍，共上战场。[3]

2. 政治机构和社会设施

加强军队建设是太平天国最为关心之事，因为那是他们夺取政权的中坚力量。从 1848 年到 1853 年，太平天国没有自己的首都，而文官政

[1] 韩山文的《洪秀全的幻觉及广西造反的起源》，第54页，上下文没有清楚地说明这些女性的追随者究竟是男人还是女人。多次提及女战士，因为它是一支巾帼英雄的正规军。

[2] 见《忠王自述》第7页，又见密迪乐的《中国人及其反叛》第173页。呤唎：《太平天国》第一卷，第300页及其以下。声称除了诸王以外，一夫一妻是规定的制度。妇女若非已婚，就必须是一个家庭的成员，否则就要安置在专门为未受保护的妇女设置的机构中，它们由年长的已婚妇女主持。丈夫出公差在外或失亲的年轻女子，都由这些机构留置。《太平天国野史》开列了一份国家的女官表，其中有四位女官为军帅，即12500人的领导，也显示了四个女军的组织结构。但作者没有说明这四个女军是否存在了很长时间。他还提到了40个旅，每旅有2500名女兵，总数为10万女兵。

[3] 密迪乐的《中国人及其反叛》，第14页。

府也只是简单框架。据洪大全的供词，早在1850年12月，他们已有吏部和户部两个部门，主事人为两位王爷，还有一审判辩护人。[1]经过多方的努力，太平天国各部门机构于第二年形成雏形，其官职的任命时效性较长，经过严格的思考商讨制定出各种规章制度。自此以后，太平天国成为初具规模的政权。

期间，最重要的决定是确定了国家的首脑，即太平王（天王）洪秀全。4月19日，杨秀清宣布自己秉承上帝天父之命，正式任命洪秀全为他们的领袖。文献中的记载如下：

> 天父谕众小曰："众小认得天父天兄真么？"众小对曰："认得真天父天兄。"天父又曰："众小尔认得主上真么？"众小对曰："认得真我主上。"天父曰："我差尔主下凡作天王，他出一言是天命，尔等要遵。尔等要真心扶主顾国，不得大胆放肆，不得怠慢也。若不顾主顾王，一个都难也。"[2]

杨秀清是太平军的大将军。从这一天开始，直到围攻长沙后，洪秀全作为首脑，发布号令，颁布诏旨，他有双重身份，与太平军一众有共同的君主，又是革命的名义领袖。天德是皇帝，在幕后指挥。[3]这样的安排有它的合理性，直到围攻长沙的末期。从这时开始情况发生变化，东

[1] 《洪大全自述》第三章，如上。

[2] 《天命诏旨书与颁行诏书》，第1页。

[3] 我手头上有一份文告，签署的日期是天德二年攻陷长沙前夕，一开始就是"总理军机都督洪，照得协助太平天国进军"等（由麦都思翻译，载于《京报》1853—1856年）。我已经提到后来掩盖某些首脑真相的可能性，例如天德、冯云山与萧朝贵的死。我的推断是：洪天王起初叫做太平王，可能从属于天德，充其量与其平起平坐。但在永安时，该朝显然立名为"天德"，此人有再次光复明朝的野心。（见湖北郭某的文告，《京报》1853年第4页）。

王杨秀清作为执行者发布所有的重大文献，或由西王萧朝贵和他共同发布，但后者名存实亡，早已去世。[1]

直到 1851 年 11 月，原本是暂时的安排已成长久之势。此时，除两个最高统治者之外，又封了五个王爷：杨秀清为东王，国家首相、大元帅，控制东部所有地区；萧朝贵为西王，副首相和副元帅，控制西部的所有地区；冯云山为南王，前卫将军，负责南部所有地区；韦昌辉为北王，后卫将军，负责北部所有地区；石达开为翼王，保卫天朝。[2]

作为一个纯粹的军事组织，建立者的头脑中形成一种他自己也没有意识到的某种形式的国家社会主义。在这里，财产是公有的，如有人私藏，则处以严厉的惩罚。金陵城长期存在着他们的踪迹，导致这座城市到最后的模式还是军事性强于民事性。人们的生活必需品都到公库领取。在每个礼拜日，官员们都要写领货单并把它交给负责仓储的人，仓储人会将生活必需品发给相应的人员。所领物品之数额有严格规定，每两周，每个两司马可以领 100 钱，列兵可以领到 50 钱。每个 25 人的小组能够领到 200 斤大米、7 斤油和 7 斤盐。[3] 如有条件，还可以买一些食品，但其决定权在首领 。定量配给的礼拜用品当然也是必须的。[4]

对于文官政府发展的每一个过程，我们是无法事无巨细地探知的。

---

[1] 麦都思翻译了这样一份文告，上面的日期是1853年3月3日，有可能是第一份文告。它后来作为第一份文告刊载于由“汉密斯号”于1853年5月带来的文告书中，6月初得到了第三份拷贝，删去了有关三合会的内容。见《中国造反者发表的宣传册》，麦都思译，上海1853年版，第33页、第34页。

[2] 1851年5月13日的文告，《中国造反者发表的文告》，《天命诏旨书》，第15页。

[3] 《天命诏旨书》，第11页。参见一份从长沙发布的文告，指责那些不去实行这种理想的人，并威胁要对违反命令的人处以死刑。见第16、17页。《太平天国野史》卷九，第8页及其以后。

[4] 《太平天国野史》卷九，第9页，观察家们在金陵发现了一个有趣的现象，即城墙之内没有商铺，也没有平民。所有人若非被迫参加，就是被迫在政府供职，只是随身携带一些小小的财产。见布莱恩的《1858年蓝皮书》，第194页及其以后。《忠王自述》，第7页。

只能从有限的资料中寻找信息，可以确定的是当某一过程结束之时，就有一串官员的名单，其分级和军务官职相类似。[1] 这份官吏名单里的大部分人依附的都是金陵政府，以及各个王爷的势力。可回归到理论层面，有部分人是某些地区的文官，太平军实现全盘的控制，把其也收入自己的控制范围。但这类人的实际作用有限，只因时局未稳，战乱纷争，只有他们凭借武力统治的几座城市是明显的例外，除此之外，太平军并未实现过对任何地方的长久控制。

在天京，东王杨秀清掌握着统治权，直到1856年他被刺杀。后来效仿北京政府的机构设置，太平军建立了与之类似的六部，还增设了一个独立的外交部门。此机构设置古已有之，所以建立并未遇到困难。起初，王爷们作为贵族，权位在六部之上。但此后王爷们成了天王的枢密院，主持军事机构，六部就交给了丞相，但这些人的级别依旧低于贵族。[2] 各部起初安排如下：

人名	王位	职位
杨秀清	东王	首相
韦昌辉	北王	兵部尚书
冯云山	南王	司法财政部尚书
萧朝贵	西王	民政及传教事务部尚书
石达开	翼王	公共事务及外交事务部尚书

我们不能推测洪秀全为何要进行这样的诸王分封。想像周天子那样吗？或许还有其他理由。在这里，我们可以先做一假设，天王有古代分封制的观念。但是即便是这样的分封，他依旧想创建一个高度集权的国家。前文已经提过，天德对这种组织结构的态度是否定的，他或许预见

[1] 《太平天国野史》卷二开列了所有官员的名单。

[2] 呤唎：《太平天国》第一卷，第153页及以下。

了其对于国家整体性的不利。试想，让六个互相嫉妒又有野心的男人团结一致，那么任何想法都是不可能实现的。因为太平军的组织仍是军事性的。

五位王爷境遇各不相同。天王洪秀全被架空，杨秀清专权，成为唯一的执政王，变得残暴和骄傲自大，遭到北王和翼王的嫉恨。而又让洪秀全雪上加霜的是，两位最有才能的王爷死在去金陵的路上，这样的损失无法估量，因为只有他们有力量去采取措施遏制杨秀清。有一次，杨秀清以上帝的口吻谴责洪秀全，强迫洪秀全认可他就是三位一体中的第三位——圣灵。他的权力欲望极度膨胀，最终，精神怠惰的天王受到刺激，全力反击。在北王和翼王的协助下，天王在 1856 年铲除了杨秀清。但是天王的烦恼并未随着杨秀清的死去而结束，北王居心叵测，想要成为仅次于天王的人物，而他更加残暴。他杀害翼王的家人，所谓善恶有报，曾遭北王残酷迫害的人联合起来，在金陵刺杀了北王。但石达开永远地离开了，带走了他的大批追随者，成为游侠骑士。后来他到了云南和四川，最终在那里被抓住，成为那个时代的“狮心王”。[1]

1858 年，太平天国五王并存之盛况早已不复存在，要么离世，要么离位。洪秀全将王位给了他的亲人，把他的两个兄长封为王，也越来越依赖他们。忠王李秀成的《自述》中有如下记述：

> 自行降诏言杀东、北王后，永不封王。今封王者，因其弟洪仁玕九年（咸丰九年，1859 年）之间而来，见其弟至，格外欢喜，到京未满半月，封为军师，号为干王，降诏天下，要人悉归其制。封过后，未见一谋。天王再而复思，又见各旧功臣久扶其国，心不忿

[1] 北王去世后，石达开返回天京待了一段时间，但是他嫉恨天王依赖自己的兄长，于是能干的石达开离开天京，再未返回。《忠王自述》，第8页。

意。天王见势不同，自翼王他向，保国者陈玉成与我而为首，那时英王名现显，我名未成，日日勤劳，帮为运算，凡事不离。天王见封其弟两月之久，一事无谋，已知愧过，难对功臣，后而先封陈玉成为英王。封陈玉成之后，见我日有战功，勤劳其事，对我不住……封我为忠王。[1]

先例一开，不能遏制。为了是平息功臣们的怨言，天王不得不封更多的人为王。有些人资历浅，才疏学浅，名不副实。而那些追随天王的栋梁大臣认为这些人忝居高位，因此要求同样的待遇。而主管人事部门买官卖官贿赂成风，推荐了很多贪图荣耀而又能买得起官的实则无能之人。"无功偷闲之人，各有封王，外带兵之将，日夜勤劳之人，观之不忿，力少从戎，人心不服，战守各不争雄，有才能而主不用，庸愚之人而作国之栋梁。"天王想将各路王爷划分等级，但这使那些真正有才干的人离心了，结果引发了更大的混乱。据说到了战争后期，所封的王多达2700多位，分为几等，事实上他们只是尸位素餐空享头衔之人，有能力者寥寥无几。从某种程度上说，他们就像国会一样，一些诸如征伐或防御的国家大事，必经他们同意。

公爵是王下面的一个官职，据资料可知有这一称号的人只有13个。在一段时期，"王"这一称号已无实际意义，天王在公爵以下又设了五个贵族级别，与公爵是平等的。这些称号有"天豫"、"天燕"、"天福"、"天安"、"天义"等，现在听来，有些怪异。拥有这些贵族头衔的人只有14个。在"王"的称呼普及后，已无人再要求分封较低的贵族。有迹象说明这些头衔很不受欢迎，有时他们甚至都觉得这些称呼可笑。（曾国藩在1861年7月19日的一封信中表明了要诛灭"天父天兄之教，天燕天

[1] 《忠王自述》，第65页。

豫之官”的志向）

太平天国从建立之初，对自己的疆域就没有界定过，国家的正常管理也难以施行。而对于其已控制的地区，对所任官员的要求是十分严格的。天王将比较能干的资格老的将领提拔到更高的职位，让他们去管理他们控制之下的那部分领土。这些人为了管理的方便，把在金陵之外所占领的领土按照军队的方式进行分区，每区12500个家庭，直到划分为五个家庭一组的“邻里”。最主要的组织是由25个家庭构成的村庄，“两司马”的官员负责掌管，其上级官员的称呼与军官全部一样。最高的疆土区划称为郡，它对应的是清政府治下的府，郡下是州和县，再往下就是12500户家庭的分区了。每个州或县的划分基本统一——二到三个。每个区划都要负责提供一个军，每个家庭都要出一个战士。两司马的职责就是收税和监督区划内的礼拜。他需要让孩子们（以及新占领区的那些成年人）学习十诫。每个村庄都有工匠、陶匠、铁匠、木匠、泥瓦匠，它们基本可以作为一个独立的经济单位。[1]

太平天国的军队设置照搬古代模式，体制的设置与周朝类似。假设果真如此，我们可以这样推测，君主把自己当作天子，将自己的土地按需分配人民，而人民需交出25名士兵，并缴纳养活这些士兵所需要的粮食和其他产品作为税收。虽然这只是推测分析，这样的体制模式表现得并不十分充分，军事体制依旧是主导，文官政府并没有超过军事，但是为军队和军属提供补给的部门的运行却是有效的。而军需处和提供补给的机构的划分也是十分详细的，许多军官各司其职，每人负责供应一样物资：粮食、盐、油、炮、炮弹、火药、硝石、铁、旗帜和信号旗。[2]这

[1] 呤唎：《太平天国》第一卷，第217~219页，摘自1857年发布的《天朝条规》。又见布莱恩：《1858年蓝皮书》，第210~212页。《太平天国野史》卷二，第26页。

[2] 《平定粤匪纪略》附录卷三，第3页上栏。

些官员从事任何职业的人都有，例如排字工、钟表匠、工头、医生和药师、贸易主管，还有公共设施的厨师。通过他们的官阶我们可以知道，无论是太平天国都城还是其他主要城市管理者依旧是军事化的，这些记载在某些资料中可以找到，依据都是太平天国已存在的组织。[1]

天王的目的很明显，就是建设农村组织，而这必须依赖合理的土地掌管。土地可依照产出分为九等，并依据农民们的需求进行分配。[2] 愿望美好，实行却不然，这种规划在某种意义上来说，从未施行过。漫长的战争给军需补给提出了更高的要求，尤其是要确保他们的家庭和金陵官员的供给。他们冒不起失去农民合作的风险。所以，在太平军完全控制的地区，农村人口要缴纳的赋税比清政府统治时轻了许多。此外，太平军是按价格合理收购他们的产品而不是强抢。[3] 他们严禁吸食鸦片和酒，除了严厉地推行他们的信仰和道德观念之外，还毁掉偶像和寺庙。[4] 太平天国鼓励人们从事农耕，尽一切努力发展农业 [5] 和贸易。这些年的统计说明，在太平天国统治时期的 1858 年到 1860 年，茶叶的出口实际上增长了 [6]，丝的出口保持不变。国内交通税没有征收，贸易进行得十分自由。[7]

在满足物资需求的基础上，传播宗教是政府的主要职能。上至天王本人，下到军队和村庄里的两司马，都要勤于向民众传播新信仰，让他们学习十诫，在唱赞美诗的时候做祷告。他们的安息日礼拜是由军官们主持的，条件允许的话，会由参加运动时间较早的老资格的人去主持。

[1] 《平定粤匪纪略》附录卷三，第3页上栏。

[2] 呤唎：《太平天国》第一卷，第218页及其以后。

[3] 密迪乐：《中国人及其反叛》，第219页。

[4] 《平定粤匪纪略》附录卷四，又见卷二第11页上栏。

[5] 密迪乐：《中国人及其反叛》，第291页。

[6] 希克斯：（中国的太平反叛》，附录，第178页。

[7] 呤唎：《太平天国》第145页，1853年罗大纲致文咸爵士的一封信。又见容闳《我在中国与美国的生活》，有关他访问太平军控制的产茶区的记述。

他们经常举行这些仪式。[1]

妇女的地位也有了变化，和其他人事密切相关。她们曾参军，夺取金陵以后，她们进入了各种为之提供服务的机构。然而对各阶层的妇女来说，婚姻都具有强制性，这与她们地位的高低无关。他们的风俗习惯与众不同，他们不给那些拒绝再婚的寡妇立贞节牌坊以及给予很高的名誉，而是让她们接受新的丈夫。他们有惩治道德沦丧者的法律，结合这一法律并纵观他们的信仰以及与《圣经》的关系，我们遥看那段历史不难发现，虽然他们推行并强制一夫一妻制，可事实却远非如此。洪秀全就是妻妾成群。（见第三章）天京陷落之后被抓的天王二世洪福瑱证实了这个说法。他说："我现年 16 岁，老天王是我父亲。我有 88 个母后，我是第二个赖氏所生。9 岁时就给了我 4 个妻子……" 显然，即便将妇女完全独立隔离，并行之以法律也没有消灭一夫多妻制，至少在高层是这样的。在太平天国里的女人给我们的印象是这样的：所受的压迫比清政府轻，不用裹脚。

在天京，新政府为了选拔文武官员，颁布的第一批法令就是基于古代模式的科举制度。经历几次考试，他们就改弦易张，置古代经典和清代的一切书籍于不顾，考题一律为《圣经》和太平天国刊刻的著作。例如，在第一场考试里，考试的主题为《天父七日造成山海论》，诗题为《天王、东王操心劳力，安养世人，公德巍巍论》。[2]

任何事物都有两面性。我们看到太平天国运动积极进步的一面，值得赞美。如若换个角度，去探究这一运动的消极与残酷却是困难重重。如果他们要推行纪律和道德，他们就会认为改革必须通过可怕的惩罚才能完成，

[1] 《平定粤匪纪略》附册卷二第10、11页上栏。呤唎：《太平天国》第一卷，第217页及其以后提供了1857年的条规。

[2] 《太平天国野史》卷八。

而不是权衡利弊，多方思考。死刑适用范围很广，较轻的案子就以斩首论处；性质较为严重的，主谋在斩首之后还要抛尸或将头颅示众，以显示惩罚的严厉性。而针对叛逆、通奸和其他重罪他们又有两样专门的惩处，即五马分尸和点天灯。点天灯，要将犯人用油等易燃材料浸泡或包裹，然后再烧死。这样的惩罚听来都让人毛骨悚然。叛逆、唱淫曲以及缺席天神礼拜式的罪行，都会被处以死刑。[1]

[1] 《太平天国野史》卷七。

第七章

主持战事的曾国藩及新军的建立

曾氏家族作为中国的六大家族之一，成为了镇压太平天国运动的主力军。曾氏的祖先为孔子最有名的弟子之一曾子。到曾国藩这里，已经是第 70 代了。他的家乡和长沙约有 200 里的距离，他直系祖先的身份是湖南湘乡县的一个农民。他的家庭非常贫穷，他们跻身于乡绅阶层靠的是他们优秀的血统，为了保证他们贤人之后的地位，他们想用学习古代典籍的方式来继承先人的哲学传统，曾国藩的性格受到了实干家祖父很深的影响。他的父亲虽学习十分用功，早年始终无缘功名，待长子成为学士时，他才拥有同等的地位。

曾国藩伴随着美梦与吉兆，于 1811 年 11 月 26 出生在这一贫寒的农民之家。他于 4 岁开始习学业，学习《五经》和开始学写作则在 8 岁之前。13 岁时，他和一个姓欧阳的女孩订了婚，这主要是按照当时的旧俗，待他满结婚年龄时才能把她娶回家。《曾文正公年谱》记载了曾国藩早年的一些情况，这些情况主要来自他的著作和家族对他的记载。

他于1826年参加了一次注册入学的考试，通过者便可以竞试学士学位，他第一次考便得到了第七名的好成绩。他竞试学士学位时是在第一次考试后的6年之后，没有如愿，不过却上了光荣榜。学位的录取名额是皇帝颁给各个省份和地区的。虽然未能如愿，但光荣榜一样给他带来了一定的声望，以至于不会有人小看他的学业。1833年，他和他的父亲一起通过了考试，中了秀才，而他的父亲却经历了17次的失败才通过。1834年，他在长沙的乡试中成为了排名第三十六的举人（类似于今天的硕士学位）。同年，他为了考取进士（类似于今天的博士学位），到北京参加会试，结果两次都没有成功。1836年，他筹集了一些盘缠，去江浙一带游历。他并不满足于举人身份带给他的社会地位。他游历时用100两银子买了有价值的一套书，以备参加第三次考试用，回到家后，用心苦读了一年。

经过一年的考试准备，他于1838年再次入京，由于贫困，他借了32串钱作为盘缠。这点儿钱支撑着他到北京时，只剩下3串钱了（1串相当于1两银子，就是1000钱，比今天的购买力要大得多）。在那个时代，这是一个漫长的旅途，需要乘船或坐轿，差不多要花一个月的时间。一般要在这段路程中花大约40两银子。曾国藩通过了这次考试，从此成为了进士家庭。一般会在门上挂上写有“进士”二字的红匾。直到现在，我们还能从一些乡村的房门上，看到曾经光荣的印记。不难想象，曾国藩考中进士的消息，很可能会给他的家人带来莫大的荣耀。不久之后，他又在同年的6月23日通过了当时学者的最高考试，进入了翰林院。这几乎和欧洲一些国家的国家科学院院士等同。和欧洲不同的是，中国是通过公开的考试选拔，而非选举产生。

通过这些，他拥有了做官的权利，步入了他的仕途，同时伴随着荣耀。不过，翰林院有着等级，这意味着他的考试还没有完成。由于他努力地工作，回乡的时间也较少，因此不断地得到了提升，成为了在京任职的下级官员。通过他这段时间的书信可以看出，他在一些文人和翰林院的同僚之间，过着辩论、以文会友的生活。由于他的收入不多，具体情况我们不得而知，但是钱是不够用的。从 1842 年起，每月房租几串钱，他的所有收入都用来和家人及那些在京城的老乡们共享了。他有比较多的空闲时间，所以，他在学业上不断进步，使他一路上升。于是在 1843 年，他参加了皇帝在圆明园举办的一次考试。曾国藩在 123 名翰林中排名二等第六名，这使他有了进入翰林院高级部门的机会。他在给父母的信中说，作为湖南人，他是第三个在清朝获得这份荣耀的。

在这一年，他被任命为四川的考官。到第二年和第三年，他又担任了宫中的职务，也获得了一些头衔。只是这些并没有给他带来实际的好处，因为他的钱拿去帮他的贫困亲戚了，比如他在成都做考官时得到的 1000 两银子。这使他每年的花销变大了。在 1842 年时，已经达到了 600 两，或许在其他年份也是一样。在四川时，曾国藩对于社交方面的事情很是头疼。他烦恼地认为，他不仅要担任考官，还要负责接待工作，不管他们是否拿到，拿到了多少，借了多少，他们总是在谈话。除了这些，还有很多其他的应酬。曾国藩觉得这些社交令他很厌烦。但是在京城他也比较自由，自己不愿意做的事，可以少做一些。他会找一些能使他变得更好的人做朋友，而不是为了争取功名去结交一些权贵，去努力提高自己的生活质量。在成都的社交使他感到烦恼，特别是在天气闷热和身体不适的时候。

1847 年，他通过了最后的考试，顺利进入内阁。他是自大清建立以来，第一个在 37 岁时就获得这一地位的湖南人。最近几年也只有两个省份的人从翰林升到内阁，还用了 10 年的时间。他成为了礼部侍郎，即副部长，一个部有 4 个侍郎。两个部长，一满一汉。在当时的中国，对于一个如此年轻的人，已经拥有了很高的地位。1849 年皇后去世，1850 年皇帝驾崩，这两场葬礼使作为礼部侍郎的曾国藩十分繁忙。后来由于他工作中优异的表现，得到了赏赐，这些赏赐使他家中三代都能够享受到。

在礼部之后，他在六部中调了一个又一个部门，并在每个部都当过侍郎（也就是副部长）。1852 年，太平天国军队从永安突围，清军失利，消息传到北京后[1]，曾国藩和刑部官员奉命一起商量如何处置使官军失利的赛尚阿和乌兰泰，让他们对清军的失败负责。曾国藩认为要施以严重的惩罚，以示军事的重要性。皇帝最后没有批准刑部的决定。或许因为优秀的将领十分少，又在这紧要的时刻，皇帝为了保险，才做出了这样的决定。从这件事我们可以看出，最终镇压太平军的曾国藩，重组军队时，在精神层面有其严厉的一面[2]。

由于贫困和害怕失去升职的机会，在几年的时间里，他想回家而未能如愿。他很想在安静的乡村与家人相聚，虽然几个家人来京城看过他，他和他们在京城一起住了一段时间。1852 年 7 月，曾国藩得到了江西主考官的职位，这次机会让他有 60 天的时间回家和亲人相聚。7 月 28 日得知母亲去世的消息，此时他正在从北京到江西的路上。按风俗，他必须立刻回家守丧而放弃任命。所以，他想在家守丧，立刻向湖南进发。通常为父母守丧的时间应为 3 年，这对认定其个人的节操很重要，对于高官来说应该离职，但是，因为是在比较紧急的时候，皇帝下旨将时间缩短，实际上他只守了 27 个月。

他在武昌了解到太平军围攻了长沙，于是他在湘阴登陆，通过宁乡，避开了长沙，于 10 月 6 日回到家中。他母亲的下葬日期是 10 月 25 日。直到太平军离开长沙，顺着河流而下，直奔金陵之前，曾国藩一直待在

[1] 4月6日与7日战败。4月29日消息到达北京，见《年谱》卷一，第30页下栏。

[2] 《年谱》卷一，第30页下栏。

家里[1]。

清军和太平军之间唯一一次的胜仗是由江忠源领导的一支由乡勇组成的部队取得的。而赛尚阿在广西组织了 3 万乡勇，他是第一个意识到需要组织这些力量的官员，前面讲过他已经由于被革职而失去了荣誉。江忠源在太平军围攻长沙的时候，率 2000 人参战，他们的战斗力比其他人数相同的部队要强大很多。太平军撤退之后，面对充满土匪的湖南，巡抚束手无策。由于江忠源镇压了一次暴动，人们多寄希望于他和他的部队将这些土匪消灭。除江忠源 2000 人的部队外，罗泽南和王鑫有 1000 余人的乡勇部队（罗泽南的部队被称为“湘勇”，江忠源的部队被称为“楚勇”，“湘”和“楚”是湖南的简称，而湖北同样也可以简称为“楚”）。这种武装力量是可以维护乡村的秩序的，曾国藩意识到了这一点，并知道这些乡勇部队的价值。但他没有把握的是，他们是否能够打胜那些因教义蒙蔽而抛弃儒学教义的太平军（曾国藩现在作为一个平民百姓，想与朝廷交流必须经过巡抚，尽管他在京城是身居高位之人）。

在年底时，北京让曾国藩办团练。由于他当时正在家里，所以给他的上谕由巡抚转达给曾国藩。谕旨传达给曾国藩时已经是 1 月 22 日左右。曾国藩认为自己应该守丧满 3 年，所以不愿意奉命行事。但是面对社会危急的状况，他又认为不应该抱着守丧的规矩不放，应该承担起责任。但是如果这样做，又会遭到他想求助的乡绅们的反对，会使他陷入困难之中。他预见利弊之间比例为二比八（1853 年 1 月到 30 日不同日期的信里）。几个比较有影响的朋友到他的家里，劝说他同意出来主持局面，但是他依然希望听从守丧的定例。然而动乱不断的局面和武昌的失

[1] 在彼特的《中国历史概述》里，认为曾国藩是湖南巡抚，长沙没有陷落是因为他的防守，而他不了解的是，清朝政府规定，任何人都不可以在他的家乡所在的省担任巡抚，况且曾国藩当时并不在长沙。

守，使曾国藩动摇了，于是他在1月26日离开家乡，找到巡抚进行协商。他认为想要对付太平军，必须让新军先把土匪消灭[1]。

他于1月31日把自己的想法上报给北京，并很快地进入到工作状态之中，因为紧急的公务已成为他的职责。湖南能用的防守力量很弱小，所以受到了太平军的威胁。他希望在所有的县都能够招募士兵，并在长沙组建一个兵团。受过一些训练，在乡下当过民兵的乡勇都可以参加，到湖南各地区去消灭土匪之前，需要在长沙接受一些训练。在上报的奏章里，他一再向皇帝请求让他回乡守丧3年（这是中国礼节的需要，纯粹是官样文章的请求）。

曾国藩新军的主要力量是由罗泽南训练的三营（假设新军的一个营有500人）乡勇组成，这些人来到了长沙。从此，中国历史上出现了一支被称为“湘军”的军队。曾国藩让部队严格遵守他制定的复杂的制度。他十分注意部队纪律的重要性，这些纪律也的确严格。他担心这些制度会像在正规军中一样，变得可有可无。为他提供灵感的是江忠源的楚勇部队。因为江忠源一战就击败了浏阳周国虞率领的1万多造反军。

3月1日，曾国藩在长沙得知造反军在耒阳和常宁集结对嘉禾造成了威胁的消息。这让他的新军面临着考验。800楚勇和湘军奉命前往，在衡山县将其轻易击败。

可想而知，那些给这支新军支付费用的文官只是很少的支持，这支新军也并没有引起那些正规军将领的兴趣。但这支新军的价值对北京来说是比较重要的。3月12日到达长沙的上谕，要求总督巡抚建立募兵处，以保证部队的扩大和资金的来源。

受到太平军的影响，土匪到处横行，乡里的百姓很需要这些湘勇保卫，以避免遭到土匪的抢夺。而他们却到外省去战斗。因此，乡里的百

[1] 见信函，1853年2月4日。

姓对湘勇很敌对。这是曾国藩面临的一个最严重的问题。假如不把这些土匪消灭，他们就会毫无管束地横行乡里。不解决这个难题，就无法使这些官兵不去保卫家乡，而去别的省去战斗。

太平军对国家造成了巨大的威胁，因此清政府催曾国藩抓紧练兵，去镇压太平军，这使他感觉到很大的压力。他不能不管地方上的情绪，又无法违抗朝廷的旨意。怎么让地方和中央都满意，他需要找到解决的办法。3 月 24 日，他上奏给皇帝的奏章中，认为最好的办法就是先消灭湖南的土匪。太平军中有很多被称为“天地会”的人加入进去[1]。他们可能是太平天国事业在湖南的代表。除了他们，还有串子会、红黑会、边钱会和香会等一些有奇怪名字的会党。这些会党都是一些亡命之徒，成了占据在山区的一股强大力量，情况最严重的是在湖南西南和东南。他们没有受到什么阻碍发展了那么长时间，力量已经很强大，政府虽然知道他们，但却无力镇压。他们有的信教，有的将抢盗作为宗旨，有的是结拜兄弟，他们的目的和方式都不相同。

最近，又有一些暴徒加入到这些危险的组织中来了，数量众多的逃兵就成了流氓，因为没有军营收容他们，他们也没有钱给家里。使暴乱中增加大量流动人口的是大量的穷人和流浪汉的涌入。要镇压这些导致动乱的人口，最好的方法就是每一个县派驻军队，一直到这些动乱得到控制，再转到另一个县。这样，在部队离开时，就能够使湖南得到安宁。面对此种情况，曾国藩用建立审案局的办法去解决。审案的处罚以被捕盗匪所犯的罪行的严重程度来判定。从皇帝批复这份奏章的情况来看，足以说明镇压土匪的必要。大量的犯人受到了曾国藩的审案局的审理，其他的一些犯人的处罚则来自地方当局。

此时，江忠源的部队向南昌沿江而下，和当地的守军一起驱逐太平

[1] “天地会”，三合会的别称，真正的天地会会主可能是朱九涛。

军于湖南的后门。路途中，他给曾国藩写信，认为只有集合安徽、湖南、湖北、江西四个省的力量，组建上千艘战舰，从福建和广东挑几千人驾驶这些战舰，才能打败太平军，这是唯一的办法。迅速把太平军消灭的方法就是先平定长江地区，再攻打金陵、扬州和镇江。这是一个不错的建议，如果想阻止太平军到达金陵，长江就必须有足够的水师。当时，他们利用水道很是顺利。但由于朝廷的逼催，且组建水师需要很多的时间，所以曾国藩并未采纳这一建议。

这一建议，曾国藩好好地考虑了一下，若采用可能会使远征更为有利，但是也可能会导致延误。然而如果因为准备不充分而使进军失败的话，他也没有免责的理由。把土匪和太平军从湖南逐出，还需要他花时间去准备陆军。而组建规模不大的一个舰队，也会耽搁一段时间。江忠源在见识到了太平军的水平后，给曾国藩写另外一些信的时候提醒他：只要太平军在长江上自由地穿行，那么就不要忘记，舰队是不能缺少的，因为长期的优势官兵无法得到（曾国藩在一封信中告诉父亲，他要招集1万名勇士组建成一个气宇轩昂的军队）。江忠源建议将大型战舰从广东经过上海再调入长江，在长江和拖罟船以及快蟹船会合。曾国藩和巡抚一起向皇帝提出一个建议，拖罟船以及快蟹船能够从广东的内河直接到梧州，经过较短时间的陆地运输，便可从湘江达到长江。

皇帝在批复曾国藩之前，曾国藩遇到了正规军和民兵新军之间发生摩擦的麻烦。8月17日，提督的标兵和湘军之间产生了争斗。民兵受到了曾国藩的处罚。9月7日，两支部队再次发生争斗。曾国藩认为提督要以军法处置正规军，但是并没有被提督采纳。正规军作为犯规的一方，在两晚之后进攻塔齐布。这个人是曾国藩部队分部的指挥。在标兵进攻时，他躲进了屋后的草丛里才获救。那些犯规的正规军将房屋烧掉，又为难曾国藩。巡抚光着脚跑到喧闹的现场，劝说那些闹事的士兵，他们才罢休。

曾国藩曾在这件事发生之前，就考虑到别的地方去操练自己的部队，觉得那样会更妥当。促使他将这一想法变成实际的是这次的摩擦事件。他把自己的新兵安置在湘南和湘东的边界，将自己的大营迁往衡州，不但防止太平军从江西进入湖南，同时还镇压土匪。

9月，曾国藩在给朝廷的奏章中解释他的想法，说他需要将兵力用来治安，以防止土匪的劫掠。所以，他希望将部队从长沙迁到离动乱地区比较近的位置。太平军从江西进入湖南的道路有四条，一是经过醴陵到袁州和萍乡；二是通过茶陵、攸县到吉安；三是中路，经浏阳到瑞州；四是经过平江，平江和江西的战略重镇义宁相连。因为那条路比较绕，他没有派部队到平江，但他尽可能地在其他几条路用自己为数不多的部队设了防。而要将这些事情办理得更好，则需要在衡州驻扎。在他的奏章中，没有谴责那些正规军将领们发动攻击的事，讨厌他的人认为他为人比较谨慎，拥护他的人说他胸怀大度。

导致皇帝不断地颁布谕旨，要求曾国藩快速出兵的原因，是太平军的部队已经向北方和长江中下游的江西、湖北迅速扩张。当曾国藩接到几份谕旨之后，写了一道内容很多的奏章，说他正为创立水师尽最大的努力。从广东开来的几艘船，被在衡州的造船者当成了样板，尝试着建造的战船拥有千斤大炮（奏章的日期是1853年12月26日，1斤约等于4/3磅）。由于太平军已经经过安徽，朝廷已经处于生死存亡的危险境地了，所以，皇帝对他的批复是一系列的指责。

曾国藩面对北京方面紧急的催促，不得已又写了一份解释他工作缓慢的原因，总共有五个：

第一，在永兴，只有83门火炮被运到了湖南，因为通往广东的道路被土匪给阻挡了。另外，需要在新年过后用80天的时间来建造新船和维修旧船。

第二，他需要一边消灭太平军一边维护自己的阵地。尽管安徽和湖南已经形势危急，他也不能就此一路沿江而下。江忠源和他的弟弟以及另外一位将领，得到了湖南派来的 3000 士兵。如果有紧急情况，他们会按旨意行事（他也交给江忠源 200 艘炮船和 200 艘其他船只）。

第三，用联合几省力量去保护湖北的可行性，曾国藩在与巡抚、江忠源和其他人已在信中探讨过。武汉三镇（武昌、汉口和汉阳）作为交通要道，控制着四川、广东和北方，是在长江中游最为重要的战略要塞。太平军的目的是通过安徽到达黄州和巴河。比马上将太平军赶出安徽更重要的，是先控制这里，这样就控制住了通往金陵的水路。他和江忠源、骆秉章（巡抚）商讨后，制定出一个战略计划：将湖南和湖北的部队联合起来，阻止太平军再一次占领武昌，接下来把太平军堵到长江下游的几个要塞，然后试着把安徽和江西的力量联合起来，那么太平军就可能被官兵所败。

第四，土匪在湖南到处都是。他们威胁着衡州，东南部的桂阳、郴州和永州；从江西进入了很多土匪到茶陵和安仁；受到土匪抢掠的有常宁、嘉禾、蓝山和永兴地区。如今他怎么能扔下没有建造好的船只，在自己的后方一团糟、完全没有做好准备的情况下，带着战士们向北出发？

第五，亟需解决的问题是战争的财政。离开该省之前必须解决军队的战争经费问题，因为部队让湖南的银库变空了（对于这一点，曾国藩得到批复，为得到捐款可以出卖官衔，从六品至九品）。所以，他得到了大量的捐款，因为所有的买卖在全省所有的州县的官府开展起来。在这五天之前，江忠源死亡的信息，曾国藩还未收到。

曾国藩的性格，我们从上面的叙述的这份奏章中可以看出，他既明智又稳健。他不能匆匆出发的原因是因为没有做好准备，这是比较聪明的做法。像江忠源在那种前途光明的事业中忽然以悲剧结束的命运，如果他不那么多虑，一定也会发生在他的身上。他的特质就是能够看到事情的本质。他的这一特质在高官们以及内阁大臣们为了减少眼前的危机而失去理智时，一次又一次地显示出来。曾国藩和身边的人相比似乎目光更长远。在目前这一问题上，如果不做好充分的准备，就不可能赢得战争的胜利。能让他坚持清除所有的阻挡，是因为他超凡的耐性和敏锐的洞察力。问题都能够顺利地解决，是因为他比较精明，他会依靠他发现的能干的人帮他做事情。想一下，作为至高无上的皇帝，他不太信任他的一个手下，也没有什么耐性。但曾国藩知道皇帝的要求是没有办法拒绝的。他需要花费很长的时间才能有希望的结果，因此，他取得了最后的胜利。

曾国藩和身边的人在冬季准备出征的时候，意见发生了分歧。他跟王鑫的意见尤为不合。巡抚和布政使批准了王鑫建立 3000 人武装的部队来保护长沙。对于曾国藩来说，这些人数和装备远远不够，所以他的这一计划好像不妥。他们曾在派兵去援助江忠源的问题上意见不合。1854 年春，王鑫把在击毙叛军 30 人的一场战役，报告成一次大胜。需要联合写军事报告时，草稿曾国藩看后同意了，左宗棠修改了正式发往朝廷的定稿，修改后，虚假陈述了胜仗人数。曾国藩十分痛恨这种官员为了一己私利谎报军情的陋习，也让他十分恼怒[1]。

巡抚让罗泽南带着两营的官兵去消灭土匪，他 1 月 5 日经过衡州，当时曾国藩在衡州，他们两个人商量之后，给新军定下了一些必须遵守的规则（新军的营是以 1 个小团为单位，每营有 180 个各司其职的人员和 500 名士兵，1 个营有 4 个连，称为哨，8 个队为一个哨，一哨分为 6

[1] 《家书》，1853年11月4日与1854年5月16日。

队)。规则比较详细，为湖南其他部队的创建奠定了基础。

为了加快进度，弥补衡州造船厂生产力的不足，曾国藩在湘潭又另外建造了造船厂。快蟹船是最大的，长龙是中等的，渔船改装的是最小的，只配备了一门小炮。另外一些更小的船只和几百艘舢板被添加进来(黄冕建议增加小船，他告诉曾国藩，太平军能够从江湖上逃入沟渠，是因为他们乘小船四处活动。他在参观曾国藩的战船后，告诉曾国藩，如果没有小船，就不能够到那些沟渠追赶太平军。曾国藩采纳了这个建议，在舰队中增加了小船)。

2月底，曾国藩在向皇帝的奏章中说，他要很快地向湖北出发，因为他的准备工作前进了一大步。从这份奏章我们了解到，他的这支装备完全的舰队里，拖罟型的大旗舰有1艘，其他船只360艘，有四种类型，它们全都能当成炮船使用：

1. 快蟹40艘，每艘载桨橹手36名和其他人员6名。

2. 长龙50艘，每艘载桨橹手20名与其他人员6名。

3. 舢板150艘，每艘承载10人。

4. 经过改造的渔船120艘，人员配备和舢板一样。

每艘船都配备了除了水手之外的炮手。由于村民们对江风和水流不习惯，都不愿意过这种新生活，习惯于海道上航行的水上人口除外。所以，水兵的招集是一个必须完成而又十分困难的任务。招集水兵的任务好不容易完成之后，曾国藩让聘请的广西教官对他们进行舰船枪炮的必要训练。当曾国藩手里有5000人共计10个营的水兵后，他计划沿江而下，这些水兵有一半作为进攻力量被安排在快蟹船上。其他的作为预备部队被安排在长龙船上。他们以旗帜加以区分，只有一种颜色旗帜的是攻击部队杂色旗帜的是预备部队。褚汝航是这支舰队的总指挥官。5000人组成的陆军的总指挥由塔齐布担任(每个营的人数多少不一，不全都是 500 人）。

这支远征军的总人数约有 17000 人，如果算上士兵、工匠、长夫和仆从。他们在补给船上准备了大量的武器弹药和给养。他们带着大米 2000 石，木炭 18000 担，盐 4 万斤，还有油 3 万斤，顺流而下。

估计每月需要花 8 万两银子来维持这支远征军的所有开支。正常的财政无法承担这一款项，经过修改后的预算总数减少了“1 万两”。为了凑齐这些需要的款项，曾国藩请求皇帝派专门的官员和士绅在四川、江西和湖南去募集这些资金。他还要求政府向他提供包括实任官职和名誉官职的 4000 张空白的官位证书。他能够从 3 个省里出售这些官职中获得大量的经费。曾国藩的远征军陷入了经费枯竭的境地，因为湖南巡抚想不出任何的办法去筹集这些必要的经费，因此，这个特殊的办法被批准了。

第八章

湘军出师

1854 年伊始，太平军一路沿湘江而上，抵达湘阴和宁乡。面对来势汹汹的太平军，曾国藩亲帅自己筹建的军队沿江而下，迎接与太平军的首次交锋。在双方经过几次小规模战斗后，失利的太平军回撤到了岳州。[1] 曾国藩则率领军队趁机迅速占领岳州周边区域，将水师和大约 4000 名陆军分散展开巡逻，封锁了湖南境内出入洞庭湖的各条水道。

与此同时，为了得到长江上游的控制权，东王杨秀清正率领另一路太平军对湖北省会武昌展开围攻。而安徽更是早已落入太平军之手。[2] 故而，要求湘军出兵救援的书信接连送抵曾国藩的案头。一场大风暴于 4 月 4 日横扫洞庭湖，导致水师数十艘战船受损，24 艘沉没，众多兵士溺亡。此时，出征前一直与曾国藩意见相左的王鑫率部 2000 余人，已由岳州出发，准备援驰武昌。不承想，在行进到羊楼司附近的山上时遭遇了

[1] 这几场战斗的具体细节，可参见《奏议》卷2，第38页，曾国藩3月24日上表的奏疏。

[2] 详情参见《太平天国野史》卷12，第6页。

太平军。面对兵力远超自己的敌军的围攻，作战经验匮乏的王鑫所部丢盔弃甲，惊慌溃逃至岳州外围，与朱孙贻率领的600名新军以及200名正规军汇合，并很快与抵达岳州的太平军先锋部队展开战斗。然而，恐慌情绪随着太平军主力的黄旗红衣的到来而逐渐蔓延，导致他们再一次溃逃后撤。最终，只有500余人坚守在岳州城外预定的阵地上，与数千名太平军展开了长达一天的阻击战。[1]

部分官军被迫撤入岳州城内。城内匮乏的物资，使得他们根本无法应对敌军随后的围城。当时，虽然太平军因岳州城附近驻扎的战船而有所损失，但风暴后残存的战船已经不多，且无法得到岳州的补给，曾国藩仅剩的1600人预备队根本无法阻挡太平军一步步逼近长沙。在此情形下，曾国藩只能被迫撤守长沙，竭尽所能做好防守工作。针对不利的战事，曾国藩曾在4月17日撰写的奏章里，两次向皇帝请求惩罚，交由刑部处理。[2]

湘军的另两位将领——塔齐布和胡林翼自开拔后，便分别领军向崇阳和通城方向持续进军。然而，仅过了四周，接到命令的他们只得领兵返回。至此，所有湘军全部撤回了他们的起点——长沙。[3]

靖港，位于长沙之北大约60公里处。太平军在此处分兵，继续沿陆路进攻湘潭。4月24日，湘潭被占领。太平军趁机掠夺了战船上百艘，并在城外另筑工事，准备以此对抗反攻的湘军。作为从陆路将茶叶和大量出口物资运往广州沿海的必经之地，湘潭此前一直都是陆路贸易运输的重镇。塔齐布于4月25日收到命令，率军配合隔天投入战斗的五个水师营收复湘潭，并于4月27日歼灭了太平军舰队的大部。最终，在鏖战

[1] 关于此战斗失利的原因，曾国藩给其父亲的信中曾经提及过。他认为是兵力部署比较分散，2000多人需抵抗约6倍兵力的敌军所致。

[2] 详情参见《奏议》卷2，第42～44页。

[3] 详情参见《奏议》卷2，第48页。

四个昼夜后，他们共歼灭了数千名太平军，成功打通了进攻的陆上通道。29 日，湘军又一次重创了太平军。5 月 1 日，湘潭重新回到了湘军手中。湘军在经过连日的胜利后，士气首次得以高涨起来。[1]

曾国藩曾组织 40 艘战船和 800 名士兵，于 4 月 28 日亲自率军向靖港发起攻击。但强烈的南风、湍急的水流等诸多不利因素，导致多数战船无法准确操控而落入敌手或直接损毁。这是曾国藩被迫从岳州撤军后遭受的又一次失败。而且，此前战斗取得的胜利几乎被这场失利抵消殆尽。为此羞愧不已的曾国藩曾欲跳水自尽，却先后两次获救。[2] 幸运的是，三天后湘潭战役的胜利给曾国藩带来了胜利的曙光。面对没有派出全部兵力应战的湘军，太平军遭到了重创。[3]

这段日子是曾国藩人生中最痛苦的时光，即便是湘潭的胜利也无法消除他内心的煎熬。长沙官员们对他的公开嘲讽，以及麾下将领的不合作态度，例如之前提到过的王鑫就曾借助左宗棠夸大战果，让他感到了被欺诈和世态炎凉。[4] 此外，他与二弟曾国澄在长沙的争吵，也让他饱受家人带来的烦恼。在给家人的一封心中，他这样写道："余近来因肝气太燥，动与人多所不合，所以办事多不能成。澄弟近日肝气尤旺，不能为我解事，反为我添许多唇舌争端。军中多一人不见其益，家中少一人则见其损。澄侯及诸弟以后尽可不来营，但在家中教训后辈，半耕半读，未明而起，同习劳苦，不习骄佚，则所以保家门而免劫数者，可以人力主之，望诸弟慎之又慎也。"[5]

---

[1] 详情见《年谱》卷3，第7～8页。

[2] 参见《年谱》卷3，第8页。

[3] 请注意，在全州，江忠源曾彻底改变了进军的方向。

[4] 参见曾国藩1854年5月16日的《家书》。

[5] 这封信写于1854年5月12日。因类似上述家书中训令性的内容，他的弟弟从军都不曾得到他的举荐。

在家书中，他袒露了对现状的真实想法。他认为虽然官场险恶，但自己既然身在其位，就只得对下属的将领负责。他说：“然官场中多以我为然。将来事无一成，辜负皇上委托之意，惟自愧自恨而已，岂能怨人乎？怨人又岂有益乎？大抵世之乱也，必先由于是非不分，黑白不分。诸弟必欲一一强为区别，则愈求分明，愈致混淆，必将怄气到底。愿诸弟学为和平，学为糊涂。璞山之事，从今以后不特不可出诸口，而且不可存诸心。”[1]

对于这一时期精神上的烦恼苦闷，曾国藩始终没有就此放弃挂印离去的想法，他后来甚至认为这是一场道德的试炼、内心的修行。他的信心更加坚定，并开始重新建造战船。他认真分析了湘阴之战带有偶然性，又似乎难以避免的失利，并针对岳州战役的失败，分析出了四条原因。其一，士兵起床太晚，全体官兵的早餐都应在黎明前结束；其二，军营的围墙应该更高更厚更坚固，围墙周围的工事应有宽八尺深六尺的壕沟和底部埋有尖竹的浅沟；其三，兵力分散，无法实现全军协同作战。如果岳州之战，他能部署全军 1 万人在一处扎营，而不是将兵力分散部署，自己手中只有 5000 兵力的一小部分，或许就能突破对岳州的围攻。其四，对于行动可疑的人员绝不姑息，必须严惩。根据这四条分析，曾国藩认真修改了相关的军营制度。[2]

战局的危机因湘潭之战的大捷而得以暂时减弱，朝廷上下因此而欢喜雀跃，同时也暂时减缓了来自皇帝针对曾国藩因岳州和靖港之役失败的问责和处罚。对于湘军，朝廷希望尽快完成休整，重新开始征战，以便尽早解除湖北、江西和安徽等地来自太平军的威胁。[3]

---

[1] 源自1854年5月16日的家书。

[2] 参见1854年4月22日的《家书》。

[3] 详情参见《年谱》卷3，第7～8页以及第10页以后的内容。

曾国藩的部分缺点和优点，通过这段时期湘军战役的失败和他在长沙的经历清晰地展现了出来。很显然，缺乏系统的军事素质训练和执行军事行动的技巧是曾国藩的短板。他也因此基本放弃了部队行动时的具体指挥权。当然，只有在处于困境，被迫必须冒着极大风险行动之时，他才会重新指挥部队执行行动。坚强的意志使得他展现出一些与生俱来的能力。比如，他能凭借超凡的耐性和毅力，容忍常人所不能忍受的反对，甚至是嘲讽羞辱。而他慧眼识英才的能力，确保了未来在他所带领的湘军中将不断涌现出优秀的指挥人才，甚至因战功而得到高官厚禄。清晰的头脑则让他具有很强的大局观，对任何局势都能有长远的把握，并依此对战役展开谨慎而细致的部署。

湘潭大捷的主力战将——塔齐布，是曾国藩任命的湘军中诸多指挥官中非常抢眼的一位。他首次展现自己的勇猛是在和匪帮的战斗中。岳州之战时，他受命驻扎在湖北边界的战略要地。曾国藩在赢得长沙之战后，重新将塔齐布调回了身边。胡林翼是湘军中另一位非常优秀的指挥官。自始至终，他都是曾国藩的忠实追随者、主力干将。相较于同样出身湘军的其他将领，胡林翼的仕途很是平坦，升迁的速度很快。在湘潭大捷的两年后，他已经升任了湖北巡抚。当然，还有部分湘军将领则是过早地去世了。比如，罗泽南和水师总指挥褚汝航都阵亡于1856年。还有一些将领，例如杨载福、彭玉麟、周凤山以及江忠济（即江忠源的弟弟）虽然后来都身居高位，却是在经历了长时间的奋斗之后。[1] 左宗棠虽然参与了长沙之役的城防，但那时他只是官衙的一名师爷。数年后，他在曾国藩的帮助下出山，曾先后在江西、浙江和福建任职。而在京师与曾国藩相熟的李鸿章此时仍然默默无闻，不曾因此役而扬名。

[1] 关于湘军诸多将领功绩的详述，在《年谱》卷2，第9页；《奏议》卷3，第51～56页；有关湘潭大捷、靖港战败的奏报以及举荐名单中都有记载。

对于上文中提到的塔齐布，曾国藩很是看重，想让其继续留在湘军之中，便奏请朝廷，大力推荐。很快，塔齐布就得到了就任湖南提督的旨意。[1] 此时，曾国藩新建的船厂已经完工，湘军很快就要再次出征，所有准备工作都在积极进行之中。然而，洞庭湖以西的大片区域已经被太平军的势力所渗透，龙阳和常德更是于6月8日和11日先后被攻陷。当时，荆州的满洲将军官文和曾国藩分别负责湖北和湖南两省境内针对太平军的战斗。曾国藩调兵遣将，先将塔齐布调至岳州驻守，后派遣胡林翼等将领前往常德。但是周凤山所部在龙阳败于太平军，胡林翼只得修改原定穿越益阳前往常德的计划，选择另一条行军路线。[2]

为了更好地操纵新的战船，曾国藩特意训练了新参军的士兵。1854年6月10日，已经做好充分准备的湘军再次出征了。[3] 倘若从战略的角度来看，只有将湖南境内的太平军肃清，确保无敌军妨碍交通线后，方可考虑挥师湖北。故而，曾国藩安排陆军和水师进军时兵分三路。已抵达常德的胡林翼所部为西路军，在击退附近洞庭湖港湾的太平军之后，前往岳州与中路军汇合。塔齐布和褚汝航指挥的水陆联军为中路军，沿湘江前往岳州，负责于7月25日夺回岳州城。一路向东的东路军则走陆路经平江，前往位于湖北边界，距离武昌有一半路程的崇阳。

7月27日，中路军和西路军重创了与之遭遇的拥有数百艘战船的太平军舰队。这个战果令曾国藩误以为已经彻底消灭了湖南境内的太平军。然而，就在他将这个推测写入奏章刚送抵京城之时，他和他的湘军将领

[1] 《奏议》卷3，第71页，6月3日的奏疏中记录了曾国藩的这一请求。《年谱》卷3，第12页的上谕批准了他的请求。

[2] 详情参见《奏议》卷3，第71页，6月3日的奏疏。《年谱》卷3，第12页中可找到批准的上谕。

[3] 详情参见《年谱》卷3，第13页；《奏议》卷3，第1～5页，8月4日的奏疏以及第10～15页，8月9日的奏疏。

们却在岳州遇到了大批溯江而上的太平军。在经过近两个月，多达 13 次的战斗后，湘军获得了 12 次的胜利，迎来了令人激动的转折点。[1]

湘军本计划沿江继续进军湖北，但崇阳的陆军因在 9 月 24 日与太平军大部队相遇而行军受阻。为此，正在岳州的塔齐布接到了曾国藩派其增援崇阳，并消灭沿湖分布太平军驻军的命令。9 月 18 日，湘军在羊楼司击退了太平军。[2] 9 月 25 日，湘军攻破太平军驻地，并乘胜追击溃逃的太平军直至咸宁。满洲将军官文也在同时派出大约 5000 人的部队前去援助曾国藩。10 月 2 日，曾国藩移师岳州，并将湘军大营设置于此。

对于曾国藩的这些捷报，京师非常满意。他获得了代表象征三品官的蓝色顶戴花翎。[3] 对于来自皇帝的赏赐，曾国藩却以自己尚在为母亲守孝期间，不宜接受任何恩赐为由，谦逊地拒绝了。他向皇帝表示，塔齐布、罗泽南、杨载福等湘军将领战功卓著，而自己的所为只不过是尽到了自己应尽的责任而已。倘若皇帝能接受他对官职的婉辞，他将不胜感激。[4] 皇帝在批复中说，最高形式的孝即为国解难、为君分忧。曾国藩此举乃对其母亲最好的告慰。皇帝对曾国藩德行的赞赏，也因此天下皆知。

到此时，曾国藩已经成功渡过了事业的起步阶段。一场决定性的胜利将作为这一阶段的检验结果。湘军正沿江赶往已经落入敌手的武汉三镇。曾国藩的新式水陆军虽说人数不多，却不仅有众多优秀的指挥将领，而且训练有素。未来的战斗可能充满了挫折和黑暗，唯一能为闯过此困境提供帮助，带来完全胜利希望的似乎就是对这种新式水陆军进行

[1] 战斗详情参见《奏议》卷3，第13～39页。

[2] 《奏议》卷三，第40～45页，1854年9月25日。

[3] 清朝以官帽与官服来区别官员的九个品级。红色顶子代表第一和第二品，蓝色顶子代表第三品的官员

[4] 参见《奏议》卷3，第46页。

扩军。但是，当时在金陵、扬州和镇江城外驻扎，更多的是那些老资格的提督和钦差大臣把控的老式军队，他们从未遭遇过太平军主力部队。虽然偶尔也会消灭部分太平军的小股游击部队，但绝对无法赢得大规模兵力的遭遇战。倘若朝廷当时拥有足够类似湘军的新式部队，太平军就会被控制在江西境内，或是在金陵就能将其迅速镇压。但是，太平军此时已因所建立的三大堡垒而在这些地域站稳了脚跟。他们通过移动作战，攻下一个又一个的城镇，掠夺财物却不多做停留。而官军过于分散驻扎的兵力无法集中对其进行打击。面对太平军的攻击，胆小的官员往往弃城而逃，勇敢的官员则常做出与城池共存亡，却是毫无价值的悲壮之举。

此时，太平天国运动已经因逐渐失去其走出广西时的热情，而开始由盛转衰。太平天国的宗教理念因逐渐固执的自称天神而变得愈发离谱。在社会中极易转变为抢匪的阶层依然享受着太平天国运动所带来的冒险机会。这些披着黄袍或红袍的队伍首领，往往率领着带有掠夺性的大小队伍，如燎原之火般自由来去。倘若在 1850 年或是 1851 年，曾国藩就拥有 13000 人左右的新式水陆军，这场运动就会被轻易镇压。现在，他也只能为整个战斗做开路先锋。

在做好最后的部署后，曾国藩率领的湘军便直奔长江下游的武昌。1854 年 6 月，太平天国的东王曾率军占领武昌。当时，曾国藩正饱受此前作战失败所带来的煎熬并努力修复着创伤。冬季和春季，朝廷曾在湖北战局告急之时，连续给曾国藩下达紧急上谕。在长沙那段艰难的时光里，让曾国藩内心很是痛苦的源头之一便是他认为武昌的陷落是由之前自己指挥战斗的失利而直接导致的。一直以来，武昌都具有非常重要的战略意义。长江从宜昌上游的三峡，经武昌穿过中国心脏地带富饶而广阔的地区流向吴淞口，是非常重要的一条水道。其中，从岳阳到鄱阳湖出口的这段长约1000里周边地区最具有战略意义。因为来自四川的长江和源自湘黔盆地的河流在控制着湖口的岳阳流入洞庭湖，湖北北部和湖南部分地区的河流则通过汉江在汉口汇入长江，再经由鄱阳湖湖口横穿整个江西。而安庆和九江两城又是长江湖口到金陵段的重中之重。

曾国藩在9月25日和30日分别攻占了崇阳和咸宁之后，才得以率军继续向武昌挺进。然而，早在22日，官文将军已在罗泽南和塔齐布的帮助下，展开了对武昌的围攻。在曾国藩帅主力部队抵达武昌时，交战双方的战斗便迅速白热化。湘军于10月12日和13日发起对武昌城的总攻，并烧毁了1000艘敌船，最终突破了其外围防线。第二天，在经过数小时的鏖战后，湘军同时夺回了武昌和汉阳。太平军一直看重武汉三镇，认为武昌的防守绝对难以攻破。故而此次湘军的胜利对他们而言是极为严重而可怕的一次打击。相反，对于朝廷而言，这是极为令人欢欣鼓舞的。[1] 当长江以北安徽边界的黄州以及长江南岸的武昌县这片战略要地被太平军放弃后，可以说，湖北境内的太平军已经基本被湘军驱逐殆尽了。[2]

上述战役的胜利，为曾国藩得到了湖北代理巡抚以及佩戴单眼花翎的赏赐。[3] 随后，根据朝廷的旨意，湘军的陆军和水师被曾国藩兵分两路，分别沿江而下逼近金陵，准备向九江和安庆发起进攻。此次行动，

[1] 详情可参见《奏议》卷3，第56～62页；《年谱》卷3，第18页中提到取得此次胜利是在14日。另外，武昌等地陷落的情况，在《发贼乱志》中不曾被提及。

[2] 此处的武昌县不是湖北的省会。

[3] 类似装饰品的花翎有单眼、双眼和三眼三等。《年谱》卷3，第22～23页记载：曾国藩以其在11月3日的家书中的所写的，他为镇压反军所做的一切都是作为朝廷命官应尽的责任，且为母亲守丧期间追求功名、接受官职有违其为母尽孝的意志为理由，再次拒绝了代理巡抚之职。他的这个辞呈得到了皇帝的批准，但皇帝同时就此前他没有使用已委任的官衔进行了斥责。

朝廷上谕明确指示由曾国藩、湖广总督杨需和塔齐布共同负责。[1]

但是，此时汉江以及周边的支流地区仍分散躲藏着此前因溃败而逃散的太平军。为了将这些太平军消灭干净，数十艘战船已被曾国藩派往到上述地区。故而，朝廷的这一上谕下达后，短时间内曾国藩根本无法遵令行事。10 月 15 日，太平军上千艘意图返回长江的战船被湘军尽数烧毁。[2]

此时，随着军事行动的顺利进行，更加突出需要尽快解决的就是部队的给养问题。曾国藩在 10 月 21 日的奏疏中就湖北省向军队提供的给养支持不足的问题向皇帝陛下抱怨诉苦。当然，如果曾国藩接受了湖北代理巡抚的职务，便可直接支配湖北省的经费，给养的问题就能在一定程度上得到解决。不过，在具体实施的时候，周边各省官员依然会对他的行动有所掣肘。无奈之下，向皇帝请求，通过朝廷间接传达命令成了曾国藩唯一的选择。随着战线的逐渐拉长，确保军队必需的兵源补充以及日常给养就成为了曾国藩工作的重点。但沉重的工作让他满心忧虑，担心自己因承受不住如此重担，甚至影响自己前途的发展。此外，财政匮乏可能导致的军心不稳也是曾国藩的一块心病。他尤为担心老百姓会因为生活的窘困而心怀不满，从而增加他们投靠太平军的可能性。因此，他向北京提出了确保广东、四川以及江西所承担的军饷。其中，江西需要支出的饷银约有 8 万两。[3]

中国当时财政状况的窘困程度由此可见一斑。从根本上而言，当时的中国仅相当于一个中世纪国家的水平，其现代公共财政方面根本是不达标的。无论以何种形式，战争只要出现就会伴随着代价的付出。中国几个比较富庶的省份，此时已经几乎被太平天国运动耗尽了原来积攒的

[1] 详情参见《年谱》卷3，第20页上谕的概述。

[2] 详情可参见《年谱》卷3，第20页，1854年11月3日的《家书》。

[3] 详情参见《奏议》卷3，第67～71页。

财富。它们甚至已经无法承担最基本的必须上交朝廷的赋税。国力逐渐贫弱，咸丰和他后继的皇帝只得用低劣的钱币取代了康熙乾隆时期那些盛世之下铸造的精美铜币。货币的贬值也成了无法阻止的必然。那时，人们不知道发行公债，以此来分摊当前战争负担的做法。倘若朝廷懂得此法，或者朝廷的中央集权足够强大，那么在1年之内镇压太平天国运动就会是必然的结果。我们从曾国藩的奏疏中可以清晰地看到：为了有足够的财富维持那个兵力并不多的湘军，他一直在努力，绞尽脑汁想方设法设立新的税收。然而，他背后依靠的不是一个强大的政权，也不曾得到政权无条件的支持，否则，他就能拥有一支兵力高出目前湘军数十倍的强大军队，轻而易举地消灭盘踞在金陵的太平天国。其实，此时的太平天国也正被穷窘所困。唯一的经济来源就是四散活动的军队所抢掠来的各种物资。有时，遇到围攻的官军，这些从安徽和江西抢来的物资便无法及时运回金陵。对此情形，最具有说服力的例证就是1854年10月19日，除身体健壮和相貌漂亮的女子以外，其余金陵在押的妇女都被驱逐出城，此举的意义非常明确，即为了减少城内粮食的消耗。[1]另外，就新补充的兵员而言，官军明显强于太平军。那些在广西屡胜官军、令朝廷震惊的激情和勇猛在太平军的新军身上已经消失不见了。

如果希望调动起整个国家的财政，只能进行体制改革。否则，那套贯穿中央和地方，自上而下的核对和制衡体制就会成为最大的阻力。然而，此时最令朝廷中枢头疼的是太平天国运动，根本无暇去思考是否存在对行政体制改革的可能性。他们只想操作着这台陈旧的机器混过当前的危机，却没发现这台机器仅具有为另一目的而设计的那种功能。

值得注意的是，对于太平天国的攻击，看起来似乎朝廷只要能调动起全国的力量，便可以与其抗衡，进而将其消灭。一直以来，即便是在

[1] 详情参见《平定粤匪纪略》卷3，第20～21页以及《发贼乱志》，第29页。

中部省份，那些被太平天国占领时间比较长的地区，也不曾建立起一个具有长期性、拥有文臣的政府。他们始终不曾有稳定的收入来源，抢掠获得的财物在所有财政收入中所占的比例一直居高不下。[1] 曾国藩的困境源自朝廷权力的分散，这就导致了对国家破坏严重的太平天国运动持续了那么多年，造成了诸多损失。在后来加入的蒙古军队的帮助下，朝廷的官军将他们赶回了江淮。在湖北，当地的乡勇让他们吃尽了苦头。部分乡勇还被编入了官军中，帮助官军在对太平军的作战中占据了部分优势。后来在金陵附近驻扎的官军就是如此。李鸿章模仿湘军建立了武装力量，转战安徽境内，也获得了一些胜利。[2] 在对新旧武装的扶持方面，清政府并不明智，没有积极投资扶持作战更有效的新军，而是在旧式的武装方面浪费了大量的金钱。

11 月初，官军开拔，兵分三路向金陵进军。塔齐布统帅其中一路，在长江南岸沿江行军，向现在的铁矿中心大冶和兴国方向进发。另一路为湖北官军，由魁明率领在长江北岸与塔齐布所部彼此呼应，准备攻占蕲州与广济。曾国藩则亲帅中路水师顺江东下。很快，在九江上游约 130 里处的田家镇，塔齐布和曾国藩按照原定计划顺利会师。而另一路的湖北官军则因为魁明的指挥不利未能按时抵达指定地点。随后，魁明被撤职，曾国藩接过了该路兵力的指挥权。[3]

在田家镇周边，太平军方面由燕王秦日纲指挥，安排了强大的兵力和坚固的防御工事，甚至在水面的浮桥之上拉起了两条铁链。进攻的官军只

[1] 米奇将自己在1861年金陵的所见所闻写成报告，上交给了英国驻北京公使布鲁斯。此报告见于《1862年太平天国蓝皮书》。在报告中，米奇称当时的税收和其他正常收入仍不是太平天国的主要收入来源。可参见麦克奈尔《现代中国史选读》第348页以后的内容。

[2] 详情参见《平定粤匪纪略》卷3，第18～19页上栏。

[3] 参见《年谱》卷3，第21页。

能在占领半壁山后，斩断铁链，继续向前进军。[1] 经过三天鏖战，湘军终于在1854年11月24日占领了半壁山。据奏报中记载，近一万守军在此役中被斩杀。[2] 参战的太平军于当月底在田家镇集结完毕。12月2日，在与湘军展开的水战中，铁索被斩断。太平军的水师遭到重创，4000艘战船全部毁于此役。湘军水军获得了自成立以来最大的胜利。本来，东王命数千名太平军老兵前往田家镇支援，另有数万名拥护者紧随其后，准备浴血奋战，在此地死守。但是，当湘军从被俘获的太平军身上搜到相关信件的时候，这部分太平军已经被迫撤往九江了。[3]

随后，为阻止官军在鄱阳湖地区继续扩大胜利战果，翼王石达开迅速离开安徽，紧急赶赴九江。[4] 故而，当官军抵达九江时，迎接他们的是停泊在鄱阳湖中的战船和明显加固过防御措施的敌军。尽管曾国藩为此这次交战使出了浑身解数，但是依然无法将战线向前推进一步。湘军水师遭遇了太平军的猛烈攻击。太平军将曾国藩派往攻打大姑塘的战船围堵在湖内，并用纵火船展开攻击，成功地将这些战船赶回了九江。在湖口地区的太平军趁机向前推进，进入九江上游。这次，太平军重施故技，导致曾国藩主力舰队的几艘大船毁于火船和炮弹的攻击之下，就连曾国藩的旗舰也未能幸免。船上诸多重要文件以及刚刚收到的皇帝的赏赐都随他的旗舰一起落入了太平军的手中。曾国藩则是侥幸登上了一条小船才死里逃生。[5]

湘军的士气因这一系列的败仗而变得比较低沉，越来越严重的补给问题得不到解决，众多将领无视军令自行撤往武汉上游，这些状况让曾

[1] 参见《奏议》卷4，第34页。

[2] 参见《年谱》卷3，第24页。

[3] 参见《奏议》卷4，第42页。

[4] 《太平天国野史》卷12，第18页之后的内容记录相关信息。

[5] 参见《年谱》卷3，第29～30页；《奏议》卷5，第3～6页；《家书》卷5，第1页。

国藩心灰意冷。好在有罗泽南等几位好友及时苦心劝解，曾国藩才打消了骑马冲向敌军，自行了断的想法。[1] 曾国藩在 2 月 16 日书写奏疏，就自己指挥战事不利向皇帝请罪，要求处罚。不过，鉴于曾国藩之前的战功，皇帝赦免了他此次战役失利的罪责。[2] 曾国藩的不幸似乎还在继续。46 艘战船先后毁于暴风雨中，尚可使用的战舰此时已经返回到了位于武汉上游的金口。进军金陵之事似乎就此被不了了之了。[3]

后来，曾国藩提议由湖广总督和湖南巡抚提供开支在湖南建设船厂。船厂由李梦群与彭玉麟负责督管，厂址就定在岳州附近的新堤。[4] 曾国藩手中残存的水师在武昌与胡林翼汇合一处，共同抵抗敌军。为了确保被困于鄱阳湖中的水师保持良好的士气，曾国藩选择留守在了九江。此时，一支逐渐逼近的太平军正威胁着南昌的安全。即便如此，为了保证军队已经岌岌可危的交通线，曾国藩只能原地不动，放弃对南昌的增援。在曾国藩的计划中，倘若能够重新夺回九江，他会在主力舰队完成休整后，让水师和陆军汇集到江西内部的某个小城，重新展开战斗。然而，曾国藩忽略了武汉当下的防务，当他回过神来时，战局已定，无法改变了。

曾国藩根据自己的计划，安排塔齐布继续驻守九江；让罗泽南率军前往鄱阳湖，与那里的水师合为一处；将湖北省的防务交给担任湖北布政使的胡林翼；返回湖南招募水师新兵的任务则交给了另一些将领。1855 年，离开九江的曾国藩抵达了省会南昌。此时，他订制的数艘大型战船已经开始在江西建造了。[5]

不过，盘桓于官军心头的阴郁始终不曾散去，甚至愈发浓重。1855

[1] 参见《年谱》卷3，第30页。

[2] 详情参见《奏议》卷5，第3~6页。

[3] 参见《年谱》卷4，第1页。

[4] 详情参见曾国藩2月24日的上疏，《奏议》卷5，第12~14页。

[5] 详情参见《年谱》卷4，第2~3页；《奏议》卷5，第13~19页。

年2月23日，溯江而上的太平军在攻克了一座座城镇后，终于来到了汉口城下。[1] 太平军此次的统帅是东王杨秀清。在他的指挥下，此次太平军的表现远强于官军。4月3日，官军在第三次失守武昌后，退守水师大型战船的所在地——金口。[2] 曾国藩在江西处境也非常差。自湖口沿着鄱阳湖东岸行军的太平军，一路攻陷了广信府和饶州的诸多城镇。接到进攻命令的水师于3月16日向驻守在康山的太平军发起了进攻。罗泽南率军前往鄱阳湖的东边，希望能以7000人的兵力从太平军手中夺回几座城镇。九江的攻城战在塔齐布指挥下依然有条不紊地进行着。[3] 到了此时，湖南已经无法为在各地各自为战的军队提供给养保障了。曾国藩为此特意上疏朝廷，希望皇帝能直接下令给江西巡抚，命其在福建和浙江两省的协助下为军队做好后勤工作。此时，袁甲三也想招募兵士，成立一支拥有大约5000兵力的新军。不过，所有的道路都在太平军的控制之下。送往朝廷的奏章都只能向西北方，从湖南才能送抵湖北的金口。[4] 曾国藩突然感到了自己所处位置的危险性，并意识到老家湖南很有可能就是太平军的下一个进攻目标。此时已经占领武昌的太平军，以此为大本营，南下进攻湖南的可能性非常大。这种可能性一旦变为现实，那么他和塔齐布势必会立即返回湖南守卫家乡。[5]

钱，或者说缺钱，这个唯一令曾国藩饱受困扰的问题又一次突显了出来。可以说，他所率领的1300名士兵丝毫不逊色于那些太平军，即便是以少对多也有取胜的把握。但是，对抗那些溯江而上的太平军，湘军

---

[1] 参见《奏议》卷5，第25页。

[2] 此战详情可参见《平定粤匪纪略》卷4，第4～5页；《发贼乱志》第33页。关于武昌陷落的时间，部分资料的记录为4月20日。不过，《家书》卷五，第2页中收录的一封曾国藩的书信中曾提到他听闻此城的陷落是在4月。

[3] 参见《年谱》卷4，第4页。

[4] 参见《年谱》卷4，第5页；《奏议》卷5，第25～33页。

[5] 中国人的家乡情结一贯非常强烈。要知道，曾国藩所帅湘军的全体将士都是湖南人。

却有些力不从心。因为没有钱，曾国藩无法募兵。没有足够的兵员，他就无法满足整个行军计划中所需的进攻部队，守营预备队以及需要分散驻守在已占领城市的驻守部队。因为人员有限，曾国藩无法实现在合适的时机展开规模性的战斗，九江的失利便是如此原因导致的。在他看来，人和钱是决定战争胜利的关键。有，则可以胜利；没有，就会失去所有。眼前有限的条件令他烦恼，他的内心渴望着回到安宁的故乡。而继续执行这项希望渺茫的任务，也不过是他忠诚的信念使然而已。[1]

为此，曾国藩做了他所能做的一切努力。4 月底，他终于得到了 200 条战船和约 3000 名训练有素的水兵。很快，他将组织这支舰队赶往饶州和广信，与罗泽南的部队会合，并派遣李次青前往南康村。[2] 这支新舰队很快找到了自己的位置和任务。它会在鄱阳湖对面的一片区域分隔太平军，由此打通与其他几支湘军的联系。但是，太平军当时在华中的兵力部署——东王在武昌，罗大纲在汉口，最有能力的石达开则在九江，包括官瓷的产地景德镇在内的江西的东部已经落入他们之手。由此，太平军沿广信一路入侵浙江的意图已经十分明显。这样的布局和规模，仅凭几支小规模的湘军力量已经是无法与之抗衡了。曾国藩希望能形成一个联合的军事区来挫败太平军接下来的军事行动。皇帝同意了他的想法，为了方便他执行落实这一想法，任命他为整个军事区的总指挥。但是，整个计划太庞大又显得过于繁杂琐碎，因为他要解决可用的兵力有限、可用于内湖作战的战船数量不多的难题，一支庞大部队的维持必须由他在九江坐镇指挥，致使这个计划难以立即执行。[3]

5 月，罗泽南通过几次胜仗将太平军驱离鄱阳湖，赶入了浙江境内。

---

[1] 参见《家书》卷5，第2页。

[2] 参见《奏议》卷5，第27页。

[3] 湖北、安徽与江西三省也在军事区的计划之中。详情参见《奏议》卷5，第25页、第32～36页。

然而这一消息并没有给曾国藩带来太久的欣喜。在招募和管理新兵，尤其是在军队给养所需资金的问题上，他与巡抚发生了十分激烈的争执。为此，曾国藩一再变迁大营的位置，从南昌到鄱阳湖东的吴城，再到南康府。最终，曾国藩还是成功赶走了这位巡抚。[1]

为了消灭从江西进入浙江的太平军，罗泽南被浙江省要求率军进驻。但是，一支太平军由西进入江西义宁的消息迫使他终止了前往浙江的计划。因为经由义宁可抵达湖南的后门平江和浏阳。义宁的失守意味着江西省会南昌和湖南同时告急。故而，罗泽南只得将江西东部拱手相让，迅速回撤以解义宁之困。直到罗泽南在 8 月与太平军经过 3 天苦战之后，南昌才解除了来自西面义宁的威胁。而此时，在南康府的曾国藩无论与与九江的塔齐布，还是正在遭受来自西面威胁的南昌驻军都无法保持日常的联络。[2]

考虑到驻扎在德安的大部分正规军似乎没有起到应有的作用，曾国藩向朝廷提出了重组湖北军队的建议，以期能在未来赢得最终的胜利。在征得皇帝的允许后，杨载福受他的指派，返回湖南负责招募新兵的事宜。杨载福后来带着一批新造的战船抵达金口，配合胡林翼收复武汉三镇。[3] 就在曾国藩推动着整个计划缓慢进行之时，曾国藩的忧虑再次得到了印证。德安，这个汇集了湖北所有正规军的驻地落入了太平军之手。此时，满洲将军官文正担任总督一职。紧接着，对于曾国藩而言，更大的损失在江西出现了。塔齐布在围攻九江时不幸去世了。曾国藩只得让才能平平但值得信赖的周凤山前往九江，接手塔齐布的部队。[4]

---

[1] 详情参见《年谱》卷4，第7页。《奏议》卷5，第61页以后的内容里记录了曾国藩写于1855年7月25日那本有关巡抚的奏疏。

[2] 《年谱》卷4，第10～12页；《奏议》卷四，第6～13页。

[3] 参见《年谱》卷四，第11页。

[4] 参见《奏议》卷六，第1～3页。

朝廷的正规军从金陵出发，溯江而上，于8月成功夺回了上游约160里的产稻区芜湖。[1]随后，太平军在鄱阳湖湖口修筑的封锁要塞被困于内湖的水师成功捣毁。与长江的交通因此再次恢复了通畅。[2]

此时，新的叛军——捻军在广东和广西出现，并很快侵入湖南的东南部，对湖南、江西两省造成威胁。而且，他们有随时加入太平天国的可能性，更加大了他们已经带来的威胁。而湘西，又有来自湖北太平军的不怀好意。自三方面的威胁让湖南的官员恐慌不安。于是，皇帝收到了湖南巡抚要求罗泽南率军回湖南的提议。此举遭到了曾国藩的强烈反对。作为整体方案中最重要的部队之一，罗泽南的部队倘若离开义宁，撤出江西将对战局带来十分不利的影响。在他看来，对于捻军这种土匪，湖南巡抚完全可以自己解决。曾国藩认为可以考虑让罗泽南的部队前往武昌，以方便自己协助他驱逐湖北的太平军，收复武汉至湖口段的长江水域。他的这一想法得到了皇帝的认可。[3]

肃清鄱阳湖湖区太平军的工作在夏季到初秋的这段时间里，进展得非常顺利。然而就在刚要结束此项行动之时，得到翼王石达开增援，离开湖南的广东叛军便抵达了南昌南部的吉安府。由于罗泽南部进军湖北而难以支持的太平军湖北各部，在翼王的指挥下集结，并迅速侵占了江西西部数个城镇。1855年年末的时候，瑞州、临江、袁州和吉安四府的所有城镇都已经落入翼王石达开之手。[4]当时，翼王所部号称有10万之众。无论兵力还是作战素质，江西巡抚手中现有的正规军根本无法与太平军抗衡。曾国藩认为此时控制着从湖北进入江西通道的罗泽南可保南昌不会背腹受敌，故而，在南昌集结九江、湖口和湖区的所有部队以确

[1] 见《平定粤匪纪略》卷4，第15页。
[2] 参见《奏议》卷六，第14～18页；《平定粤匪纪略》卷4，第16页。
[3] 参见《奏议》卷六，第23～25页。
[4] 《奏议》卷6，第61～64页。

保省会的安全才是唯一的出路。这时候的曾国藩对外联系只能通过浙江，基本断了对外的联系。

1855年就这样结束在了一片黑暗之中。上游的武汉和九江被太平军占据，下游的金陵至金口之间的区域亦在太平军的控制中。而受困于南昌的曾国藩其实已与囚犯无异。驻扎在金口的湘军只能防止太平军侵入湖南，却无力展开攻击以解南昌困境。此时，石达开应当是在江西西部的某地，却非鄱阳湖之中。安徽境内的几次小胜利仍然无法消除整体局面不利的灰暗。对于清廷而言，倘若太平军拥有更加精明能干的领军人物，恐怕皇帝会坐不稳龙椅，惶惶不可终日。

第九章
太平天国内部的矛盾和清政府的失望

对外人来说，太平天国的事业似乎在 1855 年的下半年发展到了顶峰。然而，就组织内部看，成员间的相互猜疑和摩擦已经非常危险，给统一的太平天国的最终分裂埋下了伏笔，最终他们会失去东王、北王，而翼王石达开也会毅然率军出走，辗转于多地，与清军孤军作战，甚至远走到西藏。

那时候太平起义军基本掌握整个长江中游地区的各个军事要塞，可谓进展十分顺利。太平军在 1855 年差点儿被歼灭，但是他们死守九江和湖口两地，在同一时间分拨穿过安徽，并沿着长江而上，一路突破清军的堵截，直到江西城下。实际上，曾国藩手中即使加上新招募的兵力也少得可怜，远远比不上太平起义军的人数。到了第二年，由于东王杨秀清的高傲僭越和独断专行，太平军内部酝酿了许久的危机爆发了。众所周知，东王杨秀清自称可以“代天父传言”，主持拜上帝会事务，后来还自封为“天父”和“皇上帝”。在天京（今江苏南京），杨秀清借“天父附身下凡”一说，掌握军政，节制诸王，甚至逼使天王听从其命令，其谋权篡位的野心已昭然若揭。最后，他甚至要求做皇帝。[1]“要逼天王封其万岁。（“万岁”的字面意义是1万年，是皇帝的称号）那时权柄均在东王一人之手，不得不封，逼天王亲自到东王府封其万岁。北、翼两王不服，君臣不别，东欲专尊，后北与翼计杀东王。翼与北密议，杀东一人，杀其兄弟三人，除此以外，俱不得多杀。”[2]

故事讲到这里，我们先停下来看看当时清军方面的情况。清军集中火力在1856年年初攻打武汉，在其周边地区打赢了一些小战役。4月6日的战役中，清军干将罗泽南——仅次于曾国藩帐下的干将塔齐布，在武昌城下受了重伤，并于4月12日身亡。后来清政府依据他创下的功绩，追赐其巡抚官衔，[3]但武昌城在太平军占领了18个多月之后，才于当年年底落入清军的手中。[4]实际上，太平军是在他们的所有运粮通道都被官兵切断之后才突围逃走的。清军对武昌的围剿和进攻大概持续了将近1年的时间。虽然这回的胜利攻城看似成果很大，但是作为攻城战，并不壮观。

6月的时候，太平天国的部队给清军造成了空前的打击。金陵城外的一支部队从大营奔向镇江，计划解除那里官军的困境。东王看准这个机会，命令李秀成和其他将领率领其部下向南大营发起进攻。太平军向正规军发起了猛烈的攻击，发动了能够调动的全部部队联合作战，把对方化整为零，然后全部逼退到丹阳。[5]这次失败后，向荣让他的继任者和春收拢溃军，自己为了赎罪自杀身亡。余下的官军后来到新营地进行调整。由和春和张

[1] 此节的摘录与一般性记述，都取材自《忠王自述》第7页及以下。

[2] 《忠王自述》第8页。

[3] 《平定粤匪纪略》卷五，第3页下栏。

[4] 《平定粤匪纪略》，卷五，第20~21页。

[5] 《平定粤匪纪略》，卷八，第8页。一份很短的记述。官方的详细记述发表于1856年7月2日的《京报》。

国梁联合共同指挥部队，前者想要在这次严重的打击后重整官兵士气，为了不让部队闲着，他后来命令他们去攻打安徽以及江西的一些城池。

太平军在安徽的三河设立了司令部，而清军则把基地设在了庐州。和春决定发起决定性的进攻，他于9月17日亲自率军发起攻击，并一举击败了太平军，取得了行动的胜利。此次官军共击毙了5000多太平军，另外还有许多人被淹死在了河中。[1] 太平军另一处严守的基地是为天京提供补给的源头巢县，也于9月27日投向了清军，致使大量的军需物资落入清军手中。但从整个局势来看，官军离平定安徽还差得很远。在安庆有太平军守着，只是在几个特定地区有小股的官军能展开攻击。尽管如此这几个胜仗还是显得尤其重要，因为这表明部队中已经有了习惯于战争的官兵，清军的战斗力正在有所提升。[2]

太平军获胜以后，当年的早些日子，特别是在6月其彻底击溃清军的围攻以后，天京城内的将领们彼此的猜疑也达到了顶峰。反对东王的诸王们联合起来把他及其亲属们全部谋杀了。可是东王的死并没有改观当时的局势，原因是北王韦昌辉对石达开过于猜疑，并迫使其逃离天京。石达开到了宁国后，韦昌辉向其家人开刀，残忍地杀害了他们。紧接着，韦昌辉这个疯子毫无缘由地开始了无情杀戮，他不分男女老幼，大开杀戒，最终逼得天京的人们联合起来反抗他。他的头颅则成了血腥的战利品，被送到了宁国给了翼王。故而翼王回到了天京，准备在太平天国中任职。[3] 他在太平天国政府中荣获了很高的地位，可是他清楚地知道，天

[1] 《平定粤匪纪略》卷五，第13页下栏第14页上栏。

[2] 北伐军自从两年前第一次受阻于天津附近以来，被僧格林沁缓慢地逐步击退，在2月中旬与3月中旬之间被彻底打败。其勇敢的首领林凤翔被押解到北京处死。上海自1853年以来为三合会控制，也由江苏巡抚吉尔杭阿夺取。忠王在其《自述》第19页中提到稍后的一个时期时说，官军的勇敢正在增强。

[3] 《忠王自述》，第9页。

王还是更喜欢依靠其两个兄弟去统治天国。但是这两位仁兄和他们的那位“天神”兄弟是一样的，在政治理论以及军事管理上都没有什么水平，他们深信着老天爷会永远站在他们一边，对于石达开这位能力出众而且经验丰富的将领提出的任何明智的决策，他们都是拒绝的。于是石达开宁愿去没有洪家人猜疑的地方，远离天京继续他的斗争。[1]

当时辅佐太平天国的事业的两个有能力的人，其中一个是当时的国家的部长，后来被封为英王的陈玉成；另一个是太平天国后期唯一的柱石，也就是后来被称为忠王的李秀成。在广西的时候，李秀成作为一名列兵参加了太平军。1854 年在安徽作战的时候，跟随石达开。1856 年时，跟随太平军攻击清军，并将向荣所在部队赶到了丹阳。之后安徽的重要战斗由他奉命指挥，之后不长时间就被封为王。再后来就是他带领的部队成为了戈登的对手。此人尽职尽责，时刻保持头脑清醒，直到最后也是这样。他敢于向天王提那些明智的建议，他认为是由于洪仁玕的错误导致了这场运动的溃败。1895 年从香港回来的洪仁玕加入了太平天国以后，就操控了天王的想法，致使其余的文武官员没有办法提意见。这次运动失败的第二个原因依他看来，就是首领太过于依赖天神。

太平天国运动被 1856 年的这些内乱和调整大大地削弱了，其实只要清军能利用这一局势，战争就会很快地结束。但是正当太平天国内乱达到极限的时候，在金陵城外清军受到了严重的攻击，造成其士气低迷。而曾国藩又离得太远，被太平军重重围住，一步也离不开南昌城。难怪即使忠王在回想起那段生死攸关的时刻时，也会说是一只无法描述的天佑之手，把事情安排得对太平军很有帮助。它把清军的失败及其将领的死亡安排在前，把太平军将领间的决裂和天京事变安排在后。如果在前面发生天京之乱，那太平天国的全军覆灭和清军的大获全胜就在所难免了。

---

[1] 《忠王自述》，第 9 页。

就在这个时候东王被杀死了。这就是天意，如果向将军没有失败，而是仍然驻扎在孝陵卫，遇到太平军起内乱，那个时候趁其内乱，京城就不能保全很长时间了。但正好赶上向将军失败而错过了这场内乱，这是上天的安排，由不得人说了算。……在咸丰六年的时候（1856年）相互间内乱再起，……这个时候东王被杀死，之后北王又被杀死。北王被杀以后，安王、福王又逼着翼王逃走了。[1]

此外忠王还说，实际上在那个紧急的时刻，清军还有一个办法，那就是把太平军那些已经灰心失望的将领们劝降。那时候天王不相信所有的人，天京各自为政，任何人都不听其他人的，只相信自己的直系亲属。

那个时候每个人都有散开的想法，但是只是心想却都不敢擅自散开，原因是听说清朝的兵将，只要是捉住广西的人，一律斩头概不赦免。所以各自相互集结在一起，没敢散开。如果清朝早早地愿意赦免广西的人，那么太平军早就散了很长时间了。[2]

因此，无论原因是一些人在危急时刻的恐惧，还是在合适的时机没有采取适当的怀柔政策，或许还有部分原因是对罕见的时机毫无感知，还或许是因为京城没有一个目光远大的政治家，总之清军失去了这个转瞬即逝的机会，放任太平军在这两位能力卓然的领导人手中又一次奋发起来。也许，清军除了轻蔑太平军以外，没有其他的态度；也许在什么情况下，他们都不知道怀柔政策的好处。他们一直在文告中，把辱骂贬责太平军看成是应做的事情，然而却把官军将领的无能说成是致使太平军胜利的主要原因。

一份签署日期是1856年3月25日的圣旨很具有代表性。这份圣谕首先将效率低下的华中清军和已阻挡并击败太平军北伐队伍的蒙古部队

[1] 《忠王自述》，第17页。

[2] 《忠王自述》，第12页。

做了一番比较，然后说要加派一支蒙古部队去长江沿岸剿灭太平军，最后皇帝傲慢地吹牛："就那些山贼，一次剿灭不会很难。"[1] 只要圣旨是用这种浮夸的奚落来描述此次起义（虽然在写这些话的时候手都很可能是颤抖的），那清政府方面对太平军让步就毫无可能性。看到这样的情况，那些原本可能会间接投降的太平军官兵，就不会对归顺清政府后能获得什么宽宏大量抱有指望了。

此时，曾国藩及他所在的江西又是什么样的情况呢？1855 年年底的时候，他被困在了南昌，与外界的交通被切断，还拖欠了士兵们好几个月的薪饷。石达开却在来自广东的盟军的帮助下，掌控了江西的南部和东南部地区，另外湖区和东部的产茶区也被太平军占领了。1856 年的时候，当地 5 万多名反叛者在边钱会的旗帜下集结，秘密地加入了太平军。许多城镇被他们攻占，无数地区被践踏，这令曾国藩更加头疼。[2]

曾国藩向清皇帝上报了他对战局的部署，并提出一个防御性的建议：将其手下的兵力聚集到南昌；通城由罗泽南占据，以便守卫南昌及确保其与湘、鄂两地的交通顺畅；派遮克敦布去增援他的部队，用以守卫东北部的四府，那几个地方是唯一能给清军提供财政支持的。[3] 皇帝很不满意这种保守的对策，在两份圣旨里都提到：敌方的人数和攻击并不可怕，曾国藩应采取措施，不仅仅让江西处于防守之势，还要把失去的城池从敌方的手中抢回来。但朝廷仅仅是发了圣旨，却没有给其拨款。不过，值得庆幸的是采用了厘金税制，在 1855—1856 年期间，浙江、湖北和湖南三地的省级财政收入水平有所提高，而且厘金税制也正在四川、广东和广西等地推行。

---

[1] 摘自该日的《京报》，麦都思翻译。

[2] 《年谱》卷四，各处。

[3] 《奏议》卷六，第 56~63 页，1855 年 12 月 29 日签发的两篇；《年谱》卷四，第 18 页。

一日，出现了一件让曾国藩既惊又喜的事情，那就是彭玉麟来了南昌。他从衡州一路化装走来，大概赶了 800 里的路。[1] 他的到来对于曾国藩来说，简直就如下了一场及时雨。在军事方面，曾国藩并不是一个天才，他对从京城下达的上谕感到很无力。原因是他已经失去了几名很优秀的将领和水师的指挥官，其中有几名是离开了，还有几名已经离世了。一些攻击行动正在鄱阳湖地区展开，但当太平军围攻吉安的时候，曾国藩找不到能够去救援的队伍。

因此，那些满处找茬儿的御史们就开始斥责曾国藩在江西对军务管理得不到位，皇帝就此下诏责问曾国藩。曾国藩在 2 月 14 日回奏道，如果没有罗泽南和杨载福两人，他在江西彻底就被孤立了。本来他手里的兵力就不多，现在还这样分散，甚至于还要分出部分兵力去守卫湖北，所以压根就不够用。然而现在彭玉麟来了，稍后时间里他希望可以有所进展。同一时间，他又因为钱款不够，而被很多问题难住了，通过正常的财政渠道，他无法获得他手下 11000 人规模的军队所需的 6 万两银子。许多城池被太平军占领了，无法进行正常的税收，也无法卖官鬻爵，获取浙江的盐税那就更难了。可是曾国藩已关注到新出现的国内商贸和运输税，即所说的厘金[2]，是所有现存税收中最能获得财富的方法，他请求

---

[1] 《年谱》卷四，第 19 页。

[2] 厘金于1853年在扬州附近由一名叫雷以诚的高官开征，他用这项收入给在当地招募的兵源支饷。厘金的命名，是因“厘”字的意思是一两银子的千分之一，该税在理论上抽取千分之一。雷以诚的成功致使该税种被推广到其他地方。帕克在《中国》一书第一版第227页（第二版第245页）中声称该税种首先于1852年用于山东，没有成功。他还补充说，大约与此同时，湖北巡抚胡林翼在该省采用了该税种，此后于1854年，两江总督在运河以东推行，厘金得到逐步的推广。如果如同帕克所说，胡林翼在湖北采取了这种税制，应该是在1852年以后很久的事情，因为当年胡林翼尚未发达；如果1852年确实曾采用，那么当事者应该是另一位巡抚。我的材料取自《年谱》卷二，第17页上栏，其中有上述厘金首征情况的证据。如果如同帕克所说，厘金在两年前就开始施行了，曾国藩请求在江西推广厘金岂非多此一举！

政府把上海针对商品征收厘金的方法，推广到和上海通商的每个地区，并把税收所得到的钱款全部交给他，同时他还希望可以从上海的海关那里得到财政帮助。

上述的最后一项请求，由于牵涉过多，执行起来很困难。但皇帝的想法是既要马儿跑得快，又要马儿不吃草。于是他又不耐烦地下了一道圣旨，命曾国藩在和巡抚商量后尽快采取有效的方案。3 月 27 日，曾国藩回奏的只有无望的哭泣。位于南边的吉安失守了，显得湖区部队的新任将领周凤山很无能，基地樟树镇也丢了。尤其糟糕的是，曾国藩所部溃败后惊慌无措地逃到了南昌，在百姓中引发了惊慌情绪，致使百姓大量逃跑，城内人口数量大幅减少。[1] 然而后面还有更糟糕的，清军官兵弃守铅山和饶州，两地的守军直接撤到了南昌。这一连串的事件一方面要求曾国藩去安抚百姓，另一方面又要求他去收集周凤山所部。曾国藩期盼着来自湖南的支援，该省巡抚计划在零陵和平江之间、浏阳和万载之间打开两条通道。

曾国藩在和巡抚商量以后，上奏道，整个赣东和赣南地区都在太平军的手里，从广东来的土匪们已到了赣州，应该命两广总督想方法解救。他们一致认为，应该把罗泽南调回江西。当前财政问题是最急需解决的，他们希望能从上海海关得到 10 万两银子，还想要得到政府发给的空白官职证明，以便在江西能够卖官。[2] 假使曾国藩受到御史们的弹劾，那么皇帝或者其他那些知晓情况的人一定会关注到，他的部下只有 1 万多名士兵，且拿不到薪饷。但是他们要面对的是石达开和胡以晃这种能力出众的将领，那些人生存主要凭掠夺，而曾国藩作为朝廷官员，

[1] 《年谱》卷四，第 23 页。在遭到突发事件的威胁时，这种恐慌在中国的百姓中并不少见。这种事情在大多数战争行动中肯定是寻常可见。此事之所以值得特别一提，表明事态非常严重。

[2] 《奏议》卷七，第13页及以后，罗泽南此后不久在武昌去世。

是不能这样做的。故此他缺钱少人，孤苦伶仃。即使在这样的情况下，其他官员仍然没有积极应对他筹集钱财的努力。税收问题关系到外交，厘金能否管用也还尚有疑问，至于说湖南、湖北、安徽和江西几地的财政，还有其他方面的需求等着。皇帝让户部处理曾国藩对资金的请求，实际上就是否决了他的请求。但令人意想不到的是，曾国藩居然没有撂下担子隐退回家。

然而，救援的官兵开始赶到了。在曾国藩父亲的请求下，胡林翼命曾国华指挥的4000名湘军去救援。一个信差把派出援军的消息传达了出来，信函被他藏在蜡丸里带了过来。[1]，这支军队在瑞州逗留了一段日子，9月初的时候，他们和从湖北来的援兵一起，攻下了瑞州城。[2] 据说翼王石达开是太平军在那里的将领，曾国藩想要在瑞州城抓到他，但被他逃走了。[3]

曾国藩的部队在瑞州的战斗正盛正激烈的时候收复了南州和饶州，又一次打通了和湘、鄂两地的交通要道。6月6日，杨载福也率领湘军的新舰队来到了九江城下，带着新的舰队与曾国藩会师。[4] 可是却因为得到的情报他们又一次担忧起来，有依据说在南昌南面的四府，太平军正在修造船只，计划利用夏季暴发的洪水在内河和溪水中航行，从而直接攻打南昌。他们也确实攻过去了，但却被湘军的舰队击败了。[5] 这些支援的部队需要更多的财力做支持，这几乎把曾国藩和巡抚逼到了绝望的境地。因此他们向政府提出请求，从两个远离战场的北方省城——陕西和山西中每月拿出3万两银子，去供养瑞州那边的湘军和鄂军。

---

[1] 《年谱》卷四，第26页下栏、第27页。

[2] 《奏议》卷七，第40~45页；《年谱》卷四，第31页下栏、第32页。

[3] 《家书》卷五，第12页上栏。

[4] 《年谱》卷四，第28页。

[5] 《奏议》卷八，第1~10页；《年谱》卷四，第30页。

跟着，曾国藩又遭受了新的挫折。此时他已经离开南昌正打算去瑞州视察部队，忽然听说在赣东围攻抚州的部队受到了重创。这个队伍曾经多次发动进攻，和太平军进行了 52 次交锋，尚未有过失败。抚州是战略要地之一，沿湖的饶州的安全和通往浙江广信道路的安全，都要靠这座城池去守护，而且其位于补给线的必经之路上。城中的太平军在 10 月 15 日开始发动突围攻击，在救援部队的协助下，他们成功击败了清军，并一举端掉了清军的大本营。清军惊慌无措，向南昌逃去。再一次给那里带去了恐慌，也给赣西的广信和建昌造成了相当大的震荡。于是曾国藩被迫回到南昌，去安抚百姓，并对广信采取必要的措施进行防守。

建昌的太平军在 11 月 22 日攻击清军的营地，福建的清军不得不越过省界进行撤离。[1] 大概在同一时间，皇帝的圣旨到了，质问曾国藩为什么在应该收到胜利消息的时候却收到了失败的消息。既然石达开人在江西，为什么不劝其归顺朝廷呢？他命曾国藩想方设法，尽其所能尽快打败石达开，希望再一次收到上奏的时候是已经收复了这座城池。如果再一次失败了，即使没有呵斥或惩处，也一定会让曾国藩和巡抚没有脸面再见江西的百姓们。[2]

这个时候的确发生了一两件事，虽然并不能直接预测出胜利，但能说明非常重要的问题。一件是袁州告捷，11 月 26 日，清军攻下了这个城池。但更为重要的是另一件事：周凤山从湖南带回了江西更多的新军，曾国藩的弟弟曾国荃也在那个时候来到了这里。他们在安福打了一个胜

---

[1] 《年谱》卷四，第27页上栏。

[2] 《年谱》卷四，第27页上栏；《奏议》卷四，第4页及第5页上栏。这明显是不公平的。曾国藩无法集结超过20000名或25000名的总兵力，去对付聪明的石达开所率领的三到四倍的兵力。何况许多湘军在武昌协助围攻。太平军距离其基地不远，大部分靠抢掠为生。皇帝也疏忽了对财政援助的千呼万唤，或者无法将钱送达，但他仍然要求看到成果。对于失败，皇帝与体制的责任比曾国藩更大。

仗后，接着逼临吉安。曾国荃展现出了很强的军事才能，给后来他被选去围攻安庆和金陵打下了基础。[1]

曾国藩在上奏给皇帝的官文中，耐性而又圆滑地回复了朝廷的谴责，小心翼翼地解释了他身处的局势。站在军事的角度来看，南部的赣州远在省会的千里之外，应该在广东地区进行防御。而建昌一战的失败令福建官兵深受打击，由于他们的撤退，致使曾国藩在那个区域的兵力处于真空的状态。他死守着赣西的战略要地——瑞州，因为这里控制着通往湖南和湖北的交通。结尾，曾国藩提及了石达开，在前段日子，他一直密切注意着这个人的举动，他发现其曾有一段时间里牢牢地掌控着皖南地区，而现在他又抓着瑞州、临江、抚州、吉安和九江等地不肯松手。如果有人建议将他劝降，首先要核实他是不是真心实意，可以考虑先让他交出他掌握的一两个城池。[2]

皇帝高兴地接受了他的这些解释。皇帝还依据湖南巡抚的提议，允许在曾国藩的家乡湘县把秀才的数额从 15 人增加到 18 人，武秀才的名额也从 12 人增加到 15 人。这是象征性地给予了曾国藩表面的荣耀。[3] 因为这个难得的荣耀，大家就认为其在这以前遭受的非难得到了补偿。

现在看来，1856 年已经过去了。如果说此时是一段阴暗的时期，那它仍然存在着一些充满希望的成分。清军在 1856 年 12 月 19 日收复了武昌。[4] 曾国藩镇守在瑞州，这里是战略要地。同时曾国荃和周凤山率军一起向吉安进行围攻。太平军在金陵也遭到了官兵的胁制。这是一个形势严峻、危机四伏的年代，好在援兵及时赶来。在占领武昌城以后，清

[1] 《年谱》卷四，第37页下栏。

[2] 《奏议》卷八，第72~79页；卷四，第1~25页，尤其是第4~7页，直接回答了斥责。

[3] 《年谱》卷四，第38页下栏。

[4] 《年谱》卷四，第39页上栏；《平定粤匪纪略》卷五，第20页及以下。

军的陆战军和水战部队都能空出手来，于是沿江顺流而下，1857 年 1 月 13 日在九江城外，曾国藩与他们顺利会合。当时杨载福带来 400 艘战船，鲍超手里握有 3600 名士兵，李续宾手下也有 8000 名士兵，再把瑞州和曾国藩手下南昌及其附近区域的官兵，加在一起总数在 6 万左右，这还没算上吉安地区的官兵和来自粤、闽两省的部队。（这个估计取自《奏议》卷四，第 38 页上栏，其中人数不包括新到的 5 万人，或者大约 6 万人的总数）

在 1、2 月的时候，清军又从太平军手中抢回并收复了一些城池。但在某些地区，太平军的实力仍然很强大，尤其是在湖北边界地区，再就是鄱阳湖东面的饶州和贵溪两地。[1] 曾国藩父亲去世的噩耗传来时，正是他觉得可以开始按其部署向下游进军的时候。这一变故令他马上离任回家，他向朝廷请求把湘军的指挥权交给杨载福和彭玉麟。3 月 16 日也就是在曾国藩和曾国华接到噩耗的 10 天后，两兄弟出发回了家，曾国荃也从吉安回老家去了。皇帝给了曾国藩 3 个月的假期，同意了他对陆军和水师指挥权的部署。后来又延长了他的假期，并命湖北的官文和胡林翼以及江西的文俊负责财政相关事宜。

可是事情在曾国藩离任之后，并没有向好的方向发展。皇帝催他重新掌管湘军的指挥权，但曾国藩却偏偏请求延长假期。最后他们达成一致：一旦江西出现危机，曾国藩就随时待命准备出发。短时的离任让曾国藩能够有时间去思索，是什么原因导致他付出了那么多的努力，却还没有成功。[2] 第一是，尽管他拥有内阁官员的等级，也拥有总指挥的官衔，但他实际的权力还没有省提督的大。然后就是，不管哪种性质的财政收入，都必须经过官员之手。曾国藩只是一个客人，无权干涉任何与

[1] 《年谱》卷四，第40页下栏、第41页上栏。

[2] 《年谱》卷五，第5页下栏第6页上栏；《奏议》卷四，第33~37页。

财政有关的事宜，也没有办法把其用于军队。这么看来，为了获取必需的资金，他的烦恼将永无止境。最后还有就是，虽然他的四个头衔曾经级别都很高，但都没能足够明确地在官兵的头脑里形成威慑印象。人们并没有重视用他官印签发的任命和指令。（ 1853 年在湖南的官印：前礼部侍郎钦命办理团练乡民搜查土匪事务印。下一个官印于 1854 年采用，上面的字样为：前礼部侍郎钦命办理军务印。1855 年 2 月，启用了另一个官印，所刻字样为：钦派兵部侍郎前礼部侍郎印。最后一个官印所刻字样为：兵部侍郎印。举例来说，在任命周凤山的时候，官员都怀疑委任状盖上这样的官印是否有效）

湘、鄂两地的清军官兵在 1857 年联手，极力把太平军驱逐出湖北的江北地带，一直追击到九江城下，胡林翼所在部队还参加了对九江城的进攻。[1] 清军在 10 月 18 日攻占了湖口。这样一来，清军就彻底控制鄱阳湖的入口。从 1855 年 1 月以后，湘军的内湖与外江的水师就被太平军分开了，现在终于再次会合。[2] 打通这个路线之后，杨载福率领舰队顺江而下，目标是太平军掌控的地区。他们进行了一次示威性的航行，一直到达安庆城的下面。可是他们并没有向安庆进攻，而是从那里继续向下航行了很远，直到与从定海而来的海上舰队相遇。那些海上舰队上的官兵对于看到湘军小船从上游而来感到万分惊讶。原因是这些小船从故乡经历如此之遥远路程航行到面前，对他们来说简直就是不可能的。在完成这场浩大的巡演后，湘军舰队就回到了长江上游。但这次巡演的价值非同一般，至少显示出在这一阶段，清军的舰队有能力在整个长江下游随意往返，可以在太平天国的中心地带进退自如。[3]

[1] 《年谱》卷五，第7页下栏。

[2] 《年谱》卷五，第7页下栏。官军前次在湖口的胜利只是暂时的。

[3] 《年谱》卷五，第8页。

在赣南地区，围绕着吉安展开的战争很久都没有结果。但周凤山的队伍在这年夏天的时候被打败了。曾国荃的部队在这次战事中表现得十分骁勇，并且在向安福撤退的过程中，井然有序。考虑到这些，巡抚再一次重新委派曾国荃去做那里的战事指挥。等到年底的时候，曾国荃抵达了安福。

石达开在离开了一阶段以后，在 1858 年 1 月又一次进入江西。他率领部下向湖口发起进攻，但遭到湖口守将李续宜的顽强抵抗。在这之后，李续宜穿过饶州和抚州，迅速逼近吉安，集结了一切能调配的清军兵力。在一个叫作三曲滩的小地方，石达开战败[1]，被迫从江西撤离。湘军在 1858 年 1 月 22 日收复了临江。从那以后，整个赣西地区，太平军手里只剩下吉安和九江两地。清军已经打通了到福建的交通路线。[2]

1857 年，太平天国的起义事业在江西以外的区域没取得什么进展。其中部分原因是石达开没在江西和其他的地方；还有部分原因是天王家人手中掌握着京城大多的领导权，而他们均是无能之辈。但是安徽的太平军非常踊跃，而且从河南来的捻军与他们在这里会师。这就造成钦差大臣胜保和将领袁甲三为了确保安全，必须在河南和安徽的边界地区维持一支庞大的队伍。在金陵附近地区也发生了一些战事，也是清军取得了胜利。和春克在 12 月 27 日收复了扬州，而同一期间，德兴阿攻占了瓜州，张国梁收回了镇江。这些都是让清廷感到满意的战绩。

这一阶段取得的胜利确实使人振奋，可是对曾国藩准备再次出山的现状而言，他急需的是一个更有力的途径，去改变过去那种随机为他的军队提供军饷的局面。他再一次尽力说服朝廷，他面前的各类障碍在每

[1] 《年谱》卷五，第9页。

[2] 此节中谈到的湖南军队是楚军而非湘军，其组建方式相同。在8月17日与9月20日之间，他们攻克了长久围攻的瑞州，接着前往临江府。

个紧要关头都会羁绊他的行动。他建议成立专门负责为他的部队筹备必需的粮饷和供给的机构，使他不用担心有后顾之忧，可以全身心扑在军务上。另外应设专人统一指挥该机构，并应该在湖南、湖北和江西三地成立其分支机构。他还推举了一些人才给这一机构筛选。曾国藩还可以自己去筹措这个机构提供不了的一些事物。[1]1858 年阴历三月的时候，他的这个建议得到了清廷户部的同意，这个机构成立了以后作用非常有效，但还是不能彻底解决为获得充足的供给而遇到的困难。

[1] 《年谱》卷五，第9页下栏第10页上栏。

第十章

挺进安徽

1858 年，太平天国战争的转折点来到了。湘军在稳占江西后，很快看到了围攻安庆的希望，只要消灭金陵外围的据点，就能重新形成对那里的合围。

如果太平天国没有发生内乱，尽管就未来的局势看，清军的几次攻击就能将其击垮，但是，目前其败迹仍未显现出来。这时候，太平军的将领都分别镇守在安徽、江西和福建的前线上。

尽管金陵王朝的机构和领袖集团的质量正在下降，但是幸运的是，原来一些没有显山露水的能人在太平天国后期逐渐成长为天国的柱石。在这些人中尤为突出的就是后来的忠王李成秀，如果纯就其《自述》所言，他应该是太平天国唯一的勇敢而坦诚的官员。他原来曾经是广西的一个普通士兵，加入太平军后，他与凭借天启等宗教手段招摇撞骗的东王不同，完全是靠自己卓越的军事才华和英勇的奋战而升职到太平天国最高的官位的，并且在这个关键时刻作为运动的领袖走上了历史舞台。

天王洪秀全难得的于1855年农历一月（2月14日—3月14日）期间清醒了一阵儿，在此期间，他对天国的国事进行了思考，并发布了一篇公告。——公告中记录了满人的阴谋篡位及对未来天国胜利的展望，鼓励大家只要坚持下去就一定能够胜利。并且新分封了7位王爷，分别是英王陈玉成（同样是一位靠自己才能升迁的很有头脑的领导），豫王胡以晃，赞王蒙得恩，护王杨辅清，忠王李秀成，侍王李世贤，章王林绍章。[1]

由此可见，如果天王能够听从有益的劝告，理智清醒地看待问题，太平天国还是有很大的获胜机会的。然而他们的致命弱点是，天王已经陷入了宗教的狂热，他只相信他所宣称的神力并更依赖于宗教的治国方式。[2]

石达开于1858年4月20日率领一支7万多人的军队进攻浙江，扩大了战局。他率军攻占了江西附近地区的一些县城[3]，给浙江省造成了极大的恐慌。不过清军取得的一场胜利，给浙江省的灾难解了围。由杨载福、李续宜和彭玉麟率领的水陆联军于5月19日攻克了九江，这里曾被太平军占据了3年之久。清军在从炸毁的城墙缺口攻入九江城后，进行了可怕的屠杀，1.7万名太平军被屠杀殆尽，城区陷落。[4]

由于在多个战区上的失利，太平军沿长江而下支援困境中的天京的计划未能实现。尤其是率部穿越安徽奔袭湖北的英王陈玉成的失利，胜保、胡林翼和其他将领联合起来，成功地在湖北的麻城抵制了他的进攻，他不得不回撤安徽太湖，被迫率军停留在滁州。后来他派一名部将驻守

---

[1] 参见《发贼乱志》第48~55页。此书只列出了姓氏，每人的全名都是依据其他资料所列。《忠王自述》说这些变化发生于1859年，但签署了日期的文件似乎更加可靠。

[2] 《忠王自述》第26页及以后。

[3] 参见《年谱》卷五，第11页下栏。《奏议》卷十，第15页下栏及16页上栏谈到后来的行动，指出英王所率领的部队人数为7万—8万。后来的奏稿与其他资料却说有20万之多。

[4] 《年谱》卷五，第11页下栏。

（很快，他们也被迫撤离了），孤身前往天京。最终，金陵未能等到任何援军。

太平军将领在1850年10月的安徽枞阳，召开了一次军事会议，英王和忠王反攻滁州的行动建议得到一致通过，并且取得了非常大的成功。他们分别在乌衣地区战胜了德兴阿和胜保派来的清军，在小店地区击溃了张国梁的军队，并乘胜追击直到其退守到金陵对面的浦口（即德兴阿的驻地）。德兴在遭遇中遭受到失利，损失了1万多清军，太平军再次打通了通向国都的要道。[1]

但是对清廷来说，这里的失败远远不如奏报上更令他们紧张急迫的浙江的战事。当时，石达开正率军在浙江大杀四方，而和春将军却身染重病，不能和部队一起退离金陵。清廷在这之前的7月1日，就发出重新启用曾国藩的谕令，令他火速赶往浙江赴任，同时，他的许多部众也接到了从江西赶赴浙江的命令。

曾国藩10月5日通过巡抚骆秉章上报朝廷道：由于浙江遍布水道，需要大量的战船。战船，可以通过杨载福和彭玉麟合作来完成，也可以由曾国藩率陆军在长沙那里组建一支舰队，还可以从长江上游派船接上曾国藩的陆军经由太湖，开往浙江。清政府同意了曾国藩的请求，命令湖北也像湖南那样每月支付2万两经费给曾国藩所率领的部队。[2]

曾国藩于7月17日按照原来的打算出发，并于27日到达长沙，与巡抚和左宗棠进行了大约10天的会晤和磋商。他命令几支清军经由抚州进军浙江，而他则顺着长江直下武昌去见在那里的老朋友胡林翼。胡林翼承诺为他的这个扩充的军队提供支持，并为他提供充足粮草。在沿长

[1] 参见《平定粤匪纪略》卷七各处可见；《忠王自述》，第19~22页。

[2] 参见《年谱》卷五，第12页及以下。一名普通士兵一天的薪酬为一两的14%，而苦力的薪酬则为一两的1%，《年谱》，第17页上栏。

江而下的进程中，曾国藩暂时停留在了一个叫巴河的小地方，在那里会见了自己的弟弟曾国华，以及李续宾、李续宜、彭玉麟，还有很多级别较低的将领，并且确立了他的新军的营制。然后暂停九江，在塔齐布的祠堂里举行了祭奠仪式。按照曾国藩的规划，由李鸿章的兄长李瀚章负责清军建立在湖口的粮草收支供给平台。[1]

此时，传来石达开并未占领浙江的城市的消息，原来他攻打后即率军穿过浙江和福建而去。现在石达开的军队把福建扰得比浙江还要严重，上谕令从南昌向浙江进发的曾国藩取消原来的计划，驰援福建。曾国藩迅速地调整了原来的作战计划，将江西最东的铅山县调整为他的大本营。[2]

清军对吉安的持久围攻终于在1858年的农历八月取得了最终胜利。战斗的胜利为曾国藩的弟弟曾国荃迎来了声望，他所率领的清军，在战斗中用勇猛的作战和顽强的意志把太平军驱逐出了江西，他也因此得到了道台的任命。[3]相比自己闻名于世的兄长，曾国荃年轻不少，所以他可以有更多的选择，1841年至1842年间，他曾经在曾国藩北京的家里度过一段学习时光，那时，曾国藩曾经因为他不够勤奋而且固执顽劣而非常恼火。[4]1845年，他科考中了秀才。正如我们记忆中的那样，曾国藩曾经在第一次落败后的那段困苦的时间里，命令长沙的弟弟曾国潢回家，代他传达所有弟弟都不得再从军的戒令。曾国荃对此命令非常生气，他赋闲在家，直到1856年黄冕遇见了曾国荃，对他的能力非常钦佩。其时黄冕奉命前去收复吉安，并出任吉安知府，于是就拉着曾国荃与其一同赴任。他很快组建了自己的队伍——“吉字营”，这是一支通过招募而来

---

[1] 参见《年谱》卷五，第14页上栏及第15页；《奏议》卷十，第14~17页。

[2] 参见《年谱》卷五，第16页；《奏议》卷十，第20页。

[3] 参见《年谱》卷五，第18页上栏。

[4] 《家书》，1842年9月5日。

的多达3000人的队伍。在为父守丧期间，由于他在部队中至关重要的作用，朝廷于1857年阴历五月（即5月23日至6月22日之间）破例召用他赶赴已被石达开从吉安驱逐到了安福的部队前线。随着他的到来，队伍士气大振，他们于农历十一月的吉水县，抵御了十万强敌的进攻[1]。作为收复吉安一战的胜利者，他无疑成为清军中最耀眼的将星之一。

然而，相对于江西的暂时缓解，抚州、建昌、饶州和广信各府的居民正处于日夜担忧中，其时，正有十万之众的太平军从福建的邵武越过边界逐渐逼近。在这种危难关头，曾国藩决定死守江西，他匆忙赶赴弋阳，部署了周边地区的兵力。这个决定的重要性，我们可以从地图上一眼得知。省会南昌的地理方位，决定了从其出发的军队，可以像扇面一样辐射北、东北、东、东南、南、西南等多个地区。沿着这些路线，清军向北可以进军到鄱阳湖和湖口的长江，向东北经饶州可以进军到金陵和海滨，向正东经广信能进军浙江，向东南经抚州和建昌能到达福建，向南经吉安和赣州能进军广东。而南昌可从多路到达西面的湖南、湖北两省，这是两个省市新军的人员补充和粮草补给的根据地。所以，这个至关重要的战略要地，绝对不能被敌人攻占，更何况现在的对手是石达开的手下，石达开也正率大军主力紧随其后。

这时，不算曾国藩弟弟的部众，他大约统率着12000人。曾国藩于11月中旬迁到建昌大营，在那里安顿了下来。然而军营里爆发了传染病，部队损失了1000多名官兵，连续的大雨也让他无法从山路增援福建。幸好，曾国荃和李瀚章增援的部队使他的兵力能够恢复到原来的程度。曾国荃到福建的官兵人数其实不是很多，他已移师至湖南边界去保卫家乡。[2]

---

[1] 参见《大事记》卷二，第2页上栏。

[2] 参见《年谱》卷五，第19页及其以后；《奏议》卷十，第37~41页。

战争的中心，如今已转移到了安徽，太平军在那里获得了令人注意的成果。虽然清军在早些时候，在李续宾的统领下（曾国藩的弟弟曾国华也参见了此次战斗），先后收复了黄梅、宿松、太湖、潜山、石牌、桐城和舒城，并对三河展开了围攻。然而，正如上文所说，太平军在肃清金陵周边的清军之后，现在来驱赶安徽西边的清军了。湘军于11月16日进攻了英王的部队，正在英王所部招架不住时，忠王率军出现救英王于危难，湘军在双重夹击下，打击沉重，几近完全溃败。包括曾国华在内的6000名精锐湖南兵勇阵亡，清军的指挥官李续宾不能承受战败的耻辱，自绝于阵前。残余的军队和围攻安庆的都兴阿所率领的部队一起逃到了湖北。徒有其表的桐城防御力量、三河的溃败以及随之而来的低落的士气，给鄂皖边界带来了极大的混乱。[1]

太平军乘胜追击，大量涌入江西，兵临景德镇城下，面对众多的太平军，该省毫无拒敌之力。[2] 江西省南部的地区也出现了小股太平军。由于惧怕太平军从安徽向湖南攻入自己的辖区，湖南巡抚骆秉章奏请清廷将曾国藩调至安徽，在安徽集结兵力。这一建议一定程度上减少了三河惨败对清军的破坏性影响。

接到上谕的曾国藩在回奏朝廷时指出：婺源和景德镇在战斗中具有非常重要的战略价值，如果太平军占据了这两个城市，他们就可以顺利地攻占江西的饶州和广信、皖南的徽州和浙江的衢州四府，所以为避免官军在这几个地方陷入困境，必须采取防御措施。其中景德镇是控制鄱阳湖和湖口的关键之所在，而巢湖背面的庐州、凤阳和淮河地带的重要性也不言而喻，太平军占有着重要据点的巢湖以南也是战略要地。由于

[1] 《忠王自述》第22页及以后；《年谱》卷五，第20页；《发贼乱志》，第55页及以后。后者说太平军的人数为18万。《平定粤匪纪略》说官军人数约为太平军人数的1/20。

[2] 参见《年谱》卷五，第21页下栏；《奏议》卷十，第32页及以后。

他不能分兵，所以曾国藩认为最好将都兴阿、李续宜和鲍超统率的3万兵力安排在安徽的江北，由杨载福和彭玉麟指挥另外一万人。[1] 在曾国藩看来，在巡抚守卫好太平军主力没有出现的江西南部的同时，他将可以将江西的北部置于自己的掌控之下。随后，他又建言皇帝派遣3000名规模的蒙古骑兵去皖北剿灭捻军。

基于景德镇在新作战方案中的核心地位，1859年1月，被曾国藩召回的张运兰率所部奔赴景德镇。虽然清军在随后的几次战斗中都取得了胜利，但是他们必须等到平江勇率援军到来，才有足够的实力将该城攻克。[2] 在萧启江的顽强抵御下，石达开仅剩的一支位于赣南的队伍，被驱逐出去，萧启江在2月与3月期间，分别将南康县和南安的入侵者击溃。但是该省巡抚又不得不把萧启江召回参与防御，因为石达开的部队入侵了湖南。[3]

由于已无法再继续执行进入福建的作战方案，曾国藩迁移到抚州驻扎，期间派人到湖南招募新兵。5月份的时候，抚州的新兵人数达到了4000，曾国荃也率所部赶来汇合。随后，率其全部兵力进军景德镇，兵力人数达到5800人，随军一同前往的包括李鸿章。汇合了新生力量后，清军终于积蓄了攻克景德镇的力量，1859年7月13日，经过艰苦卓绝的奋战，清军迫使太平军退守安徽，占领了景德镇。[4]

4月11日，在湖南的石达开率军穿越了几个县后攻克了永州府，围攻了宝庆，该省的官民陷入惊慌中。在民众的传说中，石达开大军兵力有几十万，百里连营，唯恐长沙变成石达开之后袭击目标的官兵们，联

---

[1] 1859年2月13日的奏疏；《奏议》卷十，第41~44页。

[2] 参见《年谱》卷五，第22页下栏；《奏议》卷十，第61~64页。

[3] 参见《年谱》卷六，第3页；《奏议》卷十，第57~60页、第69~71页。

[4] 参见《奏议》卷十一，第1~2页。

合乡绅百姓，提前做好了防御其进攻的工事。[1] 接到命令后，湘军出动了包括正规军、勇队和团丁在内的全部力量，从鄂皖边界和江西驰援宝庆。[2]7 月 26 日，翼王石达开在经历了和清军的多日鏖战后，败在了城内被围守军和临时集结的队伍的相互夹攻之下。太平军在短暂思考后，将广西定为了自己的撤退方向。[3]

曾国藩的部队也受到了湖南兵情危急的影响。对曾国藩所部的很多官兵来说，石达开骚扰的区域，正是他们的家乡，面临这种情况，官兵们纷纷想要离开部队回到家乡，为防止湘军的彻底溃散，曾国藩采取了诸多措施来稳定军心。

省内的官员也十分担心石达开退守四川，将四川作为独立王国经营，这样会将四川从中国的其他省份剥离开来，并且会使湖广处于北部有捻军，东部诸省有太平军，西部有石达开的包围之中。为防止石达开这样的劲敌真的采取这一对策，由湖广总督向皇帝奏报，请求派遣曾国藩率军前往三峡入口的夔州府，预防石达开入川。[4]

接到上谕的曾国藩认为，让他率军赶赴四川的命令不太合理。他回奏道，作为一个富裕的大省，四川有能力建立起自己的防御力量，保护自身边界的安全，他还提请清廷注意，他的部队人数不足。不过上谕一个又一个接连来了四道，曾国藩被迫部分地服从了接连到来的命令。他

[1] 《发贼乱志》第59页；《平定粤匪纪略》卷八，第11页下栏。

[2] 《年谱》卷六，第4页下栏；《平定粤匪纪略》卷八，第6页及以后。估计为3万人对付30万人，但是令人怀疑。

[3] 《平定粤匪纪略》卷八，第11~13页、第15页、第17页下栏、第18页；《发贼乱志》第60页。在当时，百姓中盛传着一个神奇的故事（具有许多这类故事的特点，在攻城期间，一个巨神坐在城墙上，在河水中清洗双足，吓得太平军落荒而逃了。而那个巨神就是战神关帝的弟弟张飞，现在当地建了一座庙来纪念他）。

[4] 《年谱》卷六，第6页下栏。

为此前往湖北与官文和胡林翼共同商讨此事，不过并没有从江西撤军。[1]

尽管曾国藩在赶赴武昌的路上又收取了一道取消其奔赴四川的谕令（期间他曾与胡林翼停留在黄州进行过商讨），但是他和总督就此情势进行了商讨。根据他们的共同判断：如果石达开从贵州翻山越岭到四川，对于这样大规模的部队来说，在山区地带的部队给养是非常大的问题，而且如果石达开真的进军四川，将会处于远离其他太平军孤军作战的境地，所以石达开不可能直接从贵州到四川。[2] 即使曾国藩等人估算错误，相对安徽所处的险恶处境来说，石达开在四川所造成的威胁也远远不及了。他们认为，安徽的军情已经恶化到无以复加的地步了，安徽的土地荒废，百姓流离转徙，田地非旱即涝，而且两支分别由翁同龢与胜保所统率的部队又由于距离遥远无法会师。虽然一年前李续宾因为兵力不足而战败了，但是他当年制定的从湖北边界发动攻势的方案，其实是目前唯一可行的方案。

曾国藩和胡林翼在由武昌返回的途中商定了方案的细节部分：清军从南北两面各兵分两路进军。南面由曾国藩指挥一支军队，经宿松和石牌进军安庆，另一路由多隆阿和鲍超率军经太湖和潜山进军桐城。北面由胡林翼率领一路军队，经英山和霍山进军舒城，由李续宜率领另一路军，经商城和六安向庐州逼近。但是必须等到萧启江和张运兰这两支部队从湖南重返前线，计划才能真正实施。[3]

虽然胡林翼和曾国藩率军按照原计划抵达了他们的目的地，但是太平军的英王这时和两位捻军首领张乐行以及龚瞎子结成了同盟，掌握了十万之多的军队，在太湖和潜山地区阻击了多隆阿和鲍超的军队。曾国

[1] 7月28日、7月31日、8月2日与8月10日接到的上谕。《奏议》卷六，第16~19页。

[2] 《年谱》卷十一，第10页上栏；《奏议》卷六，第22~24页。

[3] 《奏议》卷十一，第22页，曾国藩也以健康状况为由请求离开。

藩和胡林翼急忙率军驰援，2 月 16 日和 17 日，双方军队在小池遭遇并发生了战斗，最终清军击败了太平军。官军随即攻占了太湖和潜山，并且抵达了行军的最终目的地。[1]

袁甲三奉命作为镇压淮河沿岸的钦差大臣，在该省的北部对捻军发动攻击，占领了临淮关和凤阳县，大胜捻军。[2] 一支来自江西的湘军，也于 2 月 14 日占领了建德这个太平军在皖南的老根据地。以上的胜利，大大地振奋了朝野，并期待着能取得进一步的战果。

但是在如此关键的时候，曾国藩企盼已久的援军却被派往西部了：萧启江得到了一份令其率领旗下 5000 人赶赴四川的上谕，无法从湖南增援安徽了。借助此事，我们可以进一步了解，为什么太平天国运动需要如此长的时间才能平息下去，因为皇帝及其周边的谋臣们只顾眼前的利益，只奉行短期有效的原则。[3]

清廷不舍得增派援军的后果，在 2 月底终于显现了出来。在皖南清军遭遇了一系列败仗，宁国和徽州的 6 个县落入太平军之手。[4]3 月 19 日，太平军在借此时机打开了一条可以由金陵直通浙江、兵临杭州的通道后，攻下了杭州这座富庶的城市。尽管在满城的拼死抵抗，以及 24 日抵达的金陵附近的官兵的援助下，官军于 25 日终于收复了该城，但是大半个杭州城以及上万人的性命都被蔓延的大火夺走了。[5] 借助这个时机，全速返回天京的忠王，会同其他将领议事之后，在 3 月 28 日围攻了和春

---

[1] 《年谱》卷六，第13页；《平定粤匪纪略》卷九，第1~2页。

[2] 《平定粤匪纪略》卷九，第3页。

[3] 《年谱》卷六，第14页上栏。从各种资料中获得的整体印象是：石达开仍然在湖南与广东地区，但《发贼乱志》第62页声称他已进入四川，这更加符合逻辑。

[4] 参见《年谱》卷六，第14页；《平定粤匪纪略》卷九，第4~10页，各处可见。

[5] 《平定粤匪纪略》卷九，第10页上栏；《发贼乱志》第63页；《忠王自述》第29页。最后一份资料记录了攻占杭州纯粹偶然，太平军的目的只是为了将官军从天京引开。当张玉良率领大部队赶来时，他在故意炫耀武力之后便带着他的1250人撤走了。

和张国梁，将其逼退到丹阳，金陵的压力又一次被缓解了。[1]

这真是一条妙计，忠王将清军的主力部队调到了杭州，然后联合天京的所有太平军向清军发动了进攻，终于尝到了甘甜的胜利的果实。假如曾国藩有足够的兵力，那么他就有能力放弃原来那种将敌人彻底驱逐才能小心翼翼推进的保守策略；假如忠王佯攻杭州的圈套没能迷惑住金陵的官兵，那么太平军的计谋就不可能得逞。然而由于官军的大多数补给都要依赖这个富庶的省份（还有江苏），所以官军不可能不为忠王的佯攻而感到恐慌。并且，他们其实一直没能充分了解这个集结后占有压倒性兵力优势的敌人。

为此事震怒的北京政府，下了一道要曾国藩马上赶赴金陵的命令。但是，曾国藩拒绝了这个指令，举荐了当时与其待在一起的左宗棠去担此重任。[2] 因为兵力不足，他不想在攻克安庆、牢牢掌握安徽的控制权之前盲目地向前发动攻击。1854 年，左宗棠在曾国藩第一次失败后的那段痛苦的日子里，曾为了帮助王鑫，擅自修改了曾国藩传阅给他的一份给皇帝奏疏的草稿。曾国藩曾对此大为光火，不过据说，后来在胡林翼的调停下，曾国藩已经将左宗棠看作最有潜力的人物之一了。所以，在这个关键时期，曾国藩将头脑清晰、才华出众、意志坚强的左宗棠作为一支重要部队的总指挥举荐给了朝廷。而在皇帝的旨意到达之前，他就对左宗棠回湖南组建新军一事进行了商议。很快，左宗棠就得到了授命，从此他作为那个时代历史舞台上最光芒万丈的人物之一，开始投身于他未来功勋卓著的事业。

在家人被天王扣押为人质的处境下，忠王被迫遵循天王不能违抗的

[1] 参见《忠王自述》第31页及以后；《平定粤匪纪略》卷九，第14页。

[2] 《年谱》卷六，第16页；《奏议》卷十一及以后（日期为6月2日）。

强令，向东进攻，攻打常州和苏州。[1]他的进攻势如破竹。他先是通过对丹阳的官军军营的进攻，成功地逼得敌人陷入不可逃脱的绝境。张国梁的一万部众被全部消灭，他本人也被淹死了。和春听到噩耗，自杀身亡，部队的指挥权被交到了下级军官手中。他们先是退守至常州。5月26日，在忠王兵临常州城下时，又无耻地弃城逃跑。太平军于5月30日攻克了无锡，又于6月2日占领了苏州。[2]6月5日，忠王率军向杭州方向进攻，攻克了吴江和嘉兴。[3]张玉良试图在那里围攻忠王，但是失败了。[4]总督的部队向上海仓皇逃窜（后总督因此被免职），而在保卫苏州时巡抚则不幸阵亡。

清廷任命曾国藩为代理两江总督，加封兵部尚书衔，并催促他首先收复失地。[5]之前的谕令则是令他派军进入湖北，如果该省受到英王从安庆发动的攻击，就在那里把他赶走。但是向上海进军的上谕，在曾国藩看来是完全不能接受的。在一份签署日期是6月21日的奏疏中[6],曾国藩虽然没有发表什么豪迈雄壮的语言，但是也概述了他关于可行性战略的见解，展示了他对未来远景的规划。首先，想要攻克金陵必须先攻克安庆。（这里要注意的是，敌对方的太平军也因为同样的理由得到坚守安庆的命令。忠王在天京自己宫中，召开了军官会议，他说道："今收得苏、常，下无再困，下困而来，利害难当。前困是六困，乃张和之师，七困定是曾帅。此军有中堂之善算，将官之用命，南军能受苦坚，军民常胜，

[1] 参见《忠王自述》，第32页及以后。

[2] 同上书，第33页及以后；《平定粤匪纪略》卷九，第16页及以后。后者没有提到攻克无锡，有关此事的记述见《奏议》卷十一，第44页上栏。

[3] 《忠王自述》第35页；《平定粤匪纪略》卷九，第20页上栏。

[4] 《忠王自述》第35页。张玉良已被挡在杭州以外，无法将之用作基地，因为他的部队于3月在此抢掠，只得停留于旷野之中。

[5] 《年谱》卷六，第17页。这些命令在6月17日以前送达。

[6] 《奏议》卷十一，第43-46页上栏。

未见败过，倘若来困，必然严紧。若皖省可保，尚未为忧，如皖省不固，京城不保，各速买粮。”[1] 干王也有相同的看法，为了告诫忠王不要把东部看得太高，他说：“夫长江者古号为长蛇，湖北为头，安省为中，而江南为尾，今湖北未得，倘安徽有失，则蛇既折中，其尾虽生不久，而殿下之言，非吾所敢共闻也。”[2]）如果要攻下安庆，则必须保证集结在那儿的兵力不能有任何动摇。其次，应抽调 1 万兵力分兵三路对皖南发动进攻：第一路由彭玉麟和杨载福的水师合作顺流直进芜湖；第二路经祁门进军；第三路经广信进军。为免影响安徽北部的战事，除了这 1 万兵力，还需招募湖南的新兵，同时需要江西、湖南和湖北的全力支持。第三，需要部署一部分兵力于安徽、江西、湖北这三个容易遭受进一步攻击的省份进行防守。和以前一样，曾国藩留下李瀚章负责在江西全境建设的厘金税收站，以保证这些队伍的补给所需。[3]

假如依此计而行，需要 1 万名兵力增援至皖南。在张运兰和左宗棠带领 1 万人到皖南的前提下，曾国藩会将营地从宿迁迁至祁门。由于长江及江南的湖区一带需要淮扬舰队来保证粮食和食盐的供给，而水网纵横的太湖周边的平原也亟需一支舰队，所以曾国藩还请求清廷增加在淮河和大运河边上的舰队，并且在桐城和宁国也建立基地，以增援长江及江南的湖区。[4]

依照自己的计策，曾国藩于 1860 年 7 月 28 日迁营至祁门。在他忙着捋顺军政、民政等多方面纷杂的事务的时候，忠王旗下的太平军仍然掌握着江苏和浙江两地，还有太平军入侵福建的战报传送过来。[5] 虽然清

[1] 《忠王自述》，第37页。

[2] 《干王自述》，第7页。

[3] 参见《奏议》卷十一，第50页及以后；《年谱》卷六，第18页。

[4] 《年谱》卷六，第10页上栏；《奏议》卷十一，第58~61页。

[5] 《年谱》卷六，第10页上栏。

军手中仍然掌握着金陵南面这个关键的前沿阵地，但是它随时有失守的可能。张玉良因为兵败被革去官职后，清廷委任曾国藩为江南钦差大臣，责令其设法收复浙江。[1]

曾国藩在给皇帝的奏本中，申明尽管杭州和浙江的军情十万火急，但是它不可能在收复安庆前，把安庆丢在身后，去营救杭州和浙江。实际上，以他这时的力量连保住皖南和江西都很勉强。无论如何，他不可能放弃对祁门的守卫，对他自己所掌握的地区来说，这是首要的事情。而李鸿章在道台的职位上表现得非常有能力，头脑清醒，才干值得重用，所以他推荐李鸿章出任江苏巡抚（同时统率淮扬水师）。曾国藩让李鸿章在等候皇帝任命期间，即暂时赴任。[2] 直至此时，原本在这场战争中只担任小角色的李鸿章，开始走上了历史的舞台。他所在的省一向饱受关注，而且还经常与在上海的外国人有所交往。这令他比在京城的高官还令人瞩目。并且，在此后的 40 年间，一直身居高位的他经历了非常多令人吃惊的事件。所以，他在那个时代的很多伟人退居幕后后，仍然活跃在人们的视线中，为人们所铭记。

8 月 31 日至 9 月 8 日之间，军机处至少发了十万火急的四封上谕，敦促曾国藩速将左宗棠等其他将领从浙江调派到江苏，去收回苏州和常州。其时，太平军已经向北推进并将沿海一些省份的交通要道牢牢地掌控在手中。如果要了解这些上谕有多么十万火急，我们要知悉，英法联军已在这一年逐渐逼近北京了。1860 年 8 月 2 日，英法联军登陆，于 8 月 12 日战胜僧格林沁率领的蒙古部队，并在 10 月逐步推进到了北京城。清廷对于太平天国会趁火打劫向北推进的担忧，其实是有所依据的，所以他们急切地在僧格林沁战败这个慌乱的时刻，向曾国藩发送了这些上

[1] 8月10日收到的上谕；《年谱》卷六，第24页。

[2] 李翁兵在（中国史纲》中错误地声称，曾国藩在攻取安庆之后才首次想到李鸿章。

谕。事实上，忠王也确实接收到了天王让他趁机北进，将满人一举歼灭的命令，但是由于他有去江西招募新兵的打算，而没有执行此命令，为此，他受到了来自天王的严厉指责。（其实，虽然不知道究竟是谁煽动了天王，但是这个命令是非常明确的。令人费解的是，不知道为什么英明的忠王竟然拒绝执行此命令。也许他担心如果向北推进，曾国藩会立即攻打天京，夺取该城，使他们失去自己的根据地吧）

另外，由于曾国藩的部队和浙江之间，还远隔着宁国和广德这两座重要城市，对于金陵的防御它们起着至关重要的作用，所以他不可能不顾一切赶往浙江。在没有足够的兵力可以攻克两大沿海省份的情况下，曾国藩向东面的进军是很难实现的。[1] 尽最大努力，曾国藩也只能派张运兰、宋国永和李元度三人率领 12000 人的兵力去支援岌岌可危的宁国。原本可以同往的左宗棠，在接到一道上谕后，暂时延迟了下来，上谕的内容是命令其前往四川，曾国藩最终说服了皇帝，让皇帝改变了谕令，令左宗棠和他一起留守在安徽。[2]

宁国在 1860 年 9 月 2 日，曾国藩的援兵未至之前就已经失守了。徽州的英王和侍王也在随后攻击了李元度，10 月 19 日徽州也失守了。通过这些战斗，他们的势力已几乎拓展到了曾国藩驻守的祁门营地了。在上海、松江、镇江皆被进攻，清廷又急如星火地命令曾国藩派兵增援的当口，曾国藩得到了汇报他的处境和解决办法的新的契机。[3] 他在长江以南，掌管着三路兵力。第一路是由左宗棠指挥的位于乐平的兵力，正按照命令向北向东抵御太平军的进攻；第二路和第三路是由鲍超和张运兰指挥的在休宁的兵力。三路兵力，合则兵力足够，分则兵力匮乏，可能

---

[1] 参见《奏议》卷十二，第9~12页；《年谱》卷六，第27页。

[2] 参见《奏议》卷十二，第18~20页；《年谱》卷六，第28页。

[3] 《年谱》卷六，第31页下栏；《奏议》卷十二，第40~43页。

面临失败。只有平定安徽之后，他才能离开现在的驻地去支援沿海省份。通过此事，我们再一次见识了曾国藩在其整个军事道路中所一直坚持的稳健的军事路线。从八年前他第一次出兵解救金陵，一直到现在，他的目标依然很长远，他只有在牢牢控制了身后的区域后，才会离开现在的区域向前推进。借助这种稳妥的策略，他在南昌艰难又危险地熬过了太平军控制江西的日子，并且扩充到了足够的新兵。如今虽然在江南江北，他的部众力量得到了增强，队伍也不像之前那样必须在危机的时刻四处救火、疲于奔命了，但是他的策略要求他待在祁门，身处和之前一样险峻的处境。如今江西、湖北和湖南三省是清廷军事和经济的要害之地，即使付出一切代价，也要保住这三省。假如他的部队分散去各个太平军可能或已经出现的地方进行阻截，那么太平军就会调头至他们的背后，攻占此三省。正像干王所形容的那样，它们是蛇头，蛇尾是沿海那些富裕的省份，无论蛇尾的存亡，都要确保蛇头被掌握在手中。从安庆上游进军沿海的命令，相当于坐请太平军顺着长江而上，掌握住官军的上游这个对清王朝最重要的战略要地。

北京方面像以往一样接受了曾国藩的意见，认为他的建议是可行的。但是清廷对这一决策的坚持，还要经受很多考验。不过后来经受的磨难最终证明曾国藩的意见是正确的，12 月 1 日，太平军就占领了黟县。尽管鲍超和张运兰次日就将太平军赶走了，但是这个胜利是暂时的。[1] 建德和东流随后于 12 月 15 日被攻克 [2]，太平军慢慢地对祁门形成了包围。尽管湘军将领竭尽全力，同心同德地抵御太平军的进攻，太平军仍然向祁门逼近了。

祁门在月底时陷入了孤立无援的境地。太平军掌握着祁门西面直到

[1] 《年谱》卷六，第32页上栏。

[2] 《年谱》卷六，第32页下栏。

景德镇的大片地区；忠王亲自率军在南面占领了婺源，并由此处一直向南扩张到了玉山；北面，穿越连绵山脉的太平军几乎迫近到了曾国藩的驻地。[1] 祁门、曾国藩和清廷的大业，在短短的两周内遭受了巨大的威胁。补给线一度被太平军截断，幸好在左宗棠和鲍超的齐心合力下，清军付出了巨大的努力，终于保存了一条由景德镇通往祁门的通道，补给可以借由此路运送。得益于左、鲍两位将军在抢夺战略要地上的稳扎稳打，祁门的压力终于得以减轻，曾国藩这位地位显赫的将领也得到了营救。[2] 有人曾劝曾国藩在这段危险的时间里躲去江西避险，但是为了不令士气受影响，他断然拒绝了。而在这段凶险的关键时期，他表现出来的在必然被俘或者处死的境况下的沉着和冷静，像道德教科书的现实样本一样，非常值得我们去学习。[3]

不止是祁门一处的战况开始恶化。叛军正从广州开入江西南部，驻守在长江湖口的彭玉麟部也一样面对着危险。其他的地区不是已被占领，就是正面临着被进攻的危险。所以，不但安徽，就连江西也成了主战场之一。忠王严令安庆守军不计代价地防守住安庆城，太平军拼命地增援安庆。[4] 如果太平军有想要通过从四面八方对官军开展攻击，迫使曾国藩为了去各地支援而抽走围攻安庆的兵力想法，那么曾国藩注定会让他们大大地失望了。最终曾国藩宁肯用小分队去护卫自己的地盘，也没有从安庆调兵，因为他要维持对安庆的持续围攻。担任总指挥的曾国荃赶到安庆，最后成功地击退了前来安庆解围的太平军。

所以，1860 年底和 1861 年农历一月的清政府，已出于一种非常险恶

---

[1] 《年谱》卷八，第34页上栏；《奏议》卷十二，第75页。

[2] 《年谱》卷六，第34~36页，见各处。

[3] 《年谱》卷六，第35页下栏。

[4] 《忠王自述》，第37页。曾国藩在他的奏疏（卷十二，第69页）中暗示，援救安庆是忠王及向他施加压力的其他太平军首领的目的。

的境地。12个月之前，同样的危险也降临在太平天国头上，直至忠王用他的辉煌战绩为他们开辟了一番新天地。在曾国藩和同僚们的扎实推进中，曾一度将太平军从湖北、江西等地驱逐出去。然而，如今太平军不但又杀将回来，而且还打通了能进入江苏、浙江和福建这三个几乎未经战乱地区的新通道。不过，当忠王抵达时，在位于上海的外国人的干预下，他的部队被阻挡在上海那个繁华的港口的外面。

当曾国藩被封锁在祁门的时候，他收到了一项由俄国使节伊戈拉季耶夫秘密地传到了他手里的建议，征求他的意见。这个建议的内容是关于外国对战事进行干预的初步提案，提案的内容包括：俄军派遣一支由三四百人组成的海军部队在清廷的指挥下，协同清廷一起攻打金陵；而由于之前运送漕米的大运河已受到了太平军的侵扰，所以可以使用挂着俄国国旗的船只，协同在上海的美国商人以及中国商人，一起合作把漕米送抵北京。

针对这个作战方案，曾国藩未直接提出反对意见，不过他认为，就陆军兵力缺口非常大，而水军兵力又足够多的情况下，考虑这件事的时机有些过早。外国人对金陵的攻击，应该建立在清军收复浙江、安徽和苏州等敌占区之后的战事最终阶段。不过，在实施这场改革以前，需对如需要多少舰队和兵员，需要付给多少报酬，提供多少补给等每件事、每个细节进行缜密的规划。曾国藩认为，即使是在用外国船只由海陆运送漕米这种非常可行的事情上，一个条款清晰的合同也是必须的。[1]

我们可以从曾国藩的这些回复中稍稍触摸到他那有名的排外情结。虽然，在后面的事件中我们可以有机会证明，曾国藩的这种宁愿保持清政府的尊严而不愿意借助外国人力量的看法，并不是毫无缘由的偏见。虽然曾国藩直到此时，仍未同外国人直接产生过任何接触，但是他对外

[1] 《奏议》卷十二，第55~58页。

国人的一些偏见，在其他官员的记录中也能找到根据。在他看来，英国是所有西方国家中最不可信的国家，其次是法国。俄国吹捧自己是最强大的西方国家，英国不敢与之为敌，而美国则对中国保持着礼貌，这些在鸦片战争和其他的时候都被证明是实情。从这一点可以说明，无论曾国藩从哪里得知了关于西方国家的这些印象，这时候的中国人都或多或少对西方人做了一定的研究，而不是不去研究了解，把西方人一概视为“蛮夷”了。

可以做一个有趣的猜想：俄国主动表示要对清政府施加援助（虽然提供的援助并不大），是不是关乎它前线战局的转变？而刚刚在战争中取胜了的英法方面，则开始转折性地抛弃了他们一直抱有的中立的谨慎态度，积极而公开地向清政府提供帮助。[1] 通用的解释是英法两国主要出于商业上确保新条约开通的城市的沿江商贸顺利进行的目的，而转变了态度。商业动机无疑是其重要原因之一，不过如果英国代表获知了俄国的提议，那么想方设法阻止俄国获取长江贸易权（英国人一向认为这是自己的特权），这个政治动机也促成了他们态度的转变。无论如何，英国现在已经很少甚至不再对协助清军的上海的外国冒险者们提出抗议了。从忠王在攻占苏州不久后的，第一次与外国冒险者在青浦交战之后，他们之间就开始常常交手了。[2]

[1] 这在1853年强调得很厉害，那时英国人曾访问金陵。密迪乐《中国人及其反叛》第265页插入了文咸的一封信，向太平军担保英国人是禁止破坏中立的。

[2] 《忠王自述》第35页及各处。但在此之前，华尔已经通过率领少数勇士于1860年7月17日攻占松江而建立了名声。莫尔斯：《中华帝国的国际关系》第二卷，第70页。

第十一章

安庆的攻克与战争的重新整合

1861年年初，在战场上，太平军的优势十分明显。他们掌握着主动，除却翼王石达开的部队，他们还拥有四支大部队。湖北的英王、皖南的忠王与徽州的侍王形成犄角之势，牵制并威胁着安庆的官军。而此时，为了招募从两广和贵州两地来参加太平天国运动的新兵，干王则亲自奔赴湖南。[1] 他们已经控制了江苏的大部分地区，对于浙江与福建，他们已成功深入部分地区，其他地区也在计划控制之内。

与太平天国形成鲜明对照的是，清军一直处于劣势，近于防守。曾国藩被困祁门自顾不暇，而他的弟弟曾国荃又被太平军阻挡在安庆城外，鞭长莫及。胡林翼及湖北清军的江北部分与英王在鄂皖边界互相牵制，而在离景德镇不远的地方，左宗棠和鲍超的军队驻扎在那里。[2]1861

[1] 呤唎：《太平天国》，第326页。呤唎此时与太平军待在一起，了解他们的大致位置。见《奏议》第十二卷，第69页及以下。

[2] 《年谱》卷六，最后几页，《年谱》卷七，第1页。

年的上半年，清军是有机会扭转颓势的，可以收复部分失地，尤以饶州和九江两个地区为主。奈何天不佑人，在安徽西部的霍山，清军为英王所败，又失去了蕲水、黄州、德安和随州等城市，并让英王打通了通往湖北的道路。而最让清政府头疼的是，在赣南地区，太平军几乎是畅通自由的。这彻底打消了曾国藩让鲍朝去湖北的计划，而是让其前往南昌，曾国藩这一举措的目的，是希望解除太平军对抚州和建昌造成的威胁。[1]

4月9日，在左宗棠从景德镇基地向乐平推进之时，太平军攻其不备，一举拿下了景德镇。4月10日，曾国藩决定将部队从祁门转向休宁，因为他并没有得到景德镇已陷落的消息。他于4月16日进攻徽州，但以失败告终。此时此刻的曾国藩，犹如身陷囹圄一般，兵力不足，所辖范围也只有祁门、黟县和休宁三县，后方补给线已被太平军切断。局势的颓败，并没有摧毁曾国藩的斗志，他于4月22日又进行了一次反击，依然失败。[2] 幸而有左宗棠谋划成功击退侍王，粮道再次打通。[3] 太平军也想乘胜追击，在众多的要点地区，他们全面出击，试着给予清军威吓，想让清政府撤走围攻安庆的湘军。但却事与愿违，他们的举措彻底激怒了湘军。

这个时候，英王认为长途行军于作战不利，遂放弃湖北，转而攻打围攻安庆的清军。[4] 虽然四个王爷为解安庆之围进行了各种尝试与努力，

[1] 《年谱》卷七，第1页；《奏议》卷十三，第31页，5月3日。

[2] 《年谱》卷七，第3页下栏。

[3] 《年谱》卷七，第3页下栏及第4页上栏；《奏议》卷十三，第36~44页，5月3日。

[4] 哈利·帕克斯爵士认为是他促使英王放弃了攻打武汉三镇的计划。帕克斯写道："我称赞了他在这方面的谨慎，劝他不要向汉口进军，因为太平军在占领任何我们已经涉足的商业中心之后，都不可能不严重地干扰我们的商业，所以他们的安排，不能与我们的相冲突。他欣然赞叹这一原则，并说他的两名将领已经越过黄州，他将命令他们向北面或西北面推进，挺进麻城或黄安，而不要进攻汉口。"《哈利·帕克斯爵士的一生》第430页及以下（取材于他给妻子的一封信）。

但此地的湘军并没有放弃与动摇。在这样的困境中，曾国藩展现了自己超高的天赋，虽然并无精彩的战略和忠王展开战斗，但他能时刻保持冷静，拒绝调离将围攻安庆的部队。因为他能确认，此时安庆的防御在日益削弱，所以太平军才竭力想要将围攻安庆的部队调走。太平军所惧之事，自己势必应该坚持。太平军害怕失城，自己势必据守。他深知江西，还有身后的湖南、湖北的重要性，那是他军需补给的来源，必须稳固。有的时候，他近于固执地抱有一种想法，严重的拖延就是这种固执的结果。我们无需对他有过多的指摘，批评其僵化的作战策略，就当时的情况而言，他没有掌握强大的中央政府资源，于有些事心有余而力不足。换个角度看，他或许是整个事件的牺牲品，权力的分散以及其他官员的冷漠与不合作也是一支催化剂。评价一个人要将其还原到当时的历史环境中，若代之以其他标准则失去了客观性，也就没有了公正。以此为标准，放眼那个时代，无论是在清王朝还是在太平天国的阵营中，曾国藩都是首屈一指的。他修身律己，有责任与担当，凭借较强的能力，以忠谋政。他坚毅执着，他组建湘军，于危机中力挽狂澜，多年鏖战终成胜者。

曾国藩不顾自己处境的危急，于4月初命令鲍超前去安庆，以解前哨桐城之围并支援多隆阿在怀宁的战斗。5月伊始，他身先士卒，只带几百名士兵前往安庆，同时命令张运兰进攻休宁，朱品隆则在祁门防守。英王本想乘曾国藩和鲍超所率部队留守东流之际攻击安庆外围的官军，但却遭到江上的杨载福与前哨多隆阿的攻击，这两支部队还与安庆城外的曾国荃联合作战，英王溃败。

与此同时，侍王在即将攻占杭州正南面的重要城市金华的优势下，遭到左宗棠的重创。左宗棠在广信地区以披靡之势将侍王的军队驱逐到了浙江以外。为了扭转气势，挽回不利局面，忠王在6月初从其所在瑞州的基地发兵，攻占江西许多县之后，又挥军进入湖北境内，袭扰这一带的乡村，以兴国、大冶、通山和崇阳为主。胡林翼作为湖北巡抚，心惊胆战之余被迫率军迎战。[1] 但在其他地区活动的太平军却都被清军轻松地阻挡了。

太平军进行了各种的尝试，试图调走安庆的清军，但都以失败告终。曾国荃抓住时机不断地给太平军施压。太平军的补给已被切断，形势一天比一天严峻，军情不断恶化。决战不可避免，除非有人能解围将他们救出。[2] 太平军多凭借之救命稻草，乃定时朔江而上的外国轮船，若没有它的帮助，此次战争早已结束。[3]7 月 8 日，安庆的外围防线已全部被击溃，纵有侍王、忠王和英王的救援部队也难以挽回颓势，因为江西之左宗棠、南之鲍超和西之胡林翼，形成坚不可摧的屏障，阻断了救援之路。[4]

朝廷曾为回应浙江方面的请求下过一道上谕，大意是要左宗棠赶赴浙江，但曾国藩以浙江的太平军已返回鄱阳湖一带为由据理陈词，违抗君命。曾国藩认为只有左宗棠可以牵制住安庆的太平军，在作战关键之际，部队的整体防御尤为重要，调走左宗棠势必对此造成重要影响。如此关键时刻，哪怕从曾国藩的部队中抽走一小部分兵力都会对整体作战有所撼动，又何况是左宗棠如此之重要人物。无独有偶，就在同一天也因同一缘故，另一份把彭玉麟调任广东按察使的上谕他也拒绝执行。[5]

忠王向南昌进军，本欲趁清军为解江西之困而从安庆调兵之际解救安庆的太平军，做了最后一次的尝试。幸好，清廷的一位御史站了出来，

---

[1] 《年谱》卷七，第6页上栏；《奏议》卷十三，第68页。

[2] 《奏议》卷十三，第68页。

[3] 《家书》，1861年6月2日及4日。

[4] 《年谱》卷七，第7页下栏及第八页上栏。

[5] 《年谱》卷七，第8页；《奏议》卷十三第72~75页。

帮了忠王的忙，他慷慨陈词，力言江西之危局，上请朝廷要曾国藩上奏保护安庆的具体措施。曾国藩不能缄口不言，立即上奏分析时局，奏表中详细分析了与各地太平军的作战情况，以及具体的防御措施。情况如此微妙而又危急，监察制度的优势已经显露，远离战场的监察官员在某种情况下就显得有些可笑，而不明就里的纸上谈兵就显得弊大于利了。[1]还好，鲍超成功围击了于在8月抵达瑞州的忠王，将其驱逐到丰城。8月29日，忠王战败于此，进而退回抚州，撤离江西。[2]

1861年9月5日，在历经了近两年的围攻以及最后一次施救的失败后，安庆被清军攻克。曾国藩难掩喜悦之情于当晚写信[3]给弟弟说：

> 郭弁到，接喜信，知本日卯刻克复安庆。是时恰值“日月合璧，五星联珠”，钦天监于五月具奏，似为非常祥瑞。今皖城按时应验，国家中兴，庶有冀乎？大界之事，王二王三之话均算得矣。余于初二三日坐长龙赴安庆。惟此间银不满六千金，欲凑万金犒赏将士，弟处可设法办得四千金否？

多隆阿于两日后拿下桐城。杨载福于9月9日率水师占领蕲州。[4]随着湖北和江西的平定，太平军一路溃败，被驱逐到安徽、江苏和浙江等三省，这三省还在太平军的控制范围之内。在安庆和桐城，有大量太平军被俘，被俘的太平军惨遭屠杀，安庆约2万人，桐城约1万。[5]

---

[1] 《奏议》卷十四，第1~4页。

[2] 《年谱》卷七，第9页下栏及第11页上栏。

[3] 《家书》，1861年9月5日。中国人总是将日、月、五星的组合看做命运的预兆，并在年鉴与历史中记述这类现象。

[4] 《年谱》卷七，第10页；《奏议》卷十四，第18页及以后。

[5] 《大事记》卷二，第6页上栏。

曾国藩因攻占安庆而心情大好，但福无双至，湖北巡抚胡林翼的辞世彻底淹没了曾国藩的快乐。对曾国藩来说，他们是挚友；在7年的作战过程中，胡林翼也给了曾国藩强有力的支持，贡献了他睿智的策略以及倾尽心力的帮助。胡林翼是多才之人，在许多方面，都可以与曾国藩比肩。也是在这个月，大清的皇帝离开了人世。

清政府给予参加安庆作战的将领们很高的荣誉：李续宜代替了胡林翼，成为湖北巡抚，彭玉麟成了安徽巡抚，鲍超则做了大将。身为福建按察使的张运兰因曾国藩的需要而获得批准，继续留在曾国藩身边。曾国藩被授予太子太保的头衔，曾国荃被任命为布政使衔的按察使，皇上还恩赏黄马褂。他的弟弟也获得特殊批准，免予考试，直接被授予知府衔，还获得了赏戴单眼花翎的荣誉。曾家有位兄弟在三河战役中阵亡，被赐予谥号“忠烈”，这种荣誉在同辈年轻人当中是很少见的。[1]

现在，曾国藩将安庆作为自己的指挥中心以及清军的大本营。但太平军的实力依然不容小觑，仍然有五大战略中心：长江沿岸的芜湖和天京；安庆北部处于皖中的庐州；天京南面的宁国，它是通往浙江的要塞之地，也是天京的屏障；除此之外还有江苏省会苏州。[2]

曾国荃占领安庆后，不久曾试图率约2万兵力循水路进军金陵，但考虑自己的兵力，又恐太平军乃百足之虫，自己未必能撼动其根基，所以又退回安庆。他想招募6000新兵，在征得曾国藩的首肯后，他离开战场，奔赴湖南。太平军的忠王英勇谋智，抓住此次机会，不惜长途劳兵于10月攻袭浙江，攻下绍兴和衢州两处重镇。太平天国的势力再次增强。而对清军来说，杭州的失守也是一次重创。杭州是极为重要的粮食供给地，如果失去，对清军的后方补给将造成严重影响。这迫使曾国藩

[1] 《年谱》卷七，第11页下栏及第12页。

[2] 《奏议》卷十四，第9~11页，1861年8月23日。

必须积极应对，派左宗棠到浙江解围。[1]

忠王不断攻占，使浙江和江苏的百姓遭受重大损失，恐慌一直弥漫，人们的生活苦不堪言。为此，一个以官绅阶层为主要成员的代表团于1861年11月18日乘汽轮从上海到达安庆。他们向总督“哭诉”，希望朝廷增派援兵。他们说江苏民团人力足够，还有武器和船只，交通也很便利，但官军也许很快就失去这些了。因为在当时，那个地区只有三个重镇即江苏的镇江和上海以及浙北的湖州还在官军手中。

曾国藩则明确表示，立即发兵进军浙苏一带是不现实的。但李鸿章，曾被举荐为江苏巡抚，对于他从安徽招募的新军已训练整顿好，若是他去支援则有一定优势。[2] 时移世易，形势的变化也对应对者提出了新的要求。曾国藩为适应新形势的变化最终同意了建立三个军事区的方案，他此举的目的是从四周包围太平军，从而逐渐进逼近金陵，以支援他的弟弟曾国荃对金陵的围攻。[3] 这三个军事区分别是：左宗棠管辖的浙江，李鸿章管辖的江苏，还有他自己管辖的赣东和安徽。左宗棠的军队已奔向浙江方向。

11月20日，曾国藩被授予江苏、安徽、江西和浙江四个省的最高军事指挥权，统领几个省的事务，几个省的巡抚和官员都必须执行曾国藩的命令。此时的左宗棠则全力赶赴浙江。曾国藩并非居功自傲之人，他在给朝廷的奏表中，谦虚陈说战役的胜利并非一己之功，很多时候是得益于胡林翼和多隆阿的襄助。就目前形势来看，他并不能撤走部分兵力去上海，而自己忝居要职，实则无资格胜任四省总指挥，并力荐左宗棠，让其全权负责浙江的事务。[4]

而形势并没有随着清军的胜利而继续好转，相反的是，就在曾国藩

---

[1] 《年谱》卷七，第14页下栏。

[2] 同上书，卷七，第15页上栏。

[3] 曾国荃曾有机会驻扎上海，但他宁愿前往金陵。

[4] 《奏议》卷十四，第59~63页。

写奏疏之时，此四省的形势发生了变化。[1] 曾有证据说明忠王和侍王都到了这一地区，并取得了显著胜利，这胜利和一些外国人有着关联，是他们给太平军提供了外国的枪炮。因为在下一年，太平军曾利用这些枪炮给在金陵的曾国荃沉重的一击。[2] 太平军将台州攻下后就直奔杭州，并于1861年12月29日成功攻占杭州。在那里，他们有过短暂的胜利，进入宁国战略要地，对该城进行过控制。但好景不长，他们于1862年又被逐回了浙江。虽然左宗棠此时是浙江巡抚，但皇帝却坚持要曾国藩行使这四个省的指挥权，这与曾国藩的意愿截然相反。因为集宠于一身就是集怨于一身，又何况是超乎常理的恩宠。[3]

曾国藩不仅善于治军，在民政上，也有自己的建树，他给自己设定了任务，就是修建省级学校和恢复考试。他划分贫瘠界限，并重新评估了田赋。对那些肥沃的土地实行征税制度，每亩400钱的战争税，期望以此振兴省级财政。此外，一所兵工厂的建立也得益于曾国藩的领导[4]

现在，上海的官绅们心心念念的是收复国内的要地，而实现这一目的手段，他们想要雇佣外国人去做。人们想了解曾国藩对待此事的态度，首先来的是乡绅，后来是朝廷的。他的意见是，应因地而异，某些城市如上海和宁波，是有理由雇佣外国人的，因为条约规定了这些地方是对外港口。所以，在某种意义上，外国人在那里用兵可以视为他们在保卫自己的利益。但也有某些城市，如苏州、常州和金陵，就要具体问题具体分析了。假如这些地方的官员在外国的援助下依然失败，那他们就会

[1] 《太平天国野史》卷十三，第13页。

[2] 曾国藩于1861年6月5日写给弟弟的信叙述了这样一件事：罗大纲身边有三个洋鬼子，而现在忠王与侍王的身边都有洋鬼子。

[3] 《年谱》卷七，第19页下栏；卷八第1页。浙江在闽浙总督的管辖之下，这位总督还管辖福建。

[4] 《年谱》卷七，第20页。

成为全世界的笑柄；假如情况相反，官军胜太平军败，未来不知道会发生什么样的事情。就算要在条约规定的开放港口雇用外国人，也应提前组织会议进行详细规划。

1862年2月，上海当局已和英法等国谋划对上海的防御。而在以后的作战中，外国部队可能会去攻打苏州。这两件事引起了曾国藩的关注。虽然曾国藩并不能改变既成事实，但凭着军事家的敏感对未来深怀忧虑。他向皇帝陈说自己的顾虑，乃两国相交秉性各异，若他们战后并不满足于对他们救助的人们给予的酬谢，而有过分要求，那么，他们将是最危险的因素，或许会引发更大的冲突。[1]

而这一问题不久就被再次提上日程。原因是江浙的士绅群体派了一个代表团到北京，请求朝廷同意英国人和法国人主动支援的政策。同时，外国公使们也收到了其国民的请求，要求放弃时至今日的中立政策，采取干预措施。清廷不能轻下定论，它有理由怀疑外国人此举的动机，但又不想违背陷入困境的省份里士绅们的请愿。于是，曾国藩和多隆阿被推到了前列，朝廷让其实地调查，并给出合理建议。

这是曾国藩第三次采用与以前类似的观点了。他认为，外国军队想要助清廷驱逐这些省里的太平军，确需官军的轻度协助，也就是以外国军队为主，那么作为客军的外国军队人数势必会超过清廷。而大批外国军队的进入于清廷来说也是一种威胁，他们或许会在我们的国土上胡作非为。而此时的清廷也是多事之秋，多隆阿、鲍超和曾国荃的部队驻扎于金陵上游，李鸿章新募的军队正要前往上海，任何一支部队都不能抽掉所需的兵力建成一支强大的中国武装和外国人进行合作，从而对苏州、常州和金陵进行攻击。协议一旦达成，清军就会处于一种尴尬且窘迫之境，就像自家子弟到科场考试，如果稍通文墨而请人润色，多少还能差

[1] 《年谱》卷八，第3页下栏、第4页；《奏议》卷十五，第19、20页，3月11日。

强人意。但若丝毫不懂，也不入场，而是请人代劳，那无论结果如何，都会贻笑大方。而太平军一方似乎也在考虑是否要与外国军队合作，所以朝廷方面也要小心从事，不予明确答复，等待时机再次进行谈判。而总理衙门要给外国人的回应是，目前曾国藩兵力充足，无需与外国人一同攻打太平军。如果需要，待芜湖和东西梁山的战事结束后，或许会与外国军队合作。[1]

曾国藩反对外国雇佣军的态度一目了然。但这并不能作为我们说他对江苏省毫无兴趣的理由，或是武断地否定他对上海重要性的认识。总览曾国藩的许多家书，对这一地区都有所提及，这也能够说明他对于此地区的重视，以及对外国军队的忌惮。他早在1861年11月4日就说到过这件事。12月中旬，他说考虑到上海和苏州、杭州以及国外的贸易，这个城市有重大的战略价值和经济价值。他可能会将他的弟弟曾国荃派到那里。虽无明确的记录表明此事，但他想要把那里交给他的弟弟的想法在字里行间也能窥见一二。可是曾国荃并没有如哥哥所愿，宁愿到金陵也不想去江苏和上海等地。而曾国藩也并未因此而放弃，他花了大部分的时间和精力，用了近十周的时间，征得了李鸿章的同意，让李鸿章到上海，并允诺不仅补充他5000人的湘军水师，还把从太平军投降过来的程学启手中的1000人补充到他的淮军中。[2]

2月22日，李鸿章带着新招募的淮军到了安庆。他开始组建自己的部队，模式和规制都是依照湘军的。曾国藩虚怀若谷，乐于助人，为了帮李鸿章训练新兵，从自己麾下派出了数营兵力。功夫不负有心人，3月底，8000人的淮军已做好了向长江下游前进的准备。这支部队对曾国藩的吸引力太大了，曾国藩也太需要它了，所以曾国藩放弃了让曾国荃和

[1] 东西梁山是金陵上游长江两岸重要的山峰。

[2] 《奏议》卷十五，第64~66页。

李鸿章向下游推进的原定计划，用7艘轮船去运送淮军，这些轮船是上海的士绅们花了18万两银子租下的。在4月时，淮军分三批出发。[1]4月25日，李鸿章得到了出任江苏代理巡抚的正式任命。[2]

安庆下游的长江沿岸现在是军事活动的重心，多方力量相互配合，共同推进，曾国荃带着2万兵力缓缓向前，他的弟弟曾贞幹带着约5000人一同推进，彭玉麟率领着舰队在江上给予配合。左宗棠在浙江准备行动。鲍超正在金陵南面攻击宁国，皖南在张运兰手中控制着，他攻下了徽州，扼住了通向浙江的道路。[3]除此之外还有不属于曾国藩但有心和他进行合作的部队，例如都兴阿在江北的正规军，袁甲三和李世忠在安徽沿淮河上游部署的军队，还有在镇江的一支官军。[4]

1862年5月13日，多隆阿攻占了被英王顽强坚守了很久的庐州。太平军向寿州方向一路逃去，多隆阿则紧追其后，随后主将不敌，献城投降。太平军内部混乱，苗沛霖叛变，将英王擒住并献给了胜保，多隆阿在阵前将英王处决了。[5]这次胜利有着深远的影响，使将兵力集中到主要目标即金陵、皖南和江浙各城的任务大大地简化了。可就在这种情况下，遥远的陕西伸出了求救之手，这使东部的官军失去了与多隆阿有价值的合作。但他依然想办法留下了5000人坚守庐州。[6]

清军在各个重要地点的优势都十分明显，除了浙北的湖州。曾国荃继续沿江推进，占领了长江岸边的全部城镇。他于5月31日到达金陵城下，并在雨花台挖壕沟，将大营扎好。[7]江苏北部因都兴阿成功收复了大

---

[1] 《年谱》卷八，第8页及以后；《家书》，1862年4月1日及2日。

[2] 《家书》，1862年5月9日。

[3] 《年谱》卷八，第4~8页各处。

[4] 《年谱》，卷八，第10页下栏。

[5] 《年谱》，卷八，第13页下栏；《忠王自述》，第49页。

[6] 《年谱》，卷八，第12页下栏。

[7] 《年谱》卷八，第11页下栏；（奏议》卷十六，第9~12页。

运河旁边的重镇扬州而平定。[1] 在浙江，官军收复了台州，又在外国人的援助下收复了宁波。[2]

人们都期待着战争尽快结束，但曾国藩依然沉重平稳，不愿冒一丝一毫的风险，他想把各处部队集结到金陵，又不愿操之过急，节奏缓慢而有序，当然其中也夹杂了种种辛苦。如果他不将所有部队集结到金陵城下，他过去的工作就要“卷土重来”。他采用的是“长蛇策略”，一如先前所说，他从三个方向稳步逼近太平军，而让其弟在金陵慢慢将那座城市耗空。

[1] 《年谱》卷八，第12页上栏。

[2] 《年谱》卷八，第12页。

第十二章

太平天国的外交

在考察太平天国运动的末期阶段之前，我们有必要考察外国人在镇压这场运动中所扮演的角色，以便于更全面地了解他们在其中起到了什么样的作用（这样做仅仅是为了弄明白曾国藩在这场战争中扮演了何种角色。我们需要根据报纸、官方报告、新闻报道、罗马天主教与基督教传教士的报告以及可以找到的中文文献，仔细地研究在1853年到1863年的10年中外国政策和观点的发展。莫尔斯已经做了这项工作，但主要依据的是上述前两类资料。中国官员及其政府的官方报道，只要能够找到，会对一些难题做出解释。传教士社团的档案中有些记载，未必会编入他们的报告之中。不过，我们仍然可以看到一个大致清晰的轮廓，即严格中立的政策逐渐演变成了武装干涉。所以我们在本章中的叙述并无新的贡献，只是复述莫尔斯著作与安德鲁威尔逊的《常胜军》，黑克的《太平天国运动事件》，蒙塔尔多、德耶稣的《上海往事》，威廉斯的《中央王国》与麦克乐兰的《上海旧事》等书中已经讲得更详细的故事。有关导致武装干涉的政策转变，必须注意的是，对官军的援助遭到了广泛的反对。这种对立有时是支持中立政策的延续，有时则几乎是要求承认代表太平天国进行干预。这种力挺太平天国或反清的情绪，不仅是呤唎这样著名的雇佣军人，而且远离战场的一些国会议员也表达出这样的想法，例如希克斯上校，他曾写信给各种报纸，大肆反对清政府。在 1863 年出版的希克斯书信集《中国的太平天国运动》中，收录了勒吉博士与约翰的书信，二者都是著名的传教士，抗议干涉政策。中国学者熟知的美国著名教育家马丁博士迟至 1903 年，还在其著作《中国史诗》第 141 页中声称他一贯认为干涉政策是错误的，并将之归咎于法国公使的影响，因为他受到罗马天主教传教士的控制，后者反对太平天国传播的基督教形式的宗教。他本人并非不知道太平天国人士所犯的错误，但他认为，他们愿意接受一种外国的宗教，就是中国未来希望的种子，所以在 1857 年 6 月 13 日与 20 日的《北华捷报》上热情地倡导承认太平天国，我们不可能对包括这三位大人物在内的群体嗤之以鼻。在这个群体中，我们还能找到英国领事馆的密迪乐和司令官布莱恩，至少在他们的政府采取支持力挺清政府的政策之前。与之相应的是，在与其对立的一方面也可找出一组姓名，他们的观点是被采纳了的，但也是经过大量的争论之后的。事物都具有相似性，你若在一个阵营里找到雇佣军人，那么其对立的阵营中必定也有这样的人士。华尔将军破坏中立政策而遭到反对，被称为非法的常胜军。但在此后不久，又被称为一件得到承认的工具，赢得了英国官方的认可，并接纳了英国上校戈登为司令官。整个组织就是由于这个原因才没有同为太平军提供武器、出售装备的那些人一样受到同样的惩罚。事实却是这样，华尔为摆脱领事的干扰才声称自己加入了中国国籍。研究总有目的，上文想必给我们提供了很好的答案。在此之下，我们的结论是更加坚实与可靠的）。而对于外国政府来说，对于 1853

年年初太平军攻占了金陵，结束了他们漫长的胜利进军并在金陵建国这件事情，自然会让他们产生很大的兴趣。让他们更为好奇的是太平天国的新信仰是以基督教为基础的。英国、法国和美国三国都派出远征军溯江而上，想要去弄清太平天国政权的势力范围和他们的宗教教义。[1]

1853 年 4 月，随皇家海军“汉密斯”号前往金陵的一位叫密迪乐的秘书，对太平天国的印象十分深刻，但他的上司文咸爵士态度则是相对保守的，虽然他看到过太平天国图书的译本。他宣布，对太平天国政权保持严格的中立态度。他在写给英国政府的报告里怀疑太平天国的宗教教义其实就是一架“政治发动机，让他们的首领可以控制热心参加这一事业的人们的思想”。[2] 他的中文秘书麦都思博士在给爵士的报告里，几乎将这场运动的真正起源找到了。[3] 在论及这种宗教鬼话和政治头脑的奇妙结合体时，他说：

> 对这种差异的唯一解释就是，假设有两种头脑，或两种不同类型的人，共同从事这项事业，其中一类人的动力是侍奉上帝并通过赞美唯一的救星来寻找保护的真诚而谦卑的愿望，另一类人则渴求权力的高位。希望得到大众的仰视与崇敬，即便那些民众是无知的。

他对这场运动有着清醒的认识。假如运动成功，基督教会得到发展，贸易会更加自由，可鸦片就会被禁止。自由主义或许会得到太平军的大

---

[1] 关于这些远征军的叙述有：第一，乔治文咸，1853年4—5月，英国全权大使，与费喜本舰长一起，由密迪乐陪同，乘坐皇家海军军舰“汉密斯号”的访问，见《英国与外国文件》第54卷（1853—1854）及密迪乐《中国人及其反叛》第17章；第二，罗伯特麦克兰对“塞斯克汉纳号”的访问，作者为马歇尔舰长，见《第32届国会第二次参议会执行文件》第22卷第一部分；第三，法国公使波尔比龙访问“卡西比号”，见同书第92页。

[2] 《英国与外国文件》第54卷，第508页。

[3] 见第三章。

力支持。但他认为如果清政府获胜了，情况或许会更糟，因为它会牢记对自己不利的事实。虽然太平天国打出的宗教和西方有很大的关系，但他依旧保持中立。[1]

法国公使于1853年年底对金陵进行了访问，但结果却不尽如人意，因为法国公使没有能够见到新政府的高层官员，他们认为一切如旧，要想承认这场运动还有好长一段路要走。

美国传教士罗伯特麦克兰于1854年5月到了金陵。彼时的从教信仰是荒唐可笑的，也更加泛滥，圣灵的代表者是杨秀清。天国的政治态度也十分明显，一律排外、傲慢无礼。回顾一年之前，若那时他们和文咸爵士的沟通是盛气凌人的话，那现在给麦克兰先生的那封信简直就不是在沟通与对话。麦克兰秉承的观念一直是两国关系的平等，[2] 交往中由于只有公函并且没有带去任何贵重礼品，让天国民众十分恼火，坦陈无法将公函交予东王，表现出忧虑之状。然后他们写道：

> 尔等若真心敬拜天国，承认上帝，我天朝视天下为一家，将各国连为一体，容尔等得遂所愿，年年进贡，岁岁来朝，成为天国臣民，永沐天朝恩典，安居乐土，和平度日，永享荣耀。此为吾大臣真诚所愿。望立即遵从，不得有违此诏。

太平天国傲慢的态度与荒唐的举动的结果就是麦克兰未能承认太平天国的政权，尽管他已得到授权，假如发现他们能够成为一个真正的政府，可以承认他们。[3] 领略了他们的荒唐宗教后，麦克兰针对那项提议这

[1] 《英国与外国文件》第54卷，第531页及以后。

[2] 《第53届国会第二次会议参议会执行文件》第22卷第一部分第62页及以后。

[3] 佛斯特：《美国在东方的外交》，第221页。

样写道：[1]

> 假如你想以更真实的态度来审视他们的行为，与他们的民事组织与宗教组织一样，结果同样会让你大失所望。你会发现占据大多数的无知而愚昧的人口，人数不会超过5万到10万。他们活动的范围也很固定，或者在大清帝国被他们控制或实际占领的那部分国土上，或者驻扎在农村或被围攻的城镇里；但官军却对其无能为力……这个运动曾被许多文明开化的国家寄予了极大的期望，可现实却与之相反。他们不理解真正的宗教信仰，也没有实质的皈依。如今没有必要去探究曾经对他们政治权利的形成有过的真实判断是怎样的，有一点可以肯定，在平等的基础上，我们是无法与之建立或维持交往的。

他们对外国人的态度是平淡的，没有明显的敌意。密迪乐曾在他的著作里有过这样的表述：

> 太平天国的态度是很友好的，他们只是还没能充分地了解外国人的观念，才不可能用平等的姿态接受外国人。对外贸之事他们也没有兴趣，当三合会在上海举事，成功地占领这座城市之时，上海实际上就是他们的了，但他们竟然没有伸手去接收这个城市。[2]

---

[1] 《第53届国会第二次会议参议会执行文件》第22卷第一部分。整份报告非常值得一读。麦克兰的推论与其英国同事一样清晰，其观察也跟其同事一样敏锐。尽管这一时期美国驻国外的代表们业余性较强，但他们在整体上表现得非常能干，较之他们通常受到的待遇而言，值得更多的关注与尊敬。

[2] 莫尔斯：《中华帝国的国际关系》第二卷，第13页及以后。

三合会在1853—1856间，在上海具有举足轻重的地位，期间有过很多的问题。直到现在，某几个事件依然有着重要的意义。第一个问题是关税的处理，而且还是在合法政府缺失的前提下，情况更为复杂。由外国人控制的关税机构应运而生。当清政府认识到这样的临时方案很管用时，现存的体制就产生了。

第二个问题是如何对待外国租界区中的难民。这一问题处理的结果是延伸了外国控制区，有些外国人在处理中国人的事件时也使用外国法律而拒绝中国法律，还提出了一个混合法庭保留中国律法的理论。第三个问题是发生了泥城之战（1854年），起因是中国军队太过靠近外国租界，以此为先例，几年之后上海被设为中立区。[1]

致使外国人处境改变的是两个事件：一是1856年的第二次鸦片战争，二是在北方进行的条约谈判（1858年）。在这之前，外国人享受条约规定的权利只有五个港口城市，而今，随着长江航路的开放，沿江的一些城市成为开放的港口。这份条约一直悬而未决，直到1859年与1860年，英法联军在北方再次发动侵华战争，途中击败了蒙古骑兵将领僧格林沁，然后向北京挺进。[2] 清王室失却家园逃往热河行宫，恭亲王则留在京城，与外军进行相应的谈判。[3]

1858年和1860年，是太平军再次活跃的两年。从某种程度上说，这是英法联军的侵略导致的。为迎战英法联军，僧格林沁向北撤退的行为，有可能激起了捻军重新作战的欲望，他们企图通过战争再次攻击河南和山东，收复失地。众所周知，进行战争必有损耗，曾国藩在经历几次战役后资金供给出现问题。可若换角度思考，双方的命运并没有因为有侵

[1] 莫尔斯的《中华帝国的国际关系》第二卷第一章、第二章；又见蒙塔尔多耶稣的《上海往事》与麦克乐兰的《上海旧事》。

[2] 见于威廉斯《中央王国》与莫尔斯著作的第一卷。

[3] 见于威廉斯《中央王国》与莫尔斯著作的第一卷。

略者而产生变化。对于清军来说，曾在中部省份与太平军进行作战的曾国藩以及那些更加靠近金陵的将领们，均保留原职。而英法联军在广州和北京的侵略行为，多数情况下被视为地方事务。

由于僧格林沁的北上，捻军在安徽北部地区的活跃异常明显。而且，这种小范围的活跃可能会成为诱因，使安徽境内太平军也活跃起来。太平军拼死冲杀的战况或许将重现眼前。太平军想要打开通道向金陵挺进，但都未能实现，因为几路进兵都被官文和曾国藩挡住了。1860 年夏，太平军取胜的几率会有所提高，因为此时英法联军正于北京附近击败清军并向北京进军。但随着清廷与外侵者协议的达成，赔款的支付，清政府完全可能与外国人进行谈判，要求外国人帮助他们去对付太平军。

有人认为 1856 年到 1860 年的对外战争使清政府损伤严重，对抗太平军的力量遭到了削弱，此说并无任何确凿证据。有人认为因为这次对外战争而使金陵解围也是空穴来风，从华中转移到北方的士兵几乎没有。实际上，英法联军于 1860 年 8 月打响在北方的战争，而忠王早在五月五日就率军打垮了城外的清军大营，进而开始对江苏和浙江用兵。[1] 八月，僧格林沁率部迎击英法联军，人们对他寄予厚望。当他战败后，曾国藩毛遂自荐恳求北上，但朝廷没有同意。因此，第二次鸦片战争导致太平军再次活跃起来的想法，我们完全可以否定。

曾国藩于 6 月 10 日接到代理两江总督的任命，并奉命减轻清军江苏方面的压力。[2] 可曾国藩不能离开安庆，依旧由巡抚打理该省的公务。也就从此时起，外国开始干涉清廷的两件事务：一是华尔被中国人雇佣，雇主或许是上海商人。忠王于 1860 年占领松江后不久，商人们曾向华尔

[1] 《平定粤匪纪略》卷九，第14页下栏。

[2] 《奏议》卷十一，第41页及以后。

承诺，给华尔3万两银子，让他去收复松江。[1]经过几次失败后，华尔雇用100名菲律宾人，并在白人军官法尔思德和白齐文的参与下，7月17日攻克松江。如今，松江是华尔的总部，他从这里出发率军攻打青浦。但失败了（1860年8月），因为该城有太平军雇用的外国冒险家们驻守。最后华尔不得不放弃进攻回到了松江。在那里，他耗时耗力，几个月的时间训练出了一支中国军队。他的开支间接地由上海海关负责。[2]

由于几千名内地的难民涌进以及忠王在江苏的出现，上海笼罩着一层恐慌气氛。8月18日，忠王抵达上海的郊区。在上海的外国领事们讨论，制定了严守中立政策。因此他们派人带话给忠王，请他放弃上海。最终，忠王被英法政府的联合武装力量驱逐。[3]忠王曾道出自己攻打上海的原因，是受一些住在上海的夷人以及一些和太平军有通信往来的清朝官员的邀请。天气异常使得行军困难，忠王的部队只能缓速前进，面对的是这样的情况："薛抚台是夜悉知有通情，复即加银和洋鬼，请得一两千鬼子而守此城。清军通我未成，此事未举，这般人马概被抚台杀之。"忠王被迫撤走。[4]

外国人虽没有明确表示，但其行为却表明已将中立政策放弃，偏到了清政府一边。他们目睹的事实，在自家门口，就能看到荒凉萧条的可怕景象。这一点足以让他们做出这个决定。更重要的是，由于上海人口一天多似一天，从而带来的物资匮乏问题让他们感到忧虑，这使他们将这

[1] 莫尔斯的《中华帝国的国际关系》第二卷，第69页及以下；威尔逊的《常胜军》，第63页及以后。

[2] 在这点上，外国作者一致声称是一家名叫"塔基"的公司雇用了华尔（只有威廉斯在《中央王国》中说雇用他的人是道台），并说是中国商人提供的资金。与此相反，忠王说是巡抚雇用了洋鬼子（《自述》，第35页），一位小有名气的中国人在记述江苏的作战时（《吴中兵戈记》卷一第1页上栏）则称是代理布政使与吴道台雇用了他们。

[3] 《上海旧事》，第49页。

[4] 《忠王自述》，第35页及以后。威尔逊著作第66页，波鲁斯说太平军是对他们发起突袭，将他的说法与这里的相印证，可以相信上海只是出于偶然原因才没有落入太平军之手。

个实际上是反太平天国的中立进一步扩大了，推及到上海方圆百里的范围内。詹姆斯·何伯上将于 1861 年 2 月从北京返回后就溯江而上，和哈利·帕克斯一起安排港口的开放事宜，这些都源于 1860 年承认的条约。他们在金陵与太平天国的一些首脑进行了会晤，停留十分短暂。所幸他们得到了天王的一句承诺：在一年内，上海平安无事。[5] 从他们对内地和金陵所做的现状报道中，我们可以窥见他们所谓不偏不倚的态度，却又严厉谴责了太平天国，只是因为有十分悲惨之事发生在他们所辖区域，而官军所占领区的城市中情况要好些。[6] 无论是什么因素让外国人决定帮助清廷，这次溯江而上汉口的行为肯定是不可忽视的因素之一。

承诺都有期限。天王一年前的承诺于 1862 年过期后，太平军对上海的攻占计划再一次提上日程。在攻占杭州后，他们的下一个目标就是上海。太平天国得到了很多方面的帮助，在上海城内以及租界内明里暗里都有，有的外国人甚至不惜走私武器弹药和鸦片去帮助他们。就像不能阻止华尔以及像他一样的冒险家去援助清廷一样，此时西方列强的驻华代表们也不能阻止外国人对太平天国的援助。[7]1 月 13 日，太平军集结约 3 万兵力进攻吴淞，成功通过；与此同时，另一支部队在松江对华尔发起了进攻。[8] 松江之战，太平军被华尔击退，随后华尔率领 700 名士兵赶赴上海，请求河伯上将的援助。在高桥地区，何伯带着同等数量的英法水手和陆战队将太平军击败，从上海和吴淞之间的江面直接跨了过去。[9] 经过上海周边的这次作战以及对其他战斗的参与，华尔及他的小部队得到了嘉奖，奖励他们的勇武和高昂士气。

---

[5] 威尔逊：《常胜军》，第71页。

[6] 雷恩普尔：《哈里帕克斯爵士的一生》第一卷，第419页及以后。

[7] 蒙塔尔多·耶稣：《上海往事》，第116页及以下。

[8] 莫尔斯：《中华帝国的国际关系》第二卷，第73页。

[9] 同上书，自《北华捷报》1862年2月7日号。

现在，英国不再采取中立政策，经历了与中法两国谈判后，先后采取了河伯上将和卜罗德的对敌策略，即要将太平军阻止在上海百里以外的地区。[1] 虽然几个月前，华尔的小部队曾经遭受严厉的谴责，但现在对其部队的作战却是赞许一片。[2] 在与太平军的作战过程中，英法联军和“常胜军”充分发挥联合作战优势，迅速占领百里范围内的很多小镇和村庄。5 月 1 日，攻取了嘉定；5 月 12 日，华尔的小部队成功攻占青浦。但后来，这两座城市相继失守，因为忠王攻下嘉定并成功包围青浦，华尔和何伯上将得到援助才幸免于难，从青浦逃走。6 月 14 日，英法联军所率部队全都撤回上海。[3] 华尔日前得到授权，可把部队扩编到 6000 人。[4]8 月，他又帅兵从松江出兵，再次攻克了青浦，但上海恶劣的天气以及流行病的泛滥使外国军队不可能太过活跃。

我们早已知晓曾国藩关于使用外援这一问题的态度。5 月，自外国联军从嘉定和青浦撤走后就谣言四起，说印度军队会来到上海，北京方面曾就这一问题询问曾国藩的态度。为全面了解曾国藩的思想，现必须将曾国藩的回复全部呈现。曾国藩这样写道：

臣查西人天性好胜，睚眦小忿，不肯甘休。青浦、嘉定之挫，既羞见侮于发逆，尤虑见轻于天朝。其兴兵前来报复，系属意中之事。惟英、法旧例，兵谋会议于众国，兵费征敛于众商，非一人所能为主。青、嘉一退之羞，不至遽触大众之怒。国主未必因此而大举，商贾未必因此而加征。其兵数必不甚多，亦可悬揣而知。崇厚既有所闻，似宜由总理衙门与驻京公使查询确实。然后申大义以谢

[1] 《上海往事》第136页及以后。

[2] 《与中国造反有关的更多文件》，1862年版，第8、10、21页。

[3] 《上海往事》，第136页及以后。

[4] 《中华帝国的国际关系》第二卷，第77页。

之，陈利害以劝之。

中国之寇盗，其初本中国之赤子。中国之精兵，自足平中国之小丑。姑无论本年春夏连克二十余城，长江上下肃清三千余里，发逆无能久之理，吴、越有可复之机。即使事机未顺，贼焰未衰，而中华之难，中华当之。在皇上有自强之道，不因艰虞而求助于海邦；在臣等有当尽之职，岂轻借兵而贻讥于后世。此所谓申大义以谢之也。

粤匪行径，一本属无赖之贼。青、嘉两城，尤属至微之事。英国若征印度之兵，为报仇之役。多调则胜之不武，少调则不胜为笑。徒使印度军士，支领英国之饷银，蹂躏中国之土地。上不利于国主，下不利于英商。不如早议息兵，俾淞、沪免无穷之扰，即英法省无穷之费，此所谓陈利害以劝之也。

斯二者，总理衙门与驻京公使委曲商榷，如俱不见听，则亦别无阻止之法。仍当先与议定，西兵进攻内地，臣处无会剿之师。若克城池，臣处无派防之卒。区区鄙见，不得不重言申明。

至于设法防范，殊乏良策。洋人语言不通，风俗迥异。彼以助我而来，我若猜忌太深，则无以导迎善气。若推诚相与，又恐其包藏祸心。观于汉口焚船等案，片言不合，戎事立兴。嫌衅一开，全局瓦裂。臣始终不愿与之会剿者，盖亦筹之至熟。与其合而复离，不若量而后入。倘我军屯驻之处，彼亦不约而来，实逼处此。臣当谆饬部曲，平日则言必忠信，行必笃敬；临阵则胜必相让，败必相救。但有谦退之义，更无防范之方。吾方以全力与粤匪相持，不宜再树大敌，另生枝节。……[1]

与此同时，丢勒德克上尉和肯尼中尉的军队在宁波作战，英法的战

[1] 《年谱》卷八，第16页上栏；《奏议》，第27~30页，1862年7月18日。

舰袭击了该城然后将其占领，在5月6日将控制权交给了官军。[1]在宁波的作战策略与上海类似，在外国军队的援助下先攻占宁波周边的一些小镇，进而一点点渗透，最后攻克南京。华尔率军于9月21日到达这一地区，可在对慈溪进攻时受到重创。不仅有常胜军，还有从英法舰队上来的部队都参与了这次作战，另外还有一支由法国人训练的由1500名中国人组成的部队。[2]华尔葬身松江，他的残部也被接收，他们得到众多的嘉奖，赞誉一时。到现在还有一座祠堂，那是他的墓址，昭示着华尔的曾经。华尔的能力是值得肯定的，即便他曾妄想在中国建立自己的帝国，他的野心勃勃并没有淹没他的才华。[3]没有人会去嫉妒华尔。因为如果没有他，戈登的工作就难以完成，而上面提到的中法联军也会荡然无存。这支部队最终的兵力有2500人，最早由勒伯勒东和日意格统帅。左宗棠在11月28日收复上虞时他们曾给予了帮助。[4]在官军收复绍兴时（1863年年初），丢勒德克也参与其中，并提供了支援。因为不能顾此失彼，太平军考虑到城外的作战，就放弃了这座城市。[5]在上虞的作战中，勒伯勒东牺牲，买忒勒掌握了指挥权。可不幸的是，买忒勒不久也阵亡了，德克碑接任了这一职位。[6]

美国人爱德华·法尔思德临危受命，在第一位指挥官阵亡后顶替他的位置，暂领常胜军统帅。但他不愿担任，不久就把指挥权交给了一位名

[1] 《中华帝国的国际关系》第二卷，第78页。

[2] 同上书，又见海克《太平天国运动》第220页及以下。

[3] 威尔逊的《常胜军》第91页，又见莫尔斯《中华帝国的国际关系》，第二卷第56页及以后，第79页注释。

[4] 《中华帝国的国际关系》第二卷，第79页。

[5] 威尔逊《常胜军》，第114~116页；《中华帝国的国际关系》，第79页；科尔迪埃《中国与西方列强的关系》，第215~218页。科尔迪埃的记述部分取材于吉克尔《第二世界杂志》1864年6月15日号中的文章。

[6] 科尔迪埃：《中国与西方列强的关系》。

叫亨利·白齐文的美国人。

同时间，在另一个战场，太平军与曾国荃展开持久战，上演了一场持续 46 天的疯狂攻击。而传染病的突然爆发，让湘军的防御捉襟见肘，疲于应付。朝廷可用之人不多，能够援助曾国荃的各位将领在各自的统辖区域都有自己的职责，从长远战略上看，均不能离开，只有程学启可以。但程学启的离开会让江苏的战事陷入危局，为大局考虑，曾国荃拒绝了程的援助。但也有人认为曾国荃逞一己之能，妄自尊大，为了维护自己的威望，贪图功劳而犯险。曾国荃的这个决定陷曾国藩于两难之地，因为是曾国藩向程学启提出的援助请求。但曾国藩依然试图两全，他写信给李鸿章，告诉他程学启可以不来；如若已经出发，就襄助一两仗取得胜利稳定军心后再返回。[1]

接着，李鸿章提议，可派白齐文和他那支以“常胜军”闻名的部队前去襄助曾国荃。起初，曾国藩是反对的，但最终同意了，并提出了两个条件。第一，这支部队应驻扎在金陵下游地区的下关或九袱洲一带，或是驻扎在上游某个地方，不能离清军太近；第二，若成功攻破金陵城，白齐文的部队要恪守军纪，切忌肆意掠夺，所有战利品必须集中上缴，一半送往北京，另一半由各军分配。白齐文的部队能分到双份。这两个条件必须完全接受，以避免将来节外生枝。[2] 曾国藩还必须安抚自己的弟弟，在写给曾国荃的信中，他劝曾国荃切勿固执，对常胜军可加以利用，但要防止他们和其他的部队接触过密。“白齐文部下名为洋兵，实皆广东、宁波之人，骄奢成俗，额饷极贵，弟军断不宜与之共处。凡长濠以内，总须主兵强于客兵，一切皆由弟做主，号令归一，而后不至偾事。

[1] 《书札》卷二十，第7页下栏及第8页下栏。

[2] 同上书，第8页下栏及第9页上栏。

至嘱至嘱。弟若有信至沪，亦须先与说明。”[1]

前段时间，与白齐文的谈判暂行搁置。11 月 7 日，曾国藩写信说，他收到了白齐文的来信，信中列出了协商的要点。但对于白齐文能否成行，曾国藩持怀疑态度。可此时，清军遭受一场重创，幸好有曾国荃在 11 月 26 日打的一场胜仗，才使包围解除，并把太平军赶到了长江以北。但曾国藩依然担忧曾国荃的安危。在赶走忠王的那次攻击前，曾国藩就让曾国荃撤出金陵，因为在宁国的一次失利让他看到了官军在长江上游的危险。假如宁国失守，就必须向芜湖或是金柱关撤退；这边鲍超军队已被削弱，那边曾国荃刚脱险，士气不振。如果二者都溃败，整个清王朝的基业都会土崩瓦解。12 月 4 日与 12 月 5 日，曾国藩连着两天给曾国荃写加急信，让他不要固守，以免危害全局。[2] 尽管曾国荃承受着巨大的压力，但他充满信心，对兄长的劝导全然不顾。11 月月底，围攻已基本结束，但是直到 12 月中旬之后，清军才能确定忠王不会再次进行围攻。

对于白齐文为什么在危急的关头前往金陵的举动，众说纷纭。有一种说法是拖欠军薪。纵观白齐文后来的经历，我们无法确认这一说法的真实性。但从上文我们可以看出，对于他的增援，清军是十分期盼的，尤其是清廷在 11 月命悬一线之时。他的理由五花八门，当他下定决心打算出发时，清政府却将轮船全部撤走。这并不能责怪清政府的失信，于人之常情来看，这是再自然不过的事了。

通过前文摘录的曾国藩的信件我们能够看出，中国人并不欢迎“常胜军”。尤其在西方列强果断放弃中立政策后，他们也想要试图改变自己。中国人认为常胜军耗资巨大，而对其随意干涉松江民政也感到不满。常胜军的官兵军纪较差，经常寻衅滋事，在中国人的头上作威作福。

[1] 1862年11月8日的信函。

[2] 11月17日至12月7日的信函。

1863年1月2日，这支部队因欠薪引发了哗变。据上海传来消息说：银子会在两天之内送到。望梅止渴，白齐文就靠这一消息，暂时将士兵安抚了下来。但约定日期已到，饷银依旧没有着落，白齐文就亲赴上海。那儿的人说并没有这个约定，不能兑现饷银。白齐文又赶到“塔基”家里，在“塔基”家他不堪受辱，将那里的道台打了，拿着钱回到了松江安抚士兵。白齐文因此事被罢职，布鲁斯爵士，即以前的荷兰上尉和后来的戈登上尉，掌握了指挥权。在进行多次整顿之后，这支部队军纪十分严明，其指挥官的担任者，大多是痛恨指挥官的外国冒险家们。[1] 曾国藩对白齐文的所作所为，十分气愤。他在写给李鸿章的一封信函里，建议李鸿章和他一起联名上奏，要求皇上将白齐文处死，因他殴打欧阳道台。[2]

曾国藩对这件事的记述和上述外国资料中的记载不尽相同。他是这样记叙的：

> 查洋将白齐文常胜军，于九月中旬定议来援金陵，屡次误期。厥后奏明十月十九日启程，吴煦先带轮船两只赴镇江齐队。乃白齐文索饷迁延，迄未入江。十一月十四日，[3] 在松江闭城滋闹；十五日，带洋枪队数十人至上海毒殴杨坊，刃伤其戚属，抢夺洋银四万余两而去。如此跋扈横行，毫无纪律，不特中国不能资其力剿贼，亦为外国之所公恶。应由李鸿章奏明知会驻京会使，严行惩办。[4]

我想我们现在应该能够理解李鸿章对白齐文事件的愤恨了，纵然白

[1] 海克：《太平天国运动》，第226~234页。
[2] 《书札》卷二十，第34页下栏。
[3] 这里的日期不一致，外国的记述给出的日期是第二个。
[4] 《奏议》卷十七，第52页上栏。

齐文曾在北京得到英法公使的支持，他依然坚持不让此人恢复原职。[1] 我们还理解了清政府的一些作为，为什么清政府将汽船撤走，又为何禁止发放这支难以掌控的武装军饷。

英国政府同意了由戈登上校统帅常胜军的协议后，其就在斯特夫利将军的支持下生效。协议规定常胜军的人数，最多可达 3000 人。[2] 在等待英国政府批复期间，华尔的旧部滋扰闹事，想让白齐文继续任指挥官。在农历的二月初七，荷兰军攻打太仓失利继而引发了诸多麻烦。在福山，布瑞南少校也因失利失去李鸿章的信任，差一点儿将其镇压。[3]

幸好，所有的批复均已下达。戈登于 1863 年 3 月 25 日接掌了部队的指挥权。戈登是英国派遣军的军官，与此同时英国政府批准了他的任命，这说明清政府得到了英国的全力支持。

戈登的作战成功拉开了帷幕，标志就是解救常熟。他以 2250 人的部队去支援 6000 人的官军，4 月 7 日将敌军击退。接着，他又奔赴太仓。因为太平军以假意投降为诱饵，诱骗太仓巡抚的长兄李瀚章进了城，陷入危机之中。戈登仅有 2800 人的兵力，而他要对抗的是近万名敌军，虽然兵力悬殊，但戈登有谋善战，经历 4 月 30 日和 5 月 1 日两次攻战，成功攻下太仓。[4] 但因有小人作祟，在白齐文的党羽士兵中间挑唆，使得部队士兵离心离德，戈登无奈率部回到松江，对部队进行改组与整顿，撤换掉许多军官。5 月 27 日，戈登带着重组的部队直奔昆山，以解昆山之围。戈登整顿后的部队拥有 600 名炮兵和 2300 名步兵。[5] 他使用水路两

[1] 白齐文的情况由海克提供，见第230页及以后。

[2] 但是遭到这位英国将军的强烈抗议，裁军没有立即生效。

[3] 莫尔斯：《中华帝国的国家关系》第二卷，第92页及以后；威尔逊：《常胜军》，第127页。

[4] 莫尔斯：《中华帝国的国家关系》第二卷，第94页及以后；威尔逊：《常胜军》，第150页及以后。

[5] 莫尔斯：《中华帝国的国家关系》第二卷，第95页及以后；威尔逊：《常胜军》，第158页。

用的“熙春号”，大大加快了攻城的进程。6月1日，在程学启的配合下，戈登将该城攻克。[1] 程学启认为此次战役的功劳应是自己的，但事实上，戈登并没有运用程学启的策略。两人之间嫌隙加大，程学启对戈登的成绩更加妒忌，他们之间的摩擦、矛盾极深。结果，李鸿章和马格里爵士不得不出面调停。因为戈登离开松江把昆山作为基地的决定又引发了事端，这场哗变被铁血的手段镇压了。[2] 以此为契机，整顿军队，制定严明的军纪在各部队全面展开。在戈登以和解的态度解决了第三次哗变之后，严明健全的军纪开始实行。[3]

现在看来，导致戈登辞职的因素有很多：和下属的摩擦，和程学启的矛盾，合理的要求不能得到及时处理，[4] 还有来自朋友的劝告等。就在8月8日他要动身前往上海的时候，白齐文已率领300人在苏州加入太平军的消息传来，白齐文希望在另一个战场赢得自己的帝国。[5] 上海的舆论纷纷，人们普遍认为，如果昆山的部队投向他们喜欢的白齐文，局势会更加恶化。因此，戈登的留下成为必然。

就在同时，这支小部队已离开昆山，渐渐逼近苏州。在他们的协助下，清军于7月29日收复了苏州的外围防御要点吴江，[6]8月25日，又成功占领了位于太湖半岛前端的太湖县。[7]9月20日，一支部队攻占了江阴，联军已经准备向苏州进军。

这个战略要地由忠王的爱将慕王谭绍光以及其他几名王爷守卫着。身在天京的忠王，劝天王离开天京，另寻其他安全地方落脚。从《忠王

[1] 威尔逊：《常胜军》，第159~182页。中文资料记载的日期为5月31日。
[2] 海克：《太平天国运动》，第260~282页；威尔逊：《常胜军》，第164页及以下。
[3] 威尔逊：《常胜军》，第166页及以后。
[4] 这里需要研究巡抚的财政状况。
[5] 威尔逊：《常胜军》，第170页及以下。
[6] 威尔逊：《常胜军》，第172页及以下。
[7] 《年谱》卷九，第11页下栏；《皇家亚洲协会北华分会会志》，1864年12月号，第119页。

自述》一书中我们能探知忠王彼时的想法，他希望苏州的守将向敌军投降，但他也清楚地明白，自己无法这样做。因为官军对于从广西来的老兵一类人是极其严厉的。所以他在分手时说："现今之势，我亦不能留尔。"那些守将立表衷心绝无二志，但言语的力量总是苍白的。他们早有预谋叛变，谋杀慕王就是其中的一部分。[1] 他们开始和程将军联络，谋划献城投降。当时达成了协议，其中一项内容就是杀掉慕王，但拒绝亲手杀掉忠王。1863 年 12 月 6 日，苏州城被攻陷。纳王作为谈判的执行者，被授予了二品武官之职。[2]

李鸿章被迎入苏州城。王爷们对于当初的誓言早已抛到九霄云外，但他们的结局也是凄惨的，由于背信弃义，被全部处死。戈登就是见证者，但他并不认同这一点，他认为处死投诚的各王是背信弃义的行为，因此他十分愤恨巡抚。他带上"熙春号"和部分军队，要抓捕并杀掉李鸿章。但他并没有成功。经历几个星期的思忖后，他决定留下来继续服役。[3]

退隐期间，戈登并无具体政绩，这一结果直接导致了常胜军的道德和纪律水平的下滑，但随着他的回归，情况立马好转。在 1864 年，整个春天，常胜军都和中国军队在一起，他们一同行军，从苏州向常州，在 5 月 11 日将常州占领，这一战役中戈登和他的部众有着举足轻重的作用。同时，法国人在浙江提供了很多有价值的帮助，3 月 31 日，他们和左宗棠的部队攻占了杭州，在曾国荃攻破金陵后，他们又在 8 月 18 日成功拿

[1] 《忠王自述》，第59页及以下。

[2] 《太平天国野史》卷十九，第6页及以后。

[3] 这是戈登一生中得到最多庆贺的事件。曾国藩完全赞同李鸿章的行为，他在日记中写道："见李少荃杀苏州降王八人一信稿一片稿，殊为眼明手辣。"摘自《日记》卷二第38页。威尔逊认为这是出于八王在太仓叛变的考虑，因为其兄弟在那里被捕。威尔逊的看法可见于上面的注释。博尔格在《哈里戴·马卡特纳爵士的一生》第92~122页做了详细的记述。海克在其著作第393页说，李鸿章与程学启杀降的理由是叛变。《中华帝国的国际关系》第二卷第100页及以后。

下湖州。[1] 但就在中法联军进行最后一次作战之时，常胜军已不复存在，它 1864 年 5 月 31 日被解散。[2]

对于如何评价这支部队及其在镇压太平天国运动中所扮演的角色应从多方面考虑。我们了解到，清政府能成功占领许多战略要地，得益于英、法、美三国军官出色的谋略。如果缺少帮助，战争持续的时间会更长。这支部队有它的特殊之处，与和他们合作的纯粹的中国军队相比，这支部队有良好的装备，训练更加有素。他们的存在使上海得以免遭太平军攻占，政局的稳定又为李鸿章支付军饷提供了充足的可能。通过这些情况的分析，我们应该承认，这支部队的角色十分重要，帮助也有效到位，有些甚至能关系生死成败。

但我们若仅凭这些只言片语，或是提供一种可能，认为是“中国人”戈登将太平天国运动镇压了，未免有些偏颇。戈登的指挥权力有限，他所统帅的军队没有超过 3000 人的。在作战关键时刻，总是得益于清军的支援。必须承认的是，成功有他的贡献，他们也可以分享荣誉，因为若没有他们，或许是另外一种结局。但最为重要的是，曾国藩和他的将领们，曾在安徽、江西和天京周边的持续作战，虽精彩或许逊于常胜军，但作用同样重要。他们的行动损耗着太平军的物资，牵制着太平军的精神，让太平军处于一种紧张焦虑状态；而在湖北和河南等地，虽然地处遥远，也有部队在为防止捻军和太平军联合而作战。

所以，对于这支队伍评价，我们如果接受著名历史学家所给出的观点，或许能够做到公平不倚。[3] 这位历史学家这样写道：

[1] 《皇家亚洲协会北华分会会志》，1864年12月号第120页。

[2] 莫尔斯：《中华帝国的国际关系》第二卷年表，第25页。

[3] 威尔逊：《常胜军》，第257页及以后。

我已经说了很多违反戈登上校本人意愿的话，因为在这个问题上已经说得太多，而在此还必须重复，以便解释最近在中国发生的诸多事件的实际进程；但是，当我们仔细地考察一下那个占压倒多数的说法，即结束太平天国运动的人是戈登上校，那么事实就会迫使我终止发言。也许李抚台在上面引用的奏疏中过多地把江苏作战的功劳揽到了自己身上，但无可怀疑的是，戈登及其部队如果得不到援助，是不可能肃清该省的。当他在战斗中冲锋在前时，他会要求清军守住他夺占的地方；程将军和其他将领们指挥下的清军和他并肩作战，为他的胜利做出了重大的贡献。更重要的是，必须记住，太平军之所以被驱逐到江浙的沿海地区，是因为清朝一方的曾国藩及其将领们所取得的胜利。清廷似乎指望英法联军为他们保住上海、宁波这些城市。如果他们没有这么做，他们或者会采取不同的办法。我们的同胞在太平军逼近他们的富有贸易殖民地时感到了惊恐，他们似乎认为这预示着太平天国事业将在中国取得总体上的胜利，但实际情况并没有那么严重。可以肯定的是，如果容许太平军占领上海与宁波，几乎无止境地获取外国的汽船、武器与兵员，他们给外国人带来的麻烦，就会比带给中国政府的麻烦大得多。而且，如果容许他们这么做，我们就放弃了根据条约对中国政府所承担的义务。因此，清政府有双重的理由不费很大的力气去防止太平军进取这两个驻有外国领事的港口城市。他们料想我们的利益和义务会引导我们阻挡太平军对这两个港口的进攻，而他们的推算没有落空。他们在其他情况下会怎么做，我们只能推测，但是，如果根据形势和结果来做判断，可以肯定的是，清军放任太平军的进兵，并不能证明他们没有能力按照他们缓慢而按部就班的方式来镇压太平天国运动。

但换个角度看问题，我们不能否认的是，西方各国的态度在这个运动中有着决定性的意义。因为有近两年的时间，即1853至1854年间，他们对太平天国政府是持否定态度的，这明确的态度对清政府是有利的。我们可以做一假设，在金陵城内有一个天德或者冯云山，这样的形势下，太平天国政府极有可能得到认可。我们清楚地明白，如若任由清政府独立地镇压这场运动，它也是有胜算的。西方各国在战争将近结束之时给予清政府的援助，无疑为这一胜利夯实了基础。

第十三章

金陵之战及太平军的溃败

1862年夏，清军的进程被酷夏的炎热及其引发的疫病而打乱了。疫病在无数的官兵间传染，他们身体虚弱，甚至在安徽、浙江和金陵，有大量的清军染病去世。所以，实际上那些对太平天国的战事不得不暂时停滞。[1]

李续宜本因家中双亲病故要回家守丧，却因北方分散的叛军势力和捻军主力活动越发频繁而停止。他在守丧期间被任命为钦差大臣，以代理巡抚的身份为朝廷效力。他与山东、河南、直隶和山西的军事机构一起协商，打算通过联合行动来对付太平军和北方的捻军。胜保则被任命为陕西的钦差大臣。清政府已经意识到局势严重，因此采取了更为谨慎的防范措施，派遣大量的钦差大臣到各地，以确保控制北方的局势和降

[1] 《年谱》卷八，第17页下栏；《奏议》卷十六，第53页及以后（8月16日），以及卷十六第75页及以后（9月22日），曾国藩在其中详细记录了几位将领病倒了，他弟弟在金陵统领的军营中有一万人病倒，左宗棠所部大半官兵也因此失去战斗力。

低危险。

疫病直到10月仍在继续传播，金陵、湖州和池州疫情相当严重，也给宁国一带带来了重创。因鲍超和张运兰等重要的军事领导都先后染了疫病，曾国藩对当前的局势感到力不从心，督促北京派遣高官来分担他的重担。曾国藩的提议遭到了北京方面的拒绝，而北京方面却对曾国藩在华中的作战部署表示赞赏和满意。[1]

曾国藩得到消息称，太平军准备把他们的部队分成三大部分由侍王带领，趁官军当前困难重重时，在金陵城外的雨花台对曾国荃的部队发动战事。10月13日，忠王亲自率领部队对曾国荃发起进攻，其余的太平军将领则在新河庄击败了鲍超，攻下了宁国县（10月28日），官军面临的境遇比曾国藩料想的还要糟。

曾国藩于11月3日，将官军目前的情况和所处的险境上报北京，列数如下：[2] 其一，曾国藩之弟曾国荃，在金陵雨花台遭到太平军的多次进攻；其二，曾国藩预计太平军会经宁国直入江西，从而威胁到他的后方；其三，太平军会与他争夺长江的控制权，将丹阳的军队调入长江；其四，已有消息称捻军将从河南入湖北、安徽与太平军汇合，解除金陵的困境。曾国藩还在报告中指出，他因江西的税赋收入减少，资金短缺只能采取一些应急的方法来保证他可以顺利地履行职责。[3] 在奏议的末端，他恳请朝廷派多隆阿在安庆以北驻扎，协同守卫鄂皖边界。

曾国藩不愧为一代伟人，他虽在此刻有所动摇，但仍然思维清晰，以《三字箴》的劝诫性词句，以清、慎、勤三字勉励自己：[4]

[1] 《年谱》卷八，第21页；《奏议》卷十六，第81页及以后。（10月12日）。

[2] 《年谱》卷八，第22页下栏；《奏议》卷十七，第7页及第9~12页。

[3] 《奏议》卷十七，第9—12页、第14~17页。

[4] 《年谱》卷八，第24页下栏。

清字箴曰：名利两淡，寡欲清心，一介不苟，鬼伏神钦。

慎字箴曰：战战兢兢，死而后已，行有不得，反求诸己。

勤字箴曰：手眼俱到，心力交瘁，困知勉行，夜以继日。

事态并没有像曾国藩在奏议中所担心的那样发展。11 月 9 日，丹阳的太平军发动突围，但在曾国藩的舰队和陆军联合下，在金柱关被官军击败。因此，长江并没有被太平军和捻军控制。

忠王以及从城内增援的 13 位王爷，在雨花台对曾国荃进行了长达 46 天的疯狂攻击。太平军使用了从国外进口的先进武器迫击炮发射炮弹，带着巨大的威力对清军进行轰炸。而且太平军在湘军的胸墙下埋雷，将其炸毁。太平军尽管对曾国荃进行了连环式的攻击，但依旧没有打败他，而他的兄长则保证了粮道的通畅。

曾国藩在这段危急的时期几近崩溃。他审时度势，用白齐文和常胜军代替程学启将军前去援助。李鸿章曾因江苏站场需要，将曾国藩的手下将领程学启借走并留用。而白齐文将军则因其他原因，没有能够及时赶到。[1] 曾国藩为了不使自己之前的努力付诸流水，以及避免湘军战败，下令曾国荃撤退到芜湖。曾国藩已经意识到，这次战役是生死对决，一旦战败整个清王朝的庞大基业将陷入前所未有的危机。而曾国藩迎难而上大胆一搏，最终取得了胜利。在那段日子里，曾国藩天天给曾国荃发信，随时了解战事并时刻提醒曾国荃注意危险并加以鼓励，在最后的关键时刻让他撤退至芜湖。在这场持续 46 天的战事当中，双方浴血奋战死伤惨重，死亡数目达到千人。11 月 26 日，曾国荃把忠王率领的太平军击退至江北地区。[2]

---

[1] 见第十二章。

[2] 《年谱》卷八，第24页及以后；《奏议》卷十七，第27页、第33页。

清王朝对这次战役的功臣赐了黄马褂，以及加官进爵等其他的重赏。曾国藩的弟弟曾贞干被赐予知府的官职，无奈他在圣旨下达的当天离世。在世的时候他没能得到这份官职，后来，追加了个谥号，被授予按察使衔。[1] 官职名号都属于当朝皇帝对有功的高官的奖赏，而曾贞干能得到谥号也因他已官升至知府。

清军在雨花台战役中将太平军击败，曾国藩因此信心大增。他经过缜密的思考，决定派军去往泸州，以便择时向苗沛霖发动进攻，和太平军再次交战。说到苗沛霖，他曾在北方的捻军中任职，之后投靠了太平军，接着出卖了太平军的英王，将其交给清军。此人多变狡诈，令曾国藩不能安心，觉得有必要对他进行防范以防他再次叛变。[2] 另外，曾国藩还派遣安徽的新兵与湖南的老兵配合，去金陵对岸以及长江上游的各个重点区域驻扎。金陵以南，太平军的声势依旧浩大，1862 年 12 月 27 日，太平军向西迈进，远至祁门但没能守住此城。[3] 金陵东南方向，1863 年初，左宗棠带兵攻下严州，同时李鸿章攻占了常熟。

1863 年 1 月 31 日，在四川境内活跃的翼王石达开战败，并被清军俘获。这个曾让官军头疼的翼王，在多次战役中将官军打败，之后，官军用 10 万大军对他围追堵截，使得石达开的主力兵战败，撤军云南。在云贵等多地，都曾出现过石达开的踪迹。1863 年 1 月 9 日，有线报说石达开带领着五六千兵士出现在松林地区，官军集合兵力将他包围并发动进攻，石达开战败受伤并被俘虏。清军将石达开押至四川省会成都，后有传言他曾把这些经历写入日记。1863 年 2 月，石达开和他的 2000 名下属被下令处决。至此，从广西一直跟随天王一路拼杀的，最后一个太平天

[1] 《年谱》卷八，第28页上栏、第30页下栏。

[2] 《年谱》卷八，第26页。

[3] 《年谱》卷八，第27页；《奏议》卷十八，第39-42页、第46页上栏。

国的开国王爷死去。石达开是那个时代比较典型的草根英雄，在他远离太平主力军的那几年，他更像是一个独立的冒险家。后人根据他的传说曾杜撰出大量的故事，并广为流传。[1]

1863年初，江西、安徽以及湖北的驻军都在防备着太平军向华中撤军，并防范太平军北上和捻军汇合。而此时，大清朝廷的形势已有所改观。在戈登的率领下，常胜军进行了重新的调整，成为了平定江苏的主要兵力。同时，英法联军也在浙江一带辅助左宗棠。在通商口岸的各国观察家们，每周都能收到最新的战况消息，关注着这两支队伍的进展，特别是常胜军在江苏的战况。根据这些战报，观察家们得出了结论，戈登和他所指挥的部队负担了对敌军的主要作战任务，并取得了光辉的战绩。在这里，我们对当时坐镇安庆的总指挥曾国藩，为这场战事所付出的努力以及他出色的指挥能力应该加以肯定。这些西方的观察家们忽略了曾国藩的作用，将他在这场战役中的策略归功于他人。他们只从江浙的作战记录中了解表象，并没有深入了解到真实的情况。[2]

1863年3月，曾国藩不顾仍然活跃的太平军带来的危险，亲自从安庆到金陵城外对目前的战场全面巡查。[3]

曾国藩在这次巡查中看到了很多问题。他在上报中陈述了以下的观点：第一，长居长江边的老百姓因为战事被迫到岛上逃生，由于物资缺乏很多人死去。第二，江苏和浙江因为战争良田荒废，太平军方面将会有补给的危机。这些情况，会使得太平军向江西撤军，如果他们撤退我

[1] 《年谱》卷八，第32页。《发贼乱志》第101~106页多处。最近有一本书出版，声称是石达开的日记，但其中存在大量的现代用语，致使人们怀疑它是伪造品，至少被随意地编辑过。

[2] 莫尔斯的《中华帝国的国际关系》第二卷第四章和第五章中，有关于常胜军及其征战的最近记述，它几乎完全取决于英文资料。

[3] 《奏议》卷十八，第23~25页。17日，他离开安庆前往芜湖，对彭玉麟进行短时的拜访。24日到29日，他则在金陵雨花台进行巡查。

方将会处于危急之中（忠王极力推进此事，但天王否决了）。第三，在安徽和浙江等已经被官军收复的地方，无法进行正常的耕种。因为现在还经常遭到太平军游击队伍的骚扰（如果流行的报道是事实，那太平军在这些地方的实际控制力比官军还高）。第四，李世忠有可能因为叛变而战败，如果属实将对他进行革职，而浦口和其他一些小地方现已沦陷。

同时，曾国藩也在此次巡查中看到了胜利的希望：第一，由于农田的荒废，会让太平军有向内地推进的想法，也会给我们带来潜在的危机，但同时也证明了太平军不可能维持太久。第二，官军已将金陵的东和南面的重要关卡掌控。第三，目前面临的困难和不足之处确实有很多，但在他巡查期间并没听到任何的不良言论，反而军队官兵的士气更加高昂。[1]

太平军的几个分支被迫退到江西和鄱阳湖一带，还有一些太平军到了徽州和祁门，这些都发生在曾国藩巡查的这段时间。同时左宗棠已在3月1日和3月15日取下金华、绍兴，还有浙江东部的一些地方[2]。因此，左宗棠信心大增，觉得自己有足够的实力可以攻打徽州。4月18日至5月17日期间，左宗棠被任命为闽浙总督，同时也兼任浙江巡抚之职。不久之后一份皇帝的诏书下达，将曾国荃任命为挂名的浙江巡抚。5月22日在鲍超和左宗棠的兵力支持下，徽州被拿下，太平军被赶出了徽州。

浙江的徽州和休宁地区频频传捷报，但是浙江的北面又面临新的战事。苗沛霖曾叛乱也曾将太平军的英王交出表示对大清的效忠，但如今他又在安徽的寿春谋反。他在寿州和池州都拥有强大的兵力。曾国藩经过一段时间的考量，决定对他发起进攻。虽然官军加强了这些地区的进攻和防范，可仍没能阻止太平军和北方的捻军汇合。5月11日，联合后

---

[1] 《年谱》卷九，第3页；《奏议》卷十八，第23~25页。

[2] 《年谱》卷九，第1页下栏、第2页上栏，《平定粤匪纪略》卷十五，第1页下栏至第3页上栏。《发贼乱志》略去了这些内容，因为这些城镇实际上由于难以防御都被太平军放弃了，并未被占领。

的太平军和捻军接近了安庆以北的庐州，以至于那里的形势更加严峻。

曾国藩觉得，现在太平军的策略就是让他再次将围攻金陵的军队调走，如同在安庆被围攻的那段时期。当时，太平军的英王和忠王所采取的战略就是，在相隔甚远的不同区域进行挑衅攻击，以吸引官军的兵力。[1]

然而，曾国藩不会将军队调到湖北，即使那些地区是战略要地会有失去的风险。因为，一旦将主力部队调走，他的兵力将会分散，会使得他的整个战略部署夭折。而他为此已经付出了巨大的努力，他不可能因小失大。目前，曾国藩认为只有死守才是保住这些要塞的唯一方法。左宗棠正在攻打富阳，以便为进攻杭州做准备，并阻断太平军前进的脚步。李鸿章必须拿下昆山，为之后占领苏州做好铺垫。曾国藩的战略非常精准，他的目的是把金陵、苏州、杭州连起来形成三角区，把太平军困在这个区域里，将其歼灭。但是由于曾国藩手中缺兵少将，他这个宏伟的战略计划不能快速实现，只能见机行事。

在江苏，战况取得了明显的进展，李鸿章联合戈登的军队在5月2日拿下太仓。[2]通往昆山的道路已经畅通无阻，5月31日联合部队攻下了昆山。[3]这个时候曾国藩可以聚集兵力攻占苏州了。在曾国藩坐镇管辖的区域，鲍超在其他将领的协助下，5月18日将六安解围。接着，他又带领部队到被苗沛霖围攻的寿州解围。在部队赶往寿州的途中，鲍超将安徽北部的太平军散军驱逐。同时，他们也遭到捻军的拦截。因此，他们到达寿州

---

[1] 《奏议》卷十八，第44页（1863年5月14日）。

[2] 这个日期可见于《平定粤匪纪略》第15卷，第10页下栏，以及皇家亚洲协会华北分会《学报》1864年12月号第119页。莫尔斯的《中华帝国的国际关系》第二卷第95页给出的日期是5月1日，但没有注明出处。莫尔斯没有说中国人参与其中，但中国的记述列出了驻扎在那里的几位司令官的姓名。中国对戈登的记述比莫尔斯对中国人的论述更为公正。

[3] 莫尔斯著作中在这里又有不同，把日期记述为6月1日。有关这次攻击的细节请参阅莫尔斯著作第二卷第95页及以后，以及黑克著作第260页及以后。

的时候，那里已被苗沛霖拿下，而官军只能退到六安州和三河尖。[1]

6月13日，湘军在金陵攻下了太平军的雨花台堑壕。杨载福（从此改名为杨岳斌）与彭玉麟联合拿下了下关的堡垒，并在7月18日占领了长千桥。[2] 忠王针对这些失败写道：

> 雨花台又失，京内惊慌。那时天王差官捧诏召我回京……那时和州又败，江浦失守，官兵纷乱。……自此回来，九帅克我雨花台，营垒扎坚，不能再复，兵又无粮，扎脚不住。自散下苏州、浙江，此举前后失去战士数万余人，因我一人之失锐，而国之危也。[3]

忠王已经意识到金陵难守，现今情况十分危急，他主张放弃金陵。他也提出了自己面临的困境，湘军从东、南、西三面夹击天京，他无法击败曾国荃的部队。而通往天京城的粮道也被清军阻断。天王并没听从忠王的劝阻，反而斥责作为开国的元勋，忠王不应该说出这种泄气的言论。天王认为，上帝把太平天国交给他，就会用尽全力去保护金陵和他的臣民。[4]

在此局势下，曾国荃将金陵城渐渐包围，鲍超则接到军令折返宁国一带，江忠义把太平军驱逐出江西。[5] 战败的太平军顺江往下游而去，停在了青阳进行攻城。湘军将领朱品隆在青阳坚守38天后，得到了曾国荃的支援。他们对太平军进行反击，太平军战败被赶到了石埭和太平。[6]

---

[1] 《年谱》卷九，第10页下栏。

[2] 《年谱》卷九，第8页及以后；《奏议》卷十八，第47~50页。

[3] 《忠王自述》，第55页。

[4] 《忠王自述》，第55页及以后。

[5] 《年谱》卷九，第9~11页。

[6] 《年谱》，第12页下栏、第14页上栏。

苗沛霖一直在安徽的北部活跃，阻断了淮河的盐道，使得清军军队的财政供给不足。安徽的盐场主要用来供给湖北、湖南以及江西的需求。而造反军队对盐道的拦截，使得这些省份的盐必须由四川、广东以及浙江获取。曾国藩作为总督感觉到，只有恢复以往的盐道供给才能重新掌控这一财政收入。他对苗沛霖的所作所为已忍无可忍，于是调动了四路兵力准备将苗沛霖彻底清除。曾国藩将四支队伍联合起来，由金国深统一领导。[1] 至 12 月止，清军终于将苗沛霖击败，同时夺取了怀远。

攻下富阳是拿下杭州的关键，在浙江中法联军于 9 月 20 日攻下富阳。因此，清军围合的战略取得了跨越性的进展。忠王将富阳的战败进行了如下阐述：[2]

> 自此之后，金华、龙游、严郡、温、台等处陆续退守，兵屯富阳。左京堂全军发下，逼到富阳，与我军连敌数月，亦攻未下，然后仍请鬼兵由水路而来，用炮攻崩富阳城池，连战数十仗，鬼败，然后再调鬼兵多来，复再与战，左京堂亦队伍交争。是以富阳之失，绍兴之失，萧山之失，兵退到余杭，屯营落寨。京堂之兵亦到，两并交争，日日连战。我力据余杭，以坚杭州之稳。……左抚台之兵分水旱而下杭州。

他的战线从余杭延伸到西湖有 100 里之长。

11 月，因皖南的太平军官员古隆贤的叛变，太平军遭到重创被迫撤离到一个叫石台的地区。[3] 在江苏境内，常胜军和程将军已逼近金陵，

[1] 《奏议》卷十九，第36页以后（10月9日）。

[2] 《忠王自述》，第58页。见皇家亚洲协会华北分会《学报》，1864年12月号第120页；《平定粤匪纪略》卷十六，第8页下栏、第10页上栏。

[3] 《年谱》卷九，第16页；《奏议》卷十九，第68~70页、第72，77页。

攻占了苏州，并将忠王逼退至常州和丹阳附近。[1] 侍王李世贤则驻守在金陵东南二百里的溧阳，希望忠王能到溧阳与他汇合，并与天王的事业分离。[2]

所有的迹象都证明，被包围已久的金陵很快会被清军攻陷。整个秋季，金陵城外的封锁越来越严密。12 月 8 日城墙下地雷引爆，清军发动进攻，而太平军开始奋力抵挡，防止清军从被炸的城墙处入城。对于此次战事，忠王写道：[3]

> 去年十一月之间，九帅放倒南门城墙，此时城内官兵多，尚可足食，而各力全，又有城河之隔，九帅之兵不能踊进者，此之来由也。
>
> 自此之后，京之事日变一不同。城外九帅之兵，日日逼紧，城内格外惊慌，守营守城，无人可用。凡是城外有文通者，何人拾到不报天王处，私开敌人之文者，抄斩全家。
>
> 自九帅兵近城边时，天王即早降严诏，阖城不敢违逆，不遵天王旨命，私开敌人之文，通奸引诱，有人报信者，官封王位，之（知）情不报，典奸同罪，命王次兄学获格砂剥皮法治，而何人不畏死乎！

尽管有如此严厉的措施，但如果不是害怕落入清军手里会被活活折磨至死的话，可能会有更多的人背离天王。这种恐惧由于在苏州处死了投降的太平军王爷而增强了。“献城未及三日，被李抚台杀害，是以至今

[1] 见第十二章。

[2] 《忠王自述》，第60页。他与天王意见不合，事实上很快就要动身前往江西，这两件事暗示了这一点。

[3] 《忠王自述》，第68页。

为头子不敢投者，因此之举。”[1]

12月20日忠王入天京面见天王，向天王阐述了如今不容乐观的局势，并劝诫天王应该撤到江西或其他区域。天王不屑忠王的劝阻，依旧信奉他是天赋权力不会毁灭。忠王的父母被天王所挟持，而忠王的身边均是天王所派的探子，不得而知，忠王是忠贞不二还是以上原因，最终留在了天京。12月23日，太平军没能突围成功，被曾国荃的军队击退，清军大举压兵镇守浙江和江苏所有的要塞。[2]

李鸿章和左宗棠在英法联军的支持下，不断地对太平军造成威胁。驻守在苏州以西的太平军军心涣散，伺机向江西移动。侍王李世贤于1864年2月14日，取道宁国县往江西。他设法突围与堂兄会合，由于没有足够的兵力牵制侍王的部队，清军将损失尽量降低。曾国藩现在面临的最大问题是，湖州和江浙城镇中的太平军几万大军，怕驻地不能坚守而会撤离进入江西。太平天国的几位王爷在苏州被处死，迫使太平军认为要想不被歼灭，只能先分散保存实力，在远离官军势力的地方重新集结。

席宝田被派往抚州和建昌二府（江西），鲍超向湖州挺进，直接从苏州过湖。同时，他请求皇帝下令，福州、两广以及两湖地区自保，以防太平军涌入。[3]曾国藩没有动用金陵围城的一兵一卒，城外有5万的兵力对这座近百里的城池进行包围。由于清军的阻断，城内面临着弹尽粮绝的绝境，而太平军随时会突围。[4]

4月1日前后，金陵城内放出妇女4000名，因忠王所捐出的粮食物资已用尽，他希望这些人能从官军处得到食物有活路。城中，大家将目前的形势与天王对质。他却说，让饥饿的人们以甜露为生，而所谓甜

---

[1] 《忠王自述》，第60页。

[2] 《年谱》卷九，第17页下栏，《奏议》卷十九，第85，91页及以后。

[3] 《年谱》卷九，第21页。

[4] 《年谱》卷九，第21页下栏。城墙本身周长有70里。

露就是大地的自然产物。天王的种种言行，让大家失望至极。忠王记载说："我等朝臣奏云：'此物不能食得。'天王云日：'取来做好，朕先食之。所言如此，众又无法，不取其食。我天王在其宫中阔地自寻，将百草之类，制作一团，送出宫来，要阖朝依行毋违，降诏饬众遵行，各而备食。"[1]

金陵在官军的围攻下，日渐衰竭。3月20日，程将军占领了嘉兴，而他在这场激战中身负重伤，不久之后就在苏州逝世。3月31日，左宗棠的中法联军将杭州拿下，杭州的太平军将领逃到湖州。官军对太平军进行围剿堵截，因官军将援兵都派往都鄱湖与九江，没能成功拦截太平军，他们终究还是按计划撤入江西境内。[2]官军在同一时间，对湖北的樊城发动进攻，将捻军和太平军击退回河南。

曾国藩得以为生的厘金财政，由于太平军向江西的涌入而受到了严重的影响。他在请求支援的奏本中的阐述，使我们知道了，他的部下是靠什么财力支持。湖南是曾国藩的一大支柱，它通过一个特殊的机构将厘金收入的一半贡献出来。这一年中，广东仅送来9万两银子，而江苏所送的厘金下降至3万两，四川和湖北两省则没有提供任何厘金。[3]由于很多银两没有及时支付，令曾国藩捉襟见肘。

8月11日常胜军攻下常州，至此常胜军已经完成了任务。5月18日，太平军自觉丹阳不保，弃城而去。至此，李鸿章通往金陵再无任何阻拦，被击退的太平军也逃往江西。[4]6月，杨岳斌与鲍超两位良将带领大批精兵，在江西瑞州一带与敌军作战，以便切断涌入江西的太平军，

[1] 《忠王自述》，第67页以下、第62页以后。

[2] 《年谱》卷九，第22~24页。

[3] 湖北承诺每月提供5万两银子，湖南2万5千两，四川5万两，江西3万两，另两个省份承诺提供不固定的金额，《年谱》卷九，第25页以后；《奏议》卷二十，第49~51页。

[4] 《年谱》卷九，第25页及以后。

预防他们在此处集结。[1]

冬、春两季，李鸿章与左宗棠的战绩显赫，这使得曾国荃忧心忡忡。对比之下，他在金陵这场持久战中，碌碌无为毫无进展。同时，曾国藩的处境也不好，其一，曾国荃似乎嫉妒他人的战绩，并担心金陵攻克而他没有得到任何的荣誉；其二，曾国藩又非常担忧，如不把李鸿章与左宗棠的军队调至金陵，加快进攻金陵的步伐，那么曾氏家族的荣誉势必蒙羞。1864 年的 2 月，曾国藩已对形势十分忧虑，他知会弟弟：他已把程学启调来，必要时他还会邀请李鸿章前往金陵。[2]

据密探们线报，金陵城里如今一片混乱。可这些消息，并没缓解曾国藩的不堪处境。密探们还汇报，天王已做好天京沦陷的准备，他在自己的身旁堆起了高高的木柴，一旦沦陷就将自己烧死。[3] 曾国藩担忧不趁此机会进攻金陵，会造成家族声誉的损失。他又怕曾国荃过于急迫，则会失去攻打的时机。他在信中提醒道："自苏杭复克，人人皆望金陵之速克。吾独不期其速，而期其稳，故发信数十次，总戒弟之欲速。盖深知洪逆非诸贼可比，金陵非他城可比也。……吾所虑者，一恐弟求速效而焦灼生病，一恐各营猛攻地道，多损精锐而无以御援贼耳。"[4] 他给在老家的弟弟写道："常州于初六日克复，丹阳于初八日克复，江苏全省只剩下金陵一城未克耳。沅弟忧灼殊深，肝疾颇深，余常常以信解之。"[5]

随着时间的流逝，曾国藩的境遇十分艰难。多方都在暗示他，现将空置的李鸿章所带领的淮军调入金陵，即刻就能拿下此城。与此同时，

[1] 《奏议》卷二十，第70页下栏、第71页。

[2] 给曾国荃的信，1864年2月3日。

[3] 《家书》，1864年3月21日。3月底，曾国藩写信回家，说快要瓜熟蒂落了。5月初，另一封信说城中的很多太平军在剃头，不再杀人放火，打算混入百姓之中分散出去。《家书》，1864年5月8日。

[4] 《家书》，1864年5月11日。

[5] 《家书》，1864年5月19日。

皇上下达诏书，将淮军调往金陵。在前半年中，曾国藩也曾几次命令李鸿章调兵金陵，如今迫于各方压力他让巡抚帅李鸿章全军向金陵进发。曾国藩还与其弟分析了当前形势，让曾国荃压制情绪和他一起欢迎李鸿章的到来。6 月 15 日，他告知曾国荃，他已致信李鸿章。其实李鸿章的到来，如金陵战役能取胜，他无非就是分享荣誉；如未能获胜，他也得承担失败的责任。同时，曾国藩也给老家的弟弟去信，表达了相同的意思。信中他还提到弟弟比他年幼十载，如今却已半头白发。曾国藩为此事夜不成眠，整个家族也因此战事蒙上巨大的阴影。最终，他说服了弟弟曾国荃，让他和自己一起请李鸿章带兵而来，他用下面的几句话表达了自己的赞许："少泉意在助吾兄弟成功，而又不敢直言，其意可敬。弟复信盼他早来，甚是甚是。戈登今日来此晤谈，亦甚服弟之营垒坚固、号令严肃……"

然而，李鸿章却非常体谅在安庆的他的领导者曾国藩的处境。他提出了异议，表达了他需要去浙江，以此来帮助在那里的左宗棠。事实上，左宗棠并不需要他的任何帮助，曾国藩对李鸿章的借口也欣然接受。在 7 月 13 日的信中，他嘉许地写道："少泉信阅过，其片稿则已抄寄余处矣。观少泉屡次奏咨信函，似始终不欲来攻金陵。若深知弟军之千辛万苦，不欲分此垂成之功者。诚能如此存心，则过人远矣。"李鸿章放弃了率兵去金陵的这个绝佳的机会，肯定有其深意。他让曾国荃能独揽获得攻占金陵的巨大荣誉。同时，也让曾国藩通过此事欠他一份人情。曾国藩曾经提拔他，使他有机会快速升职至巡抚，这之中掺杂着感恩。另一方面，李鸿章也考虑周全，他不能因此得罪曾氏家族以及湘军集团。在这个集团中，他这个安徽人还属于外来的，要低调谨慎。

如今，曾氏兄弟的手中有重要的兵权，他们自己也能想到这一点。因此，在 5 月 1 日，曾国藩就在给弟弟的信中写道："于昨日具疏告病，一则以用事太久，恐中外疑我兵权太重，利权太大，不能不缩手以释群疑。一则金陵幸克，兄弟皆当隐退……”[1]

李鸿章并不想参与到关于金陵攻占的这件事情当中，他对曾国藩的求助处理非常妥当，并没有表现出自己不忠于他的迹象。如在财政支持方面，他拿出 23.8 万银两支持曾国藩的庞大开销。其中，5 万两发给了江西的鲍超，4 万两留在了安庆的军需部门，13 万两分给金陵，供给围攻该城的部队。但是，军饷还是不足。[2]

1864 年 7 月 3 日，湘军将龙脖子山拿下。如此，曾国荃可以放心攻打金陵，开挖地道埋设地雷。7 月 19 日将地雷埋好并引爆，城墙被炸开二十多丈的豁口，官军得以冲入城中，包围王城，并于当晚占领王城。胜利的消息以每天七百里的高速传至北京。[3]

官军对太平军进行了三天三夜的围剿追杀，致太平军 10 万人毙命才停手。[4]6 月 1 日，天王觉得大势已去，自尽而亡。而忠王和天王之兄洪仁达在准备逃往江西的途中被捕。百姓们早已人心惶惶，天王自尽一事被隐瞒，他被埋藏在深宫之内。他的儿子洪福瑱继位，被拥立为天王。[5]

幼年的天王成功地逃跑了一段时间，金陵城被攻陷的时候他骑着一匹劣等马，而忠王将自己的坐骑良驹给了小天王，使他能顺利逃脱。但比他有才干的忠王，却落得被官军俘虏的下场。忠王留下了关于洪福瑱的记载：

---

[1] 又见5月18日的信，可见同样的意思。

[2] 《年谱》卷九，第28页下栏第29页上栏。

[3] 《年谱》卷九，第30页；《奏议》卷二十，第77~83页。有关金陵陷落奏稿的译文，可见于《忠王自述》的附录之中。

[4] 《奏议》卷二十，第83页。英国人后来对被杀人数的估计少于这里给出的数字。曾国藩所说的人数，可能包括金陵城内被杀和郊外被捕杀的人数。

[5] 《年谱》卷九，第27页；《忠王自述》，第70页。译者将自杀的日期误写为6月30日，《年谱》与中文版的《忠王自述》都记为6月1日。关于这位幼小的天王，1860年8月发布的一份诏书称之为上帝之孙，见布莱恩的《中国的太平叛乱》，第226页及以后。有关攻陷金陵的记述说天王不是躺在棺木中下葬，而是穿着王袍躺在土里。

"主又幼小，提政无决断之才人。""我由太平门败转，直到朝门，幼主已先走到朝门，及天王两个小子并到，向前问计。斯时我亦无法处，独带幼主一人，其余不能提理。幼主又无马坐，将我战骑交与其坐，我骑不力之骑……虽天王气满蒙尘，误国失邦，我受过其恩，不得不忠，尽心而救天王这点骨血，是尽我愚忠而为。"年幼的天王在一天的清晨时分冲出包围，几经周折成功地越过了官军的关卡。随后，官军对他全面地通缉与追捕。因忠王与小天王分散逃离，他并不知道小天王之后的下落。

之后，曾国藩来到金陵，并对城中的近况详细了解。忠王李秀成与已故天王之兄洪仁达被抓，他们面见了曾氏兄弟和其他将领。清皇曾要求把这二人押至北京审讯，可曾家兄弟仍把他们就地处斩了。《忠王自述》就是在此时写成的，后来翻译出版的是经过修改的版本。修改者删掉了对湘军的谄媚之语，以及有关以保证人数仍然庞大的太平军向官军投诚为条件换取忠王性命的提议，还有他对天王大业衰败之原因的分析。[1]

令曾国藩感到失望的是，太平天国的国都里并没有什么宝藏。审问过后，也得出了并无这样的宝库的结论。其实圣库就是天王自己的储物室，即便里面曾有过宝藏，也会被逃跑的太平军带走。曾国荃提议，将自己的士兵从太平军官兵那里以及民宅里面获得的战利品上缴。曾国藩对此反对，其理由是："勇丁所得贼赃，多寡不齐，按名勒缴，弱者刑求而不得，强者抗令而遁逃，所抵之饷无几，徒损政体而失士心。"[2] 于是他下令：只有敌军窖藏的财宝，才需报官充公。

朝廷下达赏赐，曾国荃将军被赐予一等伯爵并赏戴双眼花翎。杨岳斌已被任命为陕甘总督，被赐封男爵和太子少保。彭玉麟也获得同样的赏赐，鲍超被封为男爵。李鸿章成为一等伯爵，赏戴双眼花翎。其余的

[1] 《忠王自述》，第73页。

[2] 《奏议》卷二十，第33页下栏第34页上栏。《忠王自述》附录中的译文。

将领在这次大赏赐中，也得到了相应的奖赏。有关曾国藩的上谕如此写道：钦差大臣协办大学士两江总督曾国藩，自咸丰三年在湖南首倡团练，创立水师，与塔齐布、罗泽南等屡建殊功，保全湖南郡县，克复武汉等城，肃清江西全境。东征以来，由宿松克潜山、太湖，进驻祁门，迭复徽州郡县，继拔安庆省城以为根本，分檄水陆将士，规复下游诸郡县。兹幸大功告成，逆首诛锄，实由该大臣筹策无遗，谋勇兼备，知人善任，调度得宜。曾国藩着加恩赏太子太保衔，锡封一等侯爵，世袭罔替，并赏戴双眼花翎。[1]

金陵的攻陷，使太平军的领袖们走向了覆灭路程。然而太平军还有部分余党，在王爷和各位将领的带领下聚集起来，在江西和浙江这些势力尤为明显。在鄂皖边境，捻军与太平军联合作战使得那边的农村区域不太平。8月7日，江西的太平军在抚州府的许湾被官军打败，并耗损四万人。几天后，官军又连续拿下几座县城，并接收了数以万计的太平降军。大量战败的太平军涌向江西的南部边境，赣南各地以及相邻的福建、广东则进入了紧急戒备时期。[2]

8月28日，浙江的左宗棠在李鸿章和法国部队的合作协助下，攻占了太平军最后一个城池湖州。第二天就拿下了安吉[3]，接着整个浙江已经完全平定。

8月8日借助忠王才得以从天京逃跑的小天王，逃过了官军的围追堵截，到达了安徽的广德，并受到了部下的热烈欢迎。[4]8月30日，安徽广德失守，小天王只能逃到宁国的山里躲避。9月1日，从湖州和广德逃离

---

[1] 《忠王自述》附录，第91页及以后。

[2] 《年谱》卷九，第39页下栏。

[3] 《年谱》，皇家亚洲协会华北分会《学报》在第120页中说，法国小部队于1864年12月单独攻占了该城。

[4] 《年谱》卷九，第34页上栏。

的太平军到皖南的徽州会师，却被刘松山击败。9 月 3 日，左宗棠在昌化县和淳安县一带击败了一撮太平军。其余各地分散的太平军，在本月内都一一被击败。太平军的各路败兵以及小天王，在广信遭到了江西和浙江官军的联合攻击，再遭重创。小天王侥幸从这次攻击中逃走，但在 10 月 25 日被席宝田抓住，之后被送往南昌并被官府就地处决。[1] 至十月末，江西境内全部的太平军都被驱赶到福建和广东。至此，太平天国运动已被认为完全镇压。但是，还有一部分太平军转战广东和福建，占据了广东的嘉应州，并从那里出发进入福建。联合友军继续抢掠，并对汀州和漳州府进行袭击。在这种局面下，左宗棠不得不返回浙江处州，并从处州调兵前往福建与太平军余党进行对抗。这些太平军是受忠王之弟侍王李世贤的指挥。1865 年初，左宗棠亲率军出征，于 5 月 25 日攻下了漳州。[2] 此役中，侍王侥幸逃脱至山中，但是很快被逼再次出山，不久便自杀身亡。[3] 白齐文在与侍王会师的路上，也遭到伏击。[4]

官军在漳州和另外一处的胜利，使得福建的太平军余党不得不越过边境，逃窜至广东。[5]

---

[1] 《年谱》卷九，第36~39各处。《奏议》卷二十一第12页及以下完整地记述了小天王逃跑的过程，解释了当时的情况和为了逮捕他所采取的措施。同一卷第30页及以后记述了这里记载的多数战斗。

[2] 《年谱》卷九，第42页下栏第44页下栏。

[3] 《太平天国野史》卷十三，第23页。

[4] 《太平天国野史》一卷十八，第6页。莫尔斯著作第二卷第88页，声称白齐文是在该城陷落时被捕的。

[5] 《年谱》卷十，第10页下栏。牟尔《太平天国运动个人回忆录》第1页说，大约有十万人安置在中国的西南部，他们在那里安居乐业，似乎无忧无虑，但若有人来侵犯，便会奋起战斗。他补充说，这些残部最后进入越南，在那里成为黑旗军的主力。曾国藩的一个孙儿告诉作者，他们当中的许多人移民到了美国，在那里修筑铁路。

第十四章

荣任两江总督及剿灭捻军

据说，太平军的残余有些到了华南偏远的地区，有一些则去了大洋彼岸的美国（这是曾国藩的一个孙子给我的信息）。这是后话，现在的曾国藩可谓春风得意，他以总督的身份，在太平天国曾经的国都常驻。前一章也提到过曾国藩寻找传说中的宝藏一事，虽然没找到宝藏令他沮丧，但他还是对金陵的总督衙门进行了修复，在金陵这座被天王强制管理多年的城池，他又开始建立文官政府。令他感到欣慰的是，他把取缔多年的科考制度重新启动。[1] 曾氏兄弟统领的湘军，被他解散，分别归属不同的独立的将领领导，这些想法曾国藩早与曾国荃进行过多次沟通：拿下金陵以后他们有必要低调一些，以避免因为权势太大而成为敌对者和阴谋家的靶子。[2]

如今太平天国被灭，可捻军的部队依旧活跃，并且不断强大起来。

[1] 《大事记》卷三，第16页下栏及第17页。

[2] 《年谱》卷十，第7页上栏，参见1864年的书信。

捻军将太平军在北方以及西部的余党吸纳进来。在黄河以南、湖北的北部和皖南，从陕北的边境地区到大运河及山东的各个地区，都对清政府形成了威胁。这些年来，清政府一直担心捻军和太平军联合对抗它。至于捻军是怎么逐渐起势，还有他们到底抱着什么目标，如今的我们不得而知。他们一直以游击的战术，如同掠夺的土匪趁火打劫。而官军与太平军的持久战，又给了他们喘息的机会使他们在悄无声息中强大。他们现在的存在，甚至能建立起另一个与清廷对等的政权。[1] 捻军主要有四个首领指挥，分别是张宗禹、任柱、牛洪与赖汶光，其中的赖汶光出自太平军。捻军的人数多且不是固定的。

捻军并没有先进的武器弹药，他们在行进中还拖家带口（如家属和牲口等），这些使得他们没办法攻打有城墙守护的城池。捻军并没有固定的驻扎地，也不带行军帐篷，往往在夜幕降临的时候，住进周边的农村里。有时候，他们也去占领对捻军部队有利的驻扎地。捻军的速度异常地快，能每日行进百里之上并能不停歇地连续行进。如果官军对他们的追赶渐近，捻军则会采用更加灵活的战术，如同蚂蚁一样，左右转行兜圈子摆脱官军的追杀。捻军不会主动攻打官军，并伺机躲避与官军进行正面交锋。但如果陷入两军交战的危机中，捻军士兵却非常英勇善战。捻军的四个分支，都有为数众多的骑兵。捻军主要的武器是大刀长矛，这些兵器其实更直接，非常适合单打独斗直面攻击。遇到危机的时候，往往是骑兵以包围或侧面防护的形式保护步兵，而步兵则用长矛与敌军厮杀。[2] 如今，战败的太平军余党和其他反清政府的势力也加入了捻军。

曾国藩和他的部下这些年都有所顾虑，一旦湖北和安徽的捻军、太平军联合起来，就有足够的实力与官军对抗。而蒙古王子曾格林

[1] 《年谱》卷十，第11页上栏。《家书》，1866年6月4日与1867年1月27日。

[2] 《年谱》卷十，第5页下栏。

沁，在1860年被英法联军击败之后，就被调遣去围剿捻军。但他却在1865年5月18日的作战当中被伏击致死。这次战事的失利，使得清政府深感捻军的威胁。因此，皇帝紧急下诏书给曾国藩，让他率兵到山东围剿捻军。[1]

如今的胜利是来之不易的，是曾国藩经过多年的辛苦征战才得来的。此时，曾国藩已在安宁安顿下来。皇帝的圣谕对曾国藩而言并不是好差事。常年的征战，使得他手中的兵力已不充足，即使他有湘军和淮军也不够。他围剿的捻军拥有强大的骑兵，但曾国藩却没有。首先，他提出需要几个月的时间去补充兵力增强战斗力以及要建好骑兵。万事俱备后，他还需要攻占13个捻军的地盘，这些战线连起来长达1000里。曾国藩在第一份奏折中提到了这些问题，还称他的精力日渐不足，恐不能担当此任。[2]皇上准许了他的要求，并授予曾国藩山东、河南以及直隶三个省的最高指挥权。他在6月18日动身，于9月23日到达他在徐州安排的大营。

曾国藩将兵力分到四个大的基地，其中在山东的济宁，由潘鼎新负责指挥；江苏的基地则设在徐州，由张树声指挥；[3]河南的基地是周家口，由刘铭传担当指挥；安徽的基地在临淮，由刘松山指挥。曾国藩用了整整一年的时间，来布置作战计划。四个基地联合起来的网，能将游击流动的捻军围得密不透风。在太平天国时期就跟随他的大将都被他召回，如鲍超和郭松林，他们还带来了老部下。1866年，曾国藩接旨出征，先任陕西巡抚后调至湖北。如此一来，曾氏兄弟与江苏巡抚，还有在曾

---

[1] 《年谱》卷十，第6页下栏。

[2] 《年谱》卷十，第7、8页。宁愿要安徽人而不要湖南人的原因之一是他们更能适应寒冷，能够习惯吃小麦。见《家书》，1859年10月29日。这个奏折只是礼仪性的谦辞。就在同一天，他写信回家，说他计划在夏历月底率8000名湘军和14000名淮军出发，但十天之后，他就计划率领9000名湘军和21000名淮军。《家书》，1865年5月29日与6月8日。

[3] 《大事记》卷四各处；《年谱》卷十，第14页上栏；《奏议》，1865年7月23日。

国藩不在时，代理两江总督的李鸿章，有了再次合作的机会。[1]

尽管精心布局，捻军还是逃离了官军的包抄，在大运河和陕西边界的区域来去自由。四支队伍的指挥者在湖北汇集，又兵分两路、沿东西两线行进战斗。1867 年初，曾国藩写信给其弟说："淮、霆各军将近五万，幼泉万人尚不在内，不能与之一为交手，可恨之至！岂天心果不欲灭此贼耶？抑吾辈办贼之法实有未善耶？"在另外的信中，他写道："捻匪忽来然往，瞬息百里，探报最难的确。余于不确之信，向不转行各处，反不如听各统帅自探自主，自进自止，犹为活着。"[2]

战事不利使得御史们异常兴奋，他们看准了曾国藩的失利，想借此弹劾他并免去他的职务。大家希望清皇将他革职，有人说他没有才能，刚愎自用、行事莽撞。而朝廷并没听信这些言辞将曾国藩免职。曾国藩是不久前，平定太平天国取得胜利的首要有功之臣，现在就有人对他弹劾，从这一点来看，他的鼎盛时期已过去了。之前，曾国藩也曾思考过要抽身而退，后来他还是接纳了李鸿章的建议，将他的指挥营地迁至接近敌军的位置，这样一来即使他休整一段日子，也能避免被派去做其他琐碎的军中事务。

即便如此，曾国藩还是上报朝廷希望请辞。清皇并没有准辞，而是让他休假。曾国藩被调回金陵原职，而本与他汇合的李鸿章却留在山东，执掌钦差大臣的权力，并负责指挥作战。曾国藩回到金陵，受到当地百姓的热烈欢迎。曾国藩重回文职，李鸿章是最大的受益者。他如今成为了围剿捻军的总指挥官，而之前曾国藩曾花去两年的时间筹备这场战事。曾国藩回到金陵不久，在湖北的襄阳一带，追击捻军的鲍超打了一场大胜仗。之后，他又在丰乐取得了胜利。捻军因此受到重击，损失 1 万余

[1] 1867年1月25日的书信。

[2] 1867年1月23日与25日的书信。

人，接着逃往河南。[1] 李鸿章现在是名义上的湖广总督（他的哥哥代理），把他的大营移到了周家口。

1866 年秋，左宗棠被任命为陕甘总督。1867 年 5 月，左宗棠到达陕西，他将镇压太平天国时期的主力将领集结起来，用来镇压捻军。[2] 曾国藩如今坐镇金陵，而李鸿章负责指挥作战；李鸿章和曾国荃在武昌，官文在直隶，左宗棠在陕甘，他们的相互协作为获胜提供了可靠的保证。当年，曾国藩指挥作战时获得的财政支持甚少，现今，李鸿章指挥的这场战事却得到了八省的财政支持。6 月，张宗禹和任柱的捻军进军山东，李鸿章调集了四个省的兵力展开围剿。11 月，任柱的捻军损失惨重。1868 年 1 月 4 日，捻军的头领赖汶光被官军处死，东部地区的捻军全部歼灭。1868 年，张宗禹带兵去了直隶，震动京城，李鸿章与左宗棠都带兵到那儿围剿。[3] 他们穿过直隶，于 4 月 23 到 5 月 19 日来到山东。但暴涨的河水挡住了官军围剿的步伐。7 月以后不久，捻军的首领张宗禹被捕获，至此捻军全部被镇压。曾国藩的奏折中，捻军的全军覆没时间为 1867 年 9 月 8 日。[4]

曾氏兄弟的光环，如今已经不像四年前那么耀眼。而李鸿章因当年作为两江总督的曾国藩的推荐和支持，才有了今天的荣耀和成绩。曾国荃已经辞官，因他在湖北任巡抚之职受到诸多的阻挠，他也没法容忍因缺少战绩遭到的尖酸刻薄的批评。1867 年 10 月，曾国荃退职回到湖南。可见，曾氏兄弟两人的性格是如此反差。兄长曾国藩在遇到失败的时候一直坚持不懈，化险为夷。在曾国藩声望堪忧的日子里，他写下的书信，字里行间充满了对年轻人的鼓励。1867 年 4 月，在曾国荃退职的时候，曾国藩曾劝慰过。前途渺茫是他经受过多次的事情，但这样的历练会使

[1] 《年谱》卷十一，第16页上栏。

[2] 《年谱》卷十一，第18页上栏。

[3] 《年谱》卷十一，第21页下栏。

[4] 《年谱》卷十一，第22~24页。

人变得更加强大。他写道："安知此两番之大败，非天之磨练英雄，使弟大有长进乎？谚云吃一堑长一智，吾生平长进全在受挫受辱之时，务须咬牙立志，蓄其气而长其智，切不可颓然自颓也。"（《家书》，1867 年 4 月 3 日）曾国藩用他曾受过的不公待遇却坚持下来的事实说服其弟，但未能见成效。[1] 他苦口婆心地劝慰弟弟，他们曾氏兄弟已经光宗耀祖，既然如此何不再接再厉延续荣誉。[2] 曾国藩的劝慰并没让曾国荃放弃退职回家的想法，终究他还是返乡了。后来，曾国荃又曾身居要位，可他没有像曾国藩那样名垂青史。

这里对曾国藩治理金陵的事情就不一一列举。曾国藩做的能够影响深远的事情，还有他在上海开办铁厂。以后，闻名于世的江南造船厂就在那里诞生了。1863 年末，在太平天国运动还没有被镇压的时候，在外国接受教育的中国现代人容闳到了安庆的总督衙门。他劝曾国藩在中国建立现代工厂，生产汽船以及各种机器。曾国藩是支持新事物，勇于尝试不墨守成规的人，为容闳提供了财力支持。1866 年，容闳从国外引进了近百种机器，并于 1867 年年底成功安装。[3]1868 年，这座新建的铁厂已经制造出中国第一艘汽船。由此，曾国藩认定了，以前他在战争中使用过的那些船只，一定会被历史淘汰。从大局来看，中国的水师尤其是海上的装备，早该进行现代化的更替了。[4] 制造好的汽船被送往金陵让曾国藩检阅，他给船只取名"恬吉"。[5] 这只船长度虽只有 185 英尺，约合 56 米，但它的成功在中国近代史上具有里程碑的意义。当年，建造此船只的铁厂占地 73 亩，其

[1] 《家书》4月6日、4月11日、4月16日、5月15日、5月23日。

[2] 《家书》6月23日。那一年的书信在7月初突然结束了。

[3] 《年谱》卷十一，第14页上栏；《奏议》卷二十五，第43页上栏。

[4] 《年谱》卷十一，第22页下栏；《奏议》卷二十五，第56页上栏（4月23日）。

[5] 这个船名是从"四海波恬，公务安吉"一语中挑出两个字组成的。在此之前，曾国藩于安庆试验过机器，建造了一艘小汽船，但只有中国工匠，未能成功。《奏议》卷二十七，第7页（1868年10月17日）。

中还包括蒸汽机制造、机器制造、冶矿、制枪、木工、铜铁铸造和火炮等其他发射体的建造部门。厂里有很多的仓库和办公室，但是缺少修船的船坞。同时，曾国藩还觉得这里缺少要翻译过来的技术性的图书资料。[1]

1868 年，也是同年，扬州教案发生。8 月 22 日，传教士戴德生之前曾向知府提出过多次警示与救助之后，一伙人攻击了扬州的教会所在地。而它不久前才被一些男女传教士租用。这位传教士被指控绑架并杀害儿童，并将一些尸体的某部分当作药物。因之前传教士曾多次请求当局，但未得到保护，因此，在华的外国人都认为这些所作所为是扬州的士绅们背后指使所为。处理此案的时候，扬州的官员担心遭到报复，并没有采取什么行动。曾国藩指派布政使李宗羲和另两位职务较低的官员处理此案。中央政府许诺给予一定的赔偿，但谈判的过程太缓慢了，英国人将炮舰派到金陵扣押了他的汽船（很可能就是“恬吉号”），并发出了最后通牒。曾国藩对此案进行审理，并答应了英国人的赔偿要求。此后，曾国藩的声誉在外国人眼中降低了。很遗憾，曾国藩有关教案上奏给朝廷的奏疏并未见于出版物中，我们只能在他的书信中看到他曾经提到的一些情况。因此，我们不得不依据那些片面的和不友好的外国资料。[2] 两年之后，曾国藩又处理了规模更大的天津教案。以此为依据断定，当曾国藩接到最后通牒时，他是如何谨小慎微地处理态势，扬州教案的影响巨大，因此他当时是做出了正确的决策。

[1] 《奏议》卷二十七，第27页上栏。曾国藩并未将这个企业的建设完全归功于自己，因为许多准备工作是由李鸿章及其继任者——当时的上海道丁日昌完成的。

[2] 记述主要取材于莫尔斯的《中华帝国的国际关系》第二卷，第228页。

第十五章

直隶总督及晚年的曾国藩

大概在 1868 年 9 月中旬，曾国藩接到了命令，任命他担任直隶总督。12 月 17 日，他从金陵启程赴任，金陵的百姓纷纷到街上给他送行，他穿过人群，很欣慰自己这么受欢迎。根据那时的交通状况，他一路都很悠哉，走了 39 天后终于到达北京。他在京城有特别的礼遇，那就是可在紫禁城骑马，皇帝在早上也会召见他令其回答有关政事、经义等方面的问题，他还在宫廷中参与春节的庆典活动。[1] 皇帝在养心殿东殿召见他询问政事，皇帝朝西坐，在黄幔的后面坐着东西皇太后，南边是慈安太后，北边是慈禧太后。问曾国藩的所有问题都是慈禧提的，1 月 26 日和 27 日召对的内容如下：[2]

[1] 《年谱》卷十一，第27~30页。

[2] 《大事记》卷四，第3页下栏、第4页上栏。从那时起至1908年慈禧去世，统治中国的人实际上是慈禧太后。

问：汝在江南事都办完了？

答：办完了。

问：勇都撤完了？

答：都撤完了。

问：撤散几多勇？

答：撤的二万人，留的尚三万。

问：何处人多？

答：安徽人多，湖南人也有些，不过数千，安徽人极多。

问：撤得安静？

答：安静。

问：汝一路来可安静？

答：路上很安静。先恐有游勇滋事，却倒平安无事。

问：汝出京多少年？

答：臣出京十七年了。

问：汝带兵多少年？

答：从前总是带兵，这两年蒙皇上恩典，在江南做官。

问：汝从前在礼部？

答：臣前在礼部当差。

问：在部几年？

答：四年。道光二十九年到礼部侍郎任，咸丰二年出京。

问：曾国荃是汝胞弟否？

答：是臣胞弟。

问：汝兄弟几个？

答：臣兄弟五个。有两个在军营死的，曾蒙皇上非常天恩。

问：汝从前在京，直隶的事自然知道。

答：直隶的事臣也晓得些。

问：直隶甚是空虚，汝须好好练兵。

答：臣的才力怕办不好。

于是曾国藩行礼表示感谢后退出。第二天早晨，他再次被召到养心殿，问答如下：

问：汝造了几个轮船?

答：造了一个。第二个现在方造未毕。

问：有洋匠否?

答：洋匠不过六七个，中国匠人甚多。

问：洋匠是哪国的?

答：法国的。英国的也有。

问：汝的病好了?

答：好了些。前年在周家口很病，去年七八月便好些。

问：汝吃药否?

答：也曾吃药。(退出)

过了春节，曾国藩到保定就职，主要处理一些日常工作。

但1870年发生了一件大事，即天津教案，对中外关系产生了深远的影响。从破坏性和影响力来看，两年前发生的扬州教案以及其他地方发生的动乱，都没法和它相提并论。外国的作家大多认为，当时不安定因素和广泛地宣扬排斥外国人，以及官员们的放任甚至是怂恿指使，都把骚乱推到了最高点，并将导火线引到了那些在天津的不走运的传教士身上。[1]

[1] 这是科迪埃的看法，可见于《中国通史》第4卷124页及以下。

从表面上看，天津案的关键是诱拐和绑架儿童，民间传说有的儿童被卖给了罗马天主教的孤儿院，但事实并不是这样。还有一项指控听得让人恐惧和愤怒，那就是孩子们的眼珠和心脏被挖走了，去制作迷药用于拐卖儿童。1870年6月，整整一个月，民众听说儿童是被巫术所绑架的，感到非常愤怒。武兰珍被指控绑架了这些儿童，他供述自己是从法国教会的王三那里购买的用于拐卖儿童的药物。“由是津民与教民屡有争斗之事。三口通商大臣崇厚约法国领事官丰大业来署提犯人对质，于时伪言四起，人情汹汹，丰大业在崇厚署中施放洋枪，崇厚亟起避之。丰大业忿而走出，遇天津县知县刘杰，复用洋枪击伤其家丁。津民见之者遂殴毙丰大业，烧毁教堂等处，洋人及本地从教之民男妇死者数十名。此五月二十三日（6月21日）事也。”[1] 曾国藩在7月21日所提交的报告和这个描述稍有差异。曾国藩认为知府和知县都曾去教会审讯了王三，教会的领事开枪打了他们。[2] 但无论如何，由于人们对于只针对法国领事或罗马天主教会报复不满意，众人的情绪激动而愤怒，于是迁怒俄国、英国和美国，将几个俄国人杀害，损毁了英国和美国的财产，这些动乱对中外关系来说是一次致命的打击。[3]

中国政府迅速采取行动，驻京的外国公使们几乎和中国政府同步，这说明他们已经认识到这次事件的严重性。教案发生过了两天，皇帝派曾国藩迅速赶往天津，与崇厚共同处理此案。他没有及时出发，先是派了两名道台前去调查，为了能在接待外国公使的时候有底气，他先研读了天津官员们的报告，才于7月4日启程前往天津。现在，担任总督的曾国藩还在抱病之中。他曾于5月22日请了一个月病假，教案的前一天，他又请了

[1] 此段见于《年谱》卷十二，第3页上栏和下栏。

[2] 《奏议》卷二十九，第38页下栏。

[3] 《奏议》卷二十九，第34页。

假。[1] 因此，他去处理天津教案的时候，只能算是大病初愈。但这个极其难办的差事差点儿要了他的命。对此他非常担忧，因此乘着手下的人调查案件的时候，先处理了自己的事情。也许他害怕自己没有办法回保定吧。不管是基于什么原因，最终他写了一封信和儿子们告别：

> 余即日前赴天津，查办殴毙洋人焚毁教堂一案。外国性情凶悍，津民习气浮嚣，俱难和叶。将来构怨兴兵，恐致激成大变。余此行反复筹思，殊无良策。余自咸丰三年募勇以来，即自誓效命疆场，今老年病躯，危难之际，断不肯吝于一死，以自负其初心。恐邂逅及难，而尔等诸事无所禀承，兹略示一二，以备不虞。[2]

曾国藩于 7 月 8 日到达天津后，就打算先解决俄国、英国和美国提出的较易的要求，之后再想办法处理法国提出的难以解决的问题。[3] 在他看来，天津教案的核心问题是指控教会绑架和挖眼掏心，而绑架者的供词是纷乱的，难以厘清头绪的，因此最先应该处理的问题就是这个证词。对于已经被逮捕的王三，曾国藩认为先查清楚他的背后是不是教会在支持，是否参与了绑架武兰珍，挖眼掏心的情况是不是真的。[4] 在很大程度

---

[1] 《奏议》卷二十九，第33页。

[2] 《年谱》卷十二，第4页。又见他1870年7月2日写给儿子的信。他在信中讲到他的眼睛什么都看不见、需要修养的肝病等事实，（《奏议》卷二十九第33页上栏），可科迪埃在其著作第4卷第130页上对曾国藩进行讽刺。科迪埃写道："教案发生后，曾国藩奉命（6月23日的上谕）从保定到达天津。到了天津的头三天，他什么都没做，然后自称有眼病，而最终在教案发生后的第17天（7月8日）才到了天津。

在4月17日写给家里的信中，曾国藩谈到了由于自己腹部和两腿的伤痛，没有办法读书和写文章。我认为他的病是真的，不是借口。

[3] 7月5日的奏疏，见《奏议》卷二十九第34页。

[4] 大约在7月4日写给崇厚的信函，但日期不确定。见《书札》卷三十二，第41页下栏。大概同时写给恭亲王的信函。同上书，第43页及以下。

上，中方在谈判桌的态度怎样主要取决于这些调查结果。如果指控属实，那么中方底气十足，不需要妥协；如果指控是假的，那中国对法国政府的严重侵犯就要承担一定的责任。法国代表罗淑亚坚决指出羞辱国旗、杀了一个官员、杀了很多老百姓、损坏财产这些都是非常严重的。对此，曾国藩向恭亲王评价道："闻外国以毁旗为悖和绝理，其意似欲开启兵端。我中国宣示大信，平情结案，只能酌议赔款以还教堂器物，缉拿凶手以备抵偿各命。彼虽兴波作澜，亦惟忍默处之，不能遽议其他也。"[1]

曾国藩坦率地说，中国的老百姓是不会认可这种所谓的和平公正的解决之法。在天津，他看到人民深深的怨恨潜藏在风平浪静之下。在"水火会"的号召下，针对崇厚为了避免进一步的动乱采用的谨慎解决办法，如不准集会以及散布谣言，百姓提出了抗议。没过多久，当曾国藩到达天津后，不是反对崇厚的做法，反而给以支持，再次引发了百姓的抗议。关于如何对付外国人，因主张不同分为几个派别。有人想发动一次规模宏大的抗议行动，彻底把他们赶出中国的领土。有些人认为应该和英美等联合起来，一起对付法国，这种想法也只是在战争开始之前。还有一派因为胆小怕事，只希望政府免去崇厚的官职。当曾国藩要求对所有外国人实施保护政策，并和他们和睦相处时，各反对派把矛头都对准了曾国藩本人。

到底是否有绑架案，在接下来的调查中还存在着疑点，但已经能证明对外国人的所有指控都是"冤枉"的。政府审讯了上百人，其中在宗教机构工作的150人都表示不存在绑架之说，也没有证据表明发生了挖眼掏心之事。对外国人的指控都是根据大街小巷里人们的议论，这和湖南、扬州或直隶等地区的指控是一模一样的，都没有直接的证据。曾国藩在报告中写道：

[1] 《书札》卷三十二，第44页。

英法各国乃著名大邦，岂肯为此残忍之行？以理决之，必无是事。天主教本系劝人为善，圣祖仁皇帝时，久经允行，倘戕害民生若是之惨，岂能容于康熙之世？即仁慈堂之设，其初意亦与育婴堂、济院略同，专以收恤穷民为主，每年所费银两甚巨，彼以仁慈为名，而反受残酷之谤，宜洋人之忿忿不平也。

至津民之所以积疑生愤者，则亦有故，盖见外国之堂中年扃闭，过于秘密，莫能窥测底里，教堂、仁慈堂皆有地窖，系从他处募工修造者。臣等亲履被烧堂址细加查勘，其为地窖不过隔去潮湿皮置煤炭，非有他用。而津民未尽目睹，但闻地窖深邃，各幼孩幽闭其中，又不经本地匠人之手，其致疑一也。

中国人民有至仁堂治病者，往往被留不令复出，即如前任江西进贤县知县魏席珍之女贺魏氏，带女入堂治病，久而不还。其父至堂婉劝回家，坚不肯归，因谓有药迷丧本心，其致疑二也。

仁慈堂收留无依子女，虽乞丐、穷民及疾病将死者亦皆收入。彼教又有施洗之说。施洗者其人已死，而教主以水沃其额而封其目，谓可升天堂也。百姓见其收及将死之人，闻其亲洗新尸之眼，已堪诧异。又由他处车船致送来津者动辄数十百人，皆但见其入而不见其出，不明何故，其致疑三也。

堂中院落较多，或念经，或读书，或佣工，或医病，分类而处，有子在前院而母在后院，母在仁慈堂而子在河楼教堂，往往经年不一相见，其致疑四也。

加以本年四五月间，有拐匪用药迷人之事，适于是时堂中死人过多，其掩埋又多以夜，或有两尸三尸共一棺者。五月初六日河东丛冢有为狗所发者一棺二尸。天津镇中营游去左宝贵等曾经目睹死人皆由内先腐，此独又（由）外先腐，胸腹皆烂，肠肚外露。由是浮言大起，其致疑五也。

平日熟闻各处檄文揭帖之言，信为确据，而又积此五疑于中，各怀恚恨。追至拐匪牵涉教堂，丛家洞见胸腹，而众怒已不可遏。迨至府县赴堂查讯王三，丰领事对官放枪，而众怒尤不可遏。是以万口哗躁，同时并举，猝成巨变。其浮嚣固属可恶，而其积疑则非一朝一夕之故矣。[1]

因此，当前期调查进展到这个阶段，罗马天主教会就算是清白的了。但调查结果公布后，外国代表们转变了态度。他们发现，中国政府对于怎么处理，如何惩罚罪犯，解决的措施并不明朗。因此，本来语气温和的外国代表突然变得态度很强硬。曾国藩到天津后，曾给法国公使写了一封措辞很严谨的信，关于这封信，他在给恭亲王的信中曾说：

洋人性情躁急，津事既经旬日，尚止空文往复，恐其不耐迁延。先给照会许为速办，以安其心，最为伐谋之要策。照会语意虽极切实，而抵偿、议恤等事仍用虚笔，尤为斟酌尽善。[2]

曾国藩在一封信里预料到自己会遭遇到不测，信估计是在 7 月 14 日写的，信中说：

昨闻电线来信，法国君王已有复示，大致谓中国修好多年，此次苟能办得公道，仍须保全和局，不必动兵云云，未审是否确实。法人与布国构衅，此间传言已久。若果法、布开兵，或者远交近攻，

[1] 翻译自曾国藩总体报告之一部分。见《奏议》卷二十九，第36~40页上栏。

[2] 致恭亲王的信函，未署日期，有可能写于7月8日或9日。《书札》卷三十二，第45页。

不欲与中国为难。又闻法主老而厌事，其意主和不主战，似亦事之所有。[1]

外国人对自己本国的人被无辜杀害非常关心，即使处罚地方官员的阻碍不大，但希望中国政府能还以公道却是很困难的。曾国藩在很多信中都提到了这一问题。[2] 有的凶手已经失踪了，没有潜逃的即使对他们施以酷刑，他们也什么都不会说的。到了 9 月底，他们手里有的顶多是几个参与者的名单而已。从这里我们或许能明白，甚至更同情曾国藩当时的处境。而法国人不想干等着中国政府慢悠悠地调查取证，以及不明确的判罪结果。终于，三个以上的人确实由过失构成了犯罪或故意唆使别人犯罪，这些人就是天津的知府和知县，还有该省的提督，也可以说就是陈国瑞将军，他们都对天津的治安承担一定的责任。法国人坚决表示，这三人明知流言蜚语和告示是故意指控传教士们的，应该恰当处理好此事，以维护好天津的治安状况。

7 月 19 日，法国代表提出要判这三个人死罪（曾国藩第二天的奏折也证明了此事），声称如果不答应，就会派海军出战。曾国藩和崇厚商谈后决定：尽管他们觉得不应该判这三个人重罪，但法国人好像很生气，不顾一切想让中国满足他们的要求。因此，他们提议由刑部来处理知府和知县；但认为提督和这件案子没多大关系，建议在北京进行和他有关的谈判，而提督正好在北京。[3] 这份奏折使谈判出现了逆转。曾国藩认为他建议处罚这几个人是错的。《年谱》上说，曾国藩丧失了正确的判断，对崇厚的建议有所妥协，而正准备上奏的时候，曾国藩对在奏折上签名

[1] 《书札》卷三十二，第46页下栏。

[2] 特别使写给李鸿章的一封信中。《书札》卷三十二，第52页下栏至第54页上栏。

[3] 《奏议》卷二十九，第42页。

很懊悔。他在几封信提到，自己不想这么做了，在和恭亲王最后一次交谈时他说，和狡诈刁钻的外国人交易一定要给自己留条后路，在处罚这几个官员的事情上，他铸成了大错，自己赞成的后果就是没有任何退路可言。[1] 判两名官员罪的决议下发后，遭到了官员和士绅的激烈反抗。曾国藩收到了来自四面八方的抗议信、上给皇帝的奏折和责骂，因为他让自己国家的官员牺牲，换得罗马天主教教会的清白。但崇厚想让曾国藩进一步妥协，催促他们再次同意法国人对于判处这些地方官员的提议。曾国藩对自己之前的错误决定已经感到后悔了，坚决不会再走错一步，因此崇厚希望朝廷将曾国藩撤职，由其他人顶替。[2]

此刻，全中国都在议论战争。但曾国藩靠着自己独有的勇敢，试图避免局势转向不利的局面。7 月底，曾国藩在奏折中清晰地将目前中国在战争中所面临的问题和所具备的条件一一陈列了出来。他称朝廷之所以不想让人们对战争议论纷纷，是因为目前国力不强，没有能力打仗。他自己并不害怕在战争中牺牲，但事实上中国在和外国人作战时是不能打胜的，只能通过和平的方式解决。即使千辛万苦付出惨痛的代价取得了一时的胜利，在第二年，外国人还是会卷土重来，而且兵力会远胜之前。天津教案是由愚蠢不明白事理的、没什么本事的人挑起的，千万不能让此事演变为战争。[3] 这时，就需要一些抱有投机想法的人满足法国政府所提出的“合理”要求，同时在处罚官员时尽量回避主要的问题，只谈无关重要的方面。

9 月，他给李鸿章的信中写到[4]，赫德曾建议他将嫌犯缉拿归案，并按律判刑，那样对于府县官员之事就轻而易举地解决了。最后，曾国藩

[1] 《书札》卷三十二，第6页。

[2] 《年谱》卷十二，第8页上栏至第9页下栏。

[3] 同上。

[4] 《书札》卷三十二，第54页及55页上栏。

的提议被清政府采纳了，但朝廷最先想到的是试图让更多的官员参与到谈判中。北上的命令已经传到了江苏巡抚丁日昌这里，毛昶熙也临时过来了，还有许多北京高官跟着他一起来了。朝廷也命令李鸿章带领部将于8月赶到天津。[1] 他建议成立一个联合调查小组，专门调查这两位地方官是否真的犯了罪，小组的决定双方都不应该反对，并配合执行。[2] 但当时皇帝非常生气，对于要处理两位官员的提议坚决不同意，因此这一想法最终泡汤了。[3] 新换的负责谈判的官员想让法国人将自己的要求降低，但法国代表坚决不同意，最终，朝廷让这两个府县官员到天津接受审讯调查。9月27日，曾国藩将有关审讯的过程写成了报告递交，说没有证据表明他们犯了罪，建议让刑部从轻发落，使全国的官员和百姓不再担心此事。

再者，法国人觉得拷问嫌犯的过程太慢了，对政府庇佑被指控的官员提出抗议，称办案者没把这两位官员纳入到嫌疑犯的行列，而是被恭为座上客。其海军军官说，如果不能按时审结此案，并给出一个满意的答复，他就会挑起战争。曾国藩在给恭亲王写信时指出，他既不清楚是否应该严肃看待法国人的恐吓，也不明白如何处理才不让法国人生气。他写道："若指府县拟抵，中国万难办到；若指查办凶手，中国义无可辞。究竟应正法若干人而后可称切实，能指数目否？中国如数办到之后，和局便可定否？此外除赔堂议恤，无他要求否？"他又说，8名死刑犯已经被审判了，还有20名左右的犯人需要审理。但要按时凑够所有的真正犯过罪的人，是不可能办到的。规定的时间一到，他会将名单递交上去，并许诺过两天再把剩余的罪犯名单交上，使法国人满意不

[1] 《年谱》卷十二，第8页至第9页下栏。

[2] 同上。

[3] 同上，第11页。8月8日与12日，皇上的圣意坚决表示法国人只有要求公平审判的权利，不能随意侮辱。

再发动攻击。[1]事实上，他也确实按照他讲的在9月8日给了第一份名单，[2]名单上的15人是死罪、21人的处罚较轻。他在10月7日补交了最后的罪犯名单。[3]法国人对最终的处理结果表示认可，接下来的谈判工作也进展很顺利。最后，双方达成一致：释放提督，知府和知县一级的官员被发配到黑龙江。[4]

大概在同一时间，由于马新贻在金陵被杀害，总督一职暂时没有人顶替。而在北京的高官中，曾国藩实际上已不受重视，但他的权势还是很大的，没有办法给他贬职或免职。因此1870年8月30日，曾国藩接到让他去两江担任总督的诏令。当各官员基本一致认可处理天津教案的措施时，他奉令前去金陵任职。在启程之前，曾国藩在京逗留了一段时间，并在10月20日和21日被慈禧太后召见。太后问他：[5]

问：你何日自天津起程？

答：二十三日自天津起程。

问：天津正凶曾已正法否？

答：未行刑，旋闻领事之言，俄国公使即将到津，法国公使将派人来津验看，是以未能遽杀。

问：李鸿章拟于何日将伊等行刑？

答：臣于二十三日夜接李鸿章来信，拟于二十五日将该犯行刑。

问：天津百姓现尚刁难好事否？

---

[1] 《书札》卷三十二，第51、52页。极可能写于9月初。

[2] 《奏议》卷二十九，第64~66页上栏。

[3] 《年谱》卷十二，第15页下栏和第16页。

[4] 同上书，第15页，9月25日，提交了对提督一案的处理决定，10月5日提交了对其他案件的处理决定。

[5] 《大事记》卷四，第6页。

答：此时百姓业已安谧，均不好事。

问：府县前逃至顺德等处，是何居心？

答：府县初撤任时，并未拟罪，故梁等放胆出门。厥后遣人谕知，业已革参交部，该员等惶骇，始从顺德、密云次第回津。

问：你右目现尚有光能视否？

答：右目无一隙之光，竟不能视。左目尚属有光。

问：别的病都好了些么？

答：别的病算好了些。

问：我看你起跪等事精神尚好。

答：精神总未复原。

问：马新贻这事岂不甚奇？

答：这事很奇。

问：马新贻办事很好。

答：他办事精细和平。

第二天召对继续进行：

问：你在直隶练兵若干？

答：臣练新兵三千。前任督臣官文练旧章之兵四千，共为七千。拟再练三千，合成一万。已与李鸿章商明，照臣奏定章程办理。

问：南边练兵也是最要紧的。你们好好地办去。

答：现在海面尚平安，惟当设法防守。臣拟在江中要紧之处修筑炮台。

问：能防守便是好的。这教堂就常常多事。

答：教堂今年到处滋事，教民好欺不吃教的百姓，教士好庇护教民，领事官好庇护教士。明年法国换约，须将传教一节加意整顿。……

皇帝的生日是11月3日，曾国藩的生日是11月4日，他在北京一直待到皇帝和自己过完生日后才离开。这是他的60岁生日，湖南和湖北的同僚们为他在会馆举行了盛大的生日宴会。过后，他离开了北京，去了金陵。12月4日，他接受了金陵的官印，在此任职。[1]

他现在在北京已经不受欢迎了，第二年他在金陵写信给弟弟，讲道：[2]

余两次在京，不善应酬，为群公所白眼，加以天津之案物议沸腾，以后大小事件，部中皆有意吹求，微言讽刺。陈由立遣发黑龙江，过通州时，其妻京控，亦言余讯办不公及欠渠薪水四千不发等语。以是余心绪不免忙悒。阅历数十年，岂不知官途有夷必有险，有兴必有衰？而当前有不能速释然者，但求不大干咎戾、为宗族乡党之羞足矣。

曾国藩第二次在金陵任职时，除了处理日常事物外，就是在1871年10和11月长途跋涉到处察看工作，还有一件比较重要的事就是和李鸿章一起给皇帝上折子。他们向皇帝提出建议，希望能将一批优秀的青年人派到美国和其他西方国家去，学习他们先进的工程技术，而这些少年可以由陈兰彬和容闳负责选拔。他们希望皇帝能看到，以前有中国人到国外学习组建新式的陆军和海军的想法，但现在他们认为时机到了，尤其是想到中国和美国刚签订了条约，因此可以先去美国，再去其他国家，

[1] 《年谱》卷十二，第17页下栏。

[2] 《家书》，1871年9月24日。

把他们先进的技术全都学习回来。在上书的同时，已经给陈兰彬和容闳下了命令，让他们制定留学生章程，并尽快征得总理衙门的赞同。所需花费的钱可以先从海关收入中支取。由于本书的篇幅有限，我们没有办法继续调查这件事的结果是什么。但我们可以推测一下，如果曾国藩和李鸿章的想法被采纳了，有大量的学生被派到了国外，那中国将会很快跟上世界其他优秀国家的脚步。

从他的角度来看，这个想法是有远见的。我们想一下大概同时期日本政府，他们将很多学生和石仓大使派遣到国外，为国家的发展带来了很多的利益。我们可以认真思索一下，如果有人能继承和拥有曾国藩一样的品质，如具有自由精神和敢作敢为，那这个计划就肯定会成功。他提出了这一想法，并很坦率地告诉了皇上。他年轻的时候有一种迫切希望外国人彻底离开中国的想法。但如果从这件事来看的话，我们责备曾国藩冥顽不灵是没有根据的。毋庸置疑，在当时，曾国藩是走在时代前列的，甚至比他的继任者以及老百姓超前。很明显，他认为中国在行政与技术方面远远落后于西方国家，假如还是固步自封，不想方设法弥补自身的不足，那中国会更加落后于世界。

大概在那个时候，或许更早一点儿，曾国藩秘密地上奏皇帝，督促政府采取下列措施，使中国政府经过变革，能更加进步，成为一个现代化的国家：[1]

1. 迁都，从北京迁往中部城市。
2. 将腐败的官僚制度彻底废除，建立正确的行政体制。
3. 变革军事制度，建立由中央政府直接指挥的先进的陆军和海军。

[1] 川崎三郎：《东方的伟人》，第105~106页。我没有办法找到奏稿原文，但它显然写于1870年或1871年。

4. 改革国家财政制度，财政大权收归中央。

5. 改革选官制度，将平庸之人裁掉，培养骨干人才。

这份奏疏所探讨的问题，尽管上面只是简单陈述了一下，但还是将那时中国体制所存在的弊端都讲了出来。尽管辛亥革命推翻了清政府，但一些弊端依然没有消失。即使当时的中国有曾国藩这样的大人物，但能否使中国彻底改变，由一个保守的国家转变为一个进步的国家，这一点我们不相信。李鸿章肯定是不能完成这一任务，不过他显然在政治素质方面要比曾国藩高明，因为他没有什么原则，喜欢变通。但曾国藩将中国的弱点尖锐地指了出来，也提出了解决之策，这是他的功劳。如果他的接替者能按照他的指示做，就能使清政府避免被推翻。

曾国藩和当时的一些官员打破了中国传统的行政秩序，他们年纪轻轻便已位高权重，甚至一些人是从低级职位被破格提拔到高位的，[1] 这一点充分说明，曾国藩应该被作为中国的进步人士来看待，而不是把他当做反动派。在担任两江总督之前，曾国藩的职位没有到正式的省级。尽管他的弟弟曾国荃的官职级别不高，但实际上他起步就已经是巡抚。李鸿章、左宗棠和彭玉麟的经历和曾国荃类似，要不很快就是低级职位被提拔为高级职位了，要不一开始担任的职位就很高。中国本身是一个相对传统的国家，这样做已经算是打破常规了。为了曾国藩以及他所推荐的人，清政府敢于打破传统，这说明中国已将固步自封抛弃了。在政治和其他方面，曾国藩被看作是进步派，甚至有时会很激进，但这种改变只要还在中国人的秉性之内，就是可以的。

1872 年 3 月，曾国藩突然离开了人世。去世的那天，他吃完饭正在花园里散步休息。其实，这一切早就有预兆，在去世之前已经有很多事

[1] 李翁兵在《中国史纲》中提醒读者不应该忽视这一事实。

情表现了出来。最明显的一次，就是在他去世的前几天，本来要到河边接待一位客人，结果走到半路，他就在轿子里晕过去了。全国的人，包括金陵的百姓都看到了他对大清王朝做出的贡献，因此，对于曾国藩的去世，都感到很遗憾，这种损失是根本没办法补偿的。清政府为了悼念他，下令三天后再上朝奏事议政。皇帝还特地下旨，这已经能充分说明中国人对他的感情。他们所讲的，不只是基于表面的陈腐、空泛的论调：

> 大学士两江总督曾国藩，学问纯粹，器识宏深，秉性忠诚，持躬清正。由翰林蒙宣宗成皇帝特达之知，洊升卿贰。咸丰三年间，创立楚军，剿办粤匪，转战数省，迭著勋劳。文宗显皇帝优加擢用，补授两江总督，命为钦差大臣，督办军务。朕御极后，简任纶扉，深资倚任。东南底定，厥功最多，江宁之捷，特加恩赏，给一等毅勇侯，世袭罔替，并赏戴双眼花翎。历任兼圻，于地方利病尽心筹画。老成硕望，实为股肱心膂之臣。方冀克享遐龄，长承恩眷，兹闻溘逝，震悼良深！曾国藩著追赠太傅，照大学士例，赐恤赏银三千两治丧，由江宁藩库给发。赐祭一坛，派穆腾阿前往致祭，加恩予谥文正，入祀京师昭忠祠、贤良祠，并于湖南原籍、江宁省城建立专祠。其生平政迹事实，宣付史馆。任内一切处分，悉予开复，应得恤典，该衙门察例具奏。灵柩回籍时，著沿途地方官妥为照料。其一等侯爵，即著伊子曾纪泽承袭，毋庸带领引见。其余子孙几人，著何璟查明具奏，候朕施恩，用示笃念忠良至意。钦此。

李鸿章接受了曾国藩传授下来的思想，但后来因常和外国人接触，使得外国人几乎忘记了曾国藩这个人。但在中国人看来，李鸿章和曾国藩实际上是不能相比的。李鸿章和左宗棠在曾国藩过世后，都取得了不俗的成绩。但中国人觉得他们并不是靠着曾国藩的荣誉得到的。曾国藩做人真心诚意，死的时候清白廉洁；李鸿章做了高官之后，却想方设法谋取自己的私利，并因此闻名于世。在他离开人世的时候，家里非常有钱。另外，曾国藩当时召集了很多的才能之士到自己的帐下，为自己出谋划策。可李鸿章却没有做到过。一些人觉得这是因为李鸿章这个人做事激进，也有人觉得他更喜欢被平庸之辈围绕在身边，只有在这帮人的衬托之下，才能使他显得有才干。不管李鸿章没有智囊团的原因是什么，掌管清政府实权，负责日常行政事务的大臣都是曾和曾国藩参加过镇压太平天国运动的老臣，这种现象一直持续到 19 世纪 80 年代末。在这些老人一个个退下之后，清政府在接替他们的人的治理下很快衰落，最终在 1911 年辛亥革命的推动下，灭亡了。

第十六章

曾国藩的人生智慧

我们生活在一个现代化的世界中，但听着太平天国运动那段历史时期所发生的反抗以及被镇压的故事，仿佛一下子又回到了中古时期。也许我们从来没想过，在中国爆发太平天国运动的时候，世界的其他地区也发生了很多大事。如克里米亚战争发生于太平天国早期，而太平天国晚期，美国爆发了南北战争，日本进行了明治维新改革。然而，假若我们以当时欧美的精神世界步入曾国藩时代的中国人的内心，我们就被带入了以尼罗河、克里特岛、美索不达米亚平原为中心的文明的那些灰暗的古代。我们只有假想有这么一个人，从孔子所处的时代，也就是柏拉图时代，一直活到了维多利亚时代中期，才能真正理解曾国藩和李鸿章一起上奏皇帝，派遣有智慧的孩子到国外留学的精神境界。曾国藩写的诗文、书信、奏折和日记中的很多史料被保存了下来，根据这些史料写一部关于其精神世界的传记，肯定很有趣。这么有价值的资料只能在这一章中体现，尽管篇幅不长，不过最起码能看到对曾国藩的个人生活和家庭产生影响的那些充满活力的准则，也对他以怎样的态度来看待家乡的社会风气产生了决定性作用。

翻看曾国藩的家谱，发现其祖先可有迹可循地追溯到孔子最早的徒弟曾子，曾国藩是曾子的第70代后人。他们这一脉上是曾氏家族在湖南的支系，元朝在衡阳定居，17世纪迁移到湘乡，并世世代代生活在这里。[1]曾国藩的祖父叫曾玉屏，在曾国藩的文章中，也被叫作星冈。在星冈之前，曾氏家族的人都是默默无闻的。曾国藩受祖父的影响很大，并且年龄越大越明显。曾玉屏早年时好吃懒做，直到他听别人说曾家会败在他这一代时，才浪子回头，安下心来耕作，成了别人的榜样。他非常崇敬自己的祖先，在他看来，祖先的神灵是所有神灵中最值得后辈尊敬的，不管怎样，在一个家族中，祖先们的兴趣和影响力对后辈来说都比虚无的神鬼重要，因此，他建议为祖先建祭祀宗祠。[2]

曾国藩的祖父个性很强，曾国藩在他的陪伴下长大成人，自然会受到感染，其家族意识自然会很强烈。曾国藩为了维护一个井然有序的家庭，始终把家族放在中心地位，也为此花费了很多的心血。在流传下来的众所周知的曾国藩书信中，很多都和家事息息相关。其中一封写道：

> 诸弟仰观父、叔纯孝之行，能人人竭力尽劳，服事堂上，此我家第一吉祥事。我在京寓，食膏粱而衣锦绣，竟不能效半点孙子之职；妻子皆安坐享用，不能分母亲之劳。每一念及，不觉汗下。
>
> 吾细思凡天下官宦之家，多只一代享用便尽。其子孙始而骄佚，继而流荡，终而沟壑，能庆延一二代者鲜矣。商贾之家，勤俭者能延三四代；耕读之家，谨朴者能延五六代；孝友之家，则可以绵延

[1] 《大事记》卷一，第1页。

[2] 《大事记》书卷一，第1页下栏。

十代八代。我今赖祖宗之积累，少年早达，深恐其以一身享用殆尽，故教诸弟及儿辈，但愿其为耕读孝友之家，不愿其为仕宦之家。诸弟读书不可不多，用功不可不勤，切不可时时为科第仕宦起见。若不能看透此层道理，则属巍科显宦，终算不得祖父之贤肖，我家之功臣。若能看透此道理，则我钦佩之至。澄弟（国潢）每以我升官得差，便谓我是孝子贤孙，殊不知此非贤孝也。[1]

当时，曾国藩在北京为官，并被委以重任。一天，祖父重病的消息传到了曾国藩耳朵里，他想到了在家乡勤劳耕田的父母，再看看自己在京城的奢侈生活，顿时觉得非常惭愧。不过，看到自己的兄弟都非常孝敬父母，他又觉得很开心。

曾国藩认为，家庭成员之间的团结和真诚，首先要做到孝敬父母，和兄弟和睦相处，这对家庭有序的生活是至关重要的。如果一人因高升，就使关系不再那么单纯了，也会对家庭生活产生影响。因此，他常常劝导自己的弟弟们，家人要依靠农耕养活自己，要始终热爱农耕生活。他说："凡家道所以可久者，不恃一时之官爵，而恃长远之家规；不恃一二人之骤发，而恃大众之维持。我若有福罢官回家，当与弟竭力维持。老亲旧眷，贫贱族党，不可怠慢。待贫者，一亦与富者一般。当盛时预作衰时之想，自有深固之基矣。"[2]

曾国藩也常常告诫家人，要勤勤恳恳，不要被好吃懒做所击倒，要生活得简单朴素。因此，他曾在信中写道：

甲三、甲五等兄弟，总以习劳苦为第一要义。生当乱世，居家

[1] 《家书》，1849年5月8日。
[2] 1866年7月16日的书信，当时曾国藩任总督及钦差大臣。

之道，不可有余财，多财则终为患害。又不可过于安逸偷惰，如由新宅至老宅，必宜常常走路，不可坐轿骑马；又常常登山，亦可以练习筋骸。仕宦之家，不蓄积银钱，使子弟自觉一无可恃，一日不勤则将有饥寒之患，则子弟渐渐勤劳，知谋所以自立矣。[1]

曾国藩认为，自己曾经亲身遭遇过的痛苦和灾难始终不忘记，才是最优良的药。1867年，他在给家人的信中写道：[2]

吾家现虽鼎盛，不可忘寒士家风味，子弟力戒傲惰。戒傲以不大声骂仆从为首，戒惰以不晏起为首。吾则不忘蒋市街卖菜篮情景，弟则不忘竹山坳拖碑车风景。昔日苦况，安知异日不再尝之？自知谨慎矣。

不过，曾国藩对于自己的家族有着很强烈的自豪感，他对家族成员的一言一行都有着很高的期望，希望持之以恒维护自尊。因此，由于曾国藩在京城位高权重，为了不使同低级官吏的交往危害到自己，他希望家人能远离这类官员，以免他们仗着自己的兄长滥用职权。曾国荃考上秀才时，依照以往的惯例，曾国藩应给主考官写信表达感激之情，但因此主考官声名狼藉，他不愿意在信中这么做。他又写道："我家既为乡绅，万不可入署说公事，致为官长所鄙薄。即本家有事，情愿吃亏，万不可与人构讼，令官长疑为倚势凌人。"[3]这种行为不仅会伤害家族的名声，还会引起京城的高官因曾国藩亲属在家乡的活动而给他蒙羞。[4]

[1] 《家书》，1855年10月7日。

[2] 《家书》，1867年2月8日。

[3] 《家书》，1845年7月3日。

[4] 《家书》，1846年1月29日。

但曾国藩的这种家族自豪感并非对所有人都一视同仁，那些在家乡生活贫困的人除外。对于家乡所发生的婚嫁娶丧等事，曾国藩还是时时关注的。他希望在家乡的亲人们该做的事还是要做的，尤其是对自己的邻居。1867 年，他写信给大儿子说道：[1]

> 李申夫之母尝有二语云："有钱有酒款远亲，火烧盗抢喊四邻"，戒富贵之家，不可敬远亲而慢近邻也。我家初移富圫，不可轻慢近邻，酒饭宜松，礼貌宜恭。建四爷知不在我家，或另请一人款待宾客亦可。除不管闲事，不帮官司外，有可行方便之处，亦无吝也。

在家族中，曾国藩对于自己作为长子所应履行的职责始终都在认真地践行着。他曾多次写信诚恳地劝告弟弟们，明确指出弟弟们不要去承担本应由他承担的责任。一次，他在信中责备道[2]："家中之事，弟不用管，天破了自有女娲管，洪水大了自有禹王管，家事有堂上大人管，外事有我管，弟只安心自管功课而已，何必问其他哉？"没过多久，也许是希望家乡的亲人们很好地协调与配合，他让曾国潢打理家中的事务，告诉他要让后辈们继承祖先传下来的氛围良好的家庭传统。[3] 作为弟弟，不能接受长兄控制一切。弟弟们常常因为此事误解曾国藩，有时也会起争执，从另一个角度来看的话，主要在于他说话坦率，毫无顾忌。曾国荃常和兄弟争吵，难免让人觉得他们之前的纷争从来没有结束过。

1841 年，曾国荃在曾国藩北京的家里读书时，就和兄长争吵了起来，并且持续了很长时间，直到收到父亲的来信，他们才停止争执，都

[1] 《家训》（给儿子们的信），1867年1月3日。

[2] 《家书》，1845年1月25日。

[3] 《家书》，1847年8月28日。

安分守己起来。[1]1842 年，曾国荃不愿意待在北京，坚持要回湖南，回到家后，他给曾国藩写信，信中将不满统统发泄了出来。曾国藩在给弟弟的回信中，耐心地给弟弟解释自己身为长兄应承担的职责，以及严格要求他的原因。[2]1844 年，曾国藩抱怨道，除了自己的弟弟们外，其他人都会去执行他的命令，也愿意听取他的告诫。[3]1854 年，曾国藩在长沙，与弟弟曾国潢发生了一次严重的争吵。曾国潢到了大营，给曾国藩的事业带来了很大的影响，也让他感到不得志、不顺意。这件事后，曾国藩写信给弟弟们，警告他们不准去大营，在家中要尽到自己的职责。[4]可能曾国荃看了长兄的这封家书，认为自己的升迁之路是被长兄拦截了。1856 年，清政府的统治最为昏暗，清朝让曾国藩待在江西，哪儿都不能去。曾国荃当时在长沙，执意要招募兵丁。黄冕刚担任吉安知府，发现了曾国荃。当时太平军已占领了吉安，黄冕就是被派去镇压太平军的。黄冕和曾国荃经过一番商讨后，觉得曾国荃很聪敏。曾国荃告诉黄冕：“方吾兄战利，事无所须于我，我亦从未至营相视。今坐困一隅，我义当往赴。然若无资力募勇。君但能治饷,我当自立一军以赴国家之急。”[5]因此，曾国荃没有通过兄长曾国藩，而是凭借黄冕走上了征战之路，去攻打金陵。

曾国荃似乎一辈子都喜欢和兄长为敌。外人觉得曾国藩做的事是一个长兄应该做的，甚至为了维护弟弟的抱怨，甘愿担着被别人指责自己用人不问人的德才，只选跟自己关系亲密的人的风险。他派曾国荃去攻打安庆，并且让其担任夺取金陵的最高将领，这样做或许对清政府当时

[1] 《家书》，1841年10月29日与12月1日。

[2] 《家书》，1842年9月1日。

[3] 《家书》，1843年2月15日。

[4] 《家书》，1854年5月12日及6月15日。

[5] 《大事记》卷一，第12页上栏。

的情况是不利的，但曾国藩还是这么做了。当皇帝下旨让曾国荃去上海或杭州时，曾国荃却不愿意去，想要留在金陵，因为能给他带来很大的荣耀。曾国藩为了满足弟弟，派李鸿章去了江苏，派左宗棠去了浙江。[1]当忠王对曾国荃发动猛烈攻击时，形势非常紧急，尽管曾国藩当时想让李鸿章到金陵，支援曾国荃，但最终还是没有这么做，为了满足弟弟的愿望，为他设法遮盖真实情况。1864 年，皇帝下旨让李鸿章火速前往金陵，为此，曾国藩和弟弟吵了起来，希望他能面对现实，并心甘情愿地接受。幸亏李鸿章擅长揣度别人的心思，这件事很快平息了。[2]尽管曾国藩始终坚定不移地支持曾国荃，但曾国荃一直没有放弃长兄对他有偏见的想法——他满脑子想的只有国家利益和家族的利益。一次曾国荃给兄长写信，希望兄弟之间在给出建议时尽量不要冒犯到对方。曾国藩回信说："此言精当之至，足抵万金。余生平在家在外，行事尚不十分悖谬，惟说些厉害话，至今悔恨至极。"[3]

曾国藩对家族具体事务的处理，也深受祖父的影响。从 1859—1861 年的家书中，曾国藩多次谈到相关的几件事。祖父把家庭的基本事务主要总结为八个字，并以此教导他们："书、蔬、鱼、猪、早、扫、考、宝。书者，所读之书也，学业不可荒废；蔬、鱼、猪者，皆农事也；早者，起早也；扫者，扫屋也；考者，祖先祭祀，敬奉显考、王考、曾祖考，言考而妣可该也；宝者，亲族邻里，时时周旋，贺喜吊丧，问疾济急，星冈公常曰人待人无价之宝也。"[4]

---

[1] 《大事记》卷二，第7页下栏及第8页上栏。

[2] 《家书》，1864年5月21日。

[3] 《家书》，1859年1月16日。

[4] 《家书》，1860年5月19日。祖父的生活方式很难用中文翻译，用词很恭敬，但和西方的形式又不同。

在另外写给家人的信里[1]他开始思索，谆谆教导兄弟子侄们一定要牢记："祖父星冈公之八字曰：'考、宝、早、扫、书、蔬、鱼、猪。'又谨记祖父之三不信：'不信地仙，不信药医，不信僧巫。'余日记册中又有八本之说，曰：'读书以训诂为本，作诗文以声调为本，事亲以得欢心为本，养生以少恼怒为本，立身以不妄语为本（不扯谎也），居家以不晏起为本，作官以不要钱[2]为本，行军以不扰民为本。'此八本者，皆余阅历而确有把握之论，弟亦当教诸子侄谨记之。无论世之治乱，家之贫富，但能守星冈之公八字，与余之八本，总不失为上等人家。"此外，还有"三致祥"的秘诀，即"孝致祥、勤致祥、恕致祥"，最后一项依据的是孔子的不刊之论，即"己所不欲、勿施于人"。[3]

关于财产和家庭道德的问题，在1867年，曾国藩在一封信中又讲到了，很有意思。[4]那时，他在信中写道，自己不能寄太多的钱给家里。"自有两江总督以来，无待胞弟如此之薄者。然处兹乱世，钱愈多则患愈大，兄家与弟家总不宜多存现银。现钱每年足敷一年之用，便是天下之大富，人间之大福。家中要得兴旺，全靠出贤子弟。若子弟不贤不才，虽多积银积钱积谷积产积衣积书，总是枉然。子弟之贤否，六分本于天生，四分由于家教。吾家代代皆有世德明训，惟星冈公之教尤应谨守牢记。吾近将星冈公之家规编成八句，云：'书、蔬、鱼、猪、考、早、扫、宝，常说常行，八者都好；地、命、医理、僧巫、祈祷、留客久住，六者俱恼。'盖星冈公于地、命、医、僧、巫五项人，进门便恼，即亲友远客久住亦恼。此八好六恼者，我家世世守之，永为家训。子孙虽愚，亦必略有范围也。"

---

[1] 《家书》，1861年4月4日。

[2] 在4月14日的信中，他用爱字取代了要字，将做官的原则定为不爱钱。

[3] 《家书》，1861年4月13日。

[4] 《家书》，1867年1月11日。

有人觉得曾国藩只是旧时期传统观念的代表者，这种认识是不恰当的。其实，在有关女子家庭生活中地位的观点上，曾国藩是不赞同旧观念的。可以肯定的是，他的某些观念是很传统的，觉得女子就应该在家里做纺织、针线、做饭等活。曾国藩在北京时曾给祖父写信，为自己的夫人道歉。因为自己的妻子远在北京，没有尽到孝敬和服侍长辈的责任。在另一封写给家人的书信中，他又责备已嫁人的四妹，不是早早地起床服侍婆婆，而是赖在床上，等着别人伺候。[5] 在长子成亲时，他写信劝诫：新媳妇娶进门后，要让她做家务活，包括针线、做饭等。这是已婚妇女应尽的责任。[6] 在另一封家书中，他告诫儿子即使媳妇家有钱，也要做这些家务。[7]

如果看到曾国藩的这些传统守旧的观念，我们根本不会觉得，他曾对中国不同姓氏的近亲结婚持反对意见，也不完全认同距离遥远的男女二人只因是同姓就不能结婚的规定。或者他对这种婚姻关系是存在质疑的。在近亲结婚的问题上，他觉得姐妹的孩子和兄弟的孩子也算是近亲，但中国人始终不认可同姓近亲不通婚的原则，不管其他实际上亲戚之间的通婚，显然是不实际的。[8]

在祖父所提出的家庭职责中，祭祀祖先是排在首位的。关于这一点，曾国藩和他的祖父一样都是推崇的，就像信仰宗教一样。这是一种中国传统习俗的核心观念，远古时代就有了，后一直延续至今。除了中国之外，其他一些国家在古代也有这种观念。面对许多隐居在黑暗中的鬼魂，只有过世的祖先鬼魂是最让人敬重和畏惧的，也最不应该被忽视的。也许他们拥有的善恶之力很强大，所以在子孙需要时，祖先会怀着恐惧之

---

[5] 《家书》，1843年1月20日。

[6] 《家书》，1856年3月14日。

[7] 《家书》，1856年11月11日。

[8] 《家书》，1845年4月11日。

情去安慰他们。对这些灵魂的祭祀是家庭生活中最重要的事情。对曾国藩的祖父来说，实际上这都是宗教信仰。[1] 在写给长子的家书中，曾国藩曾根据祖父的观念谈到了祭祀祖先的问题："昔吾祖星冈公最讲求治家之法，第一起早，第二打扫洁净，第三诚修祭祀，第四善待亲族邻里。凡亲族邻里来家，无不恭敬款接，有急必周济之，有讼必排解之，有喜必庆贺之，有疾必问，有丧必吊。此四事之外，于读书、种菜等事尤为刻刻留心，故余近写家信，常常提及书、蔬、鱼、猪四端者，盖祖父相传之家法也。尔现读书无暇，此八事纵不能一一亲自经理，而不可不识得此意，请朱运四先生细心经理，八者缺一不可。其诚修祭祀一端，则必须尔母随时留心。凡器皿第一等好者留作祭祀之用，饮食第一等好者亦备祭祀之需。凡人家不讲究祭祀，纵然兴旺，亦不久长。至要至要。"[2]

在曾国藩的观念中，祖先祭祀是非常重要的，因此选择好的墓址也是至关重要的。根据曾国藩祖父的言行，我们发现，曾国藩和他的祖父一样，都对堪舆之学持怀疑态度，并且不让自己的弟弟相信这些。但是，在他的家书中，我们还是能看出来，他对能否给祖先选择好的墓址非常关注。他的祖母过世后，在下葬时，他特地给祖父写信，祝贺葬礼的顺利进行，还毫不避讳地询问是否为祖母选择了合适的墓地，还有没有空间搭建牌坊和竖铭碑，离河边近不近等。他建议迁坟，并不是因为自己想要获得名利和运气，只是考虑到墓地是否能防蚁、防潮、应对危险等，并且通道是否狭窄。[3] 因此他认为好的祖坟对家族的命运有影响，但他不觉得这和财富有关。

堪舆不过是有关土地的学说，还有比堪舆更高的法则。曾家人心里

[1] 《大事记》卷一，第1页。

[2] 《家训》（给儿子们的信），1860年夏历闰三月初四的信。

[3] 《家书》，1847年3月3日。

始终牢记着孝敬父母和祖父母的天道。曾国藩听说祖父不同意迁祖母的坟后，就让弟弟们放弃了寻找更好的墓地，免得惹祖父不高兴，使病情加重，这样的话，才是大大的不孝。这样不管墓址怎么好，都不会带来好运。[1] 如果只是从这件事来看，曾国藩遵守天道的决定是没有错的。7月，他在信中写道："祖母大人葬后，家中诸事顺遂，祖父之病已好，予之癣疾亦愈，且骤升至二品，则风水之好可知，万万不可改葬。若再改葬，则谓之不祥，且大不孝矣。"[2] 不过，这个墓地带来的好运一直都没有停止。1849 年，他写道家族中新增加了 3 个男丁，他的官职最高做到了内阁，曾国荃也通过考试了。尽管他不相信堪舆风水等学说，但这些都不得不使他觉得是好墓地给他的家族带来了好运。

很多年后，在三河战役中，曾国藩的弟弟牺牲了。曾国藩在家书中说，由于祖母的墓地选得好，给家里带来了好运，因此希望弟弟也能选一个合适的墓址。[3] 同样的情况，也发生在他的叔父喜得儿孙时，他给叔父写信说："今叔父得抱长孙，我祖父母必含笑于地下，此实一门之庆。而叔父近年于吉公祠造屋办祭极勤极敬，今年又新造两头横屋，刚值落成之际，得此大喜，又足见我元吉太高祖庇佑后嗣，呼吸可通，洋洋如在也。"[4] 可见，曾国藩接受了中国人的传统观念：墓地要选择风水好的，祠堂要谨慎地维护，要不失时地祭祀祖先。

1844 年和 1845 年，曾国藩家里有很多人都生病了，于是他给弟弟写信，让他们好好整修祖坟，在他看来，这么多人生病和祖坟欠修整有关。他还不让弟弟们动土，以免惊扰到祖先们的灵魂。[5] 从 1851 年起，在曾

[1] 《家书》，1847年3月28日。
[2] 《家书》，1847年7月29日。
[3] 《家书》，1859年3月17日。
[4] 《家书》，1856年1月8日。
[5] 《家书》，1845年12月18日。

国藩的家族中，好坏事经常交替发生，直到1858年才停止。他弟弟在三河战役中牺牲，算是最坏的一件事了。因此，曾国藩和弟弟们都觉得一定要把父母的坟墓迁到好的地方，只有这样才能转运。[1]我们从很多史料中都能发现，曾国藩遵循着中国的传统，信仰祖先崇拜。他觉得祖先的墓址一定要选合适的。从上面的书信中可以看到，曾国藩对待中国人迷信活动的态度是很小心翼翼的，但这些迷信在一定程度上对他的行为产生了影响。人活着是不能不去祭祀自己的祖先的。

从理论上来说，曾国藩也迷信其他事情，但对这些都不是太相信。1838年，曾国藩曾到樊城河旅行，突然遭遇了风暴，让他们置于危险之地。在这危难时刻，他向观音菩萨许愿，希望得到护佑和帮助。到1851年，他都没有忘记那天发生的事情，当时的恐怖场景依然历历在目。他在信中告诉家人永远不要接近樊城河。[2]在信中，他相信显示出的预兆和神迹，他在1864年看到金陵城上阴云密布，就认为这预示着太平天国会覆灭。[3]1858年，浙江和其他几个地方的军事指挥权掌握到了曾国藩的手中，没过多久皇帝就下召，任命曾国藩的弟弟担任浙江的高官。曾国藩在家书中说，其父亲在世时曾去南岳上香，有人预言并告诉曾父："二珠联手，辉耀杭州。"曾父将此事告诉了曾国藩，说自己将有两个儿子会到浙江做官。曾国藩和弟弟这次到浙江，也算是印证了父亲的预言。[4]

一次，曾国藩悼念在三河牺牲的弟弟时写道："今年四月，刘昌储在我家请乩。乩初到，即判曰：'赋得但武修文，得闲字。'字谜败字，余方讶败字不知何指？乩判曰：'为九江言之也，不可喜也。'余又讶九江初克，气机正盛，不知何所为而云然？乩又判曰：'为天下，即为曾宅言

[1] 《家书》，1858年夏历十二月十六日，以及1859年夏历一月初一。

[2] 《家书》，1851年8月4日。

[3] 《家书》，1864年1月9日。

[4] 但他的弟弟们当时并没有去那里。

之。’由今观之，三河之挫，六弟之变，正与不可喜也四字相，岂非数皆前定那？然祸福由天主之，善恶由人主之，由天主者，无可如何，只得听之。由人主者，尽得一分算一分，撑得一日算一日。”

到这里，读者应该明白了，对于宗教迷信，曾国藩只相信祭祀祖先，或有时会去祭祀当地的神灵，其他的不太相信。他是因为不相信太平天国所宣扬的教义，才开始接触基督教的，后来由于要对教案引起的破坏事件做出处理，才有所了解。有一篇文章是关于宗教哲学的[1]应该看一看，在文章中，曾国藩讲到了自己对佛教和基督教的态度。曾国藩认为起初人们宣扬天主教是为了发财致富。他们说教会很有钱，不过现在很多国外的教徒都没什么钱。尽管教会有钱，但也不会分给教徒，而他们所说的是无法相信的。从秦汉开始，周公和孔子对世人产生的影响开始变少，佛教有了很大的发展。天主教发源于西方，但西方国家的人现在信的是完全背离天主教的新教。因此，那些虚假不真实的教义一时繁荣，一时又衰亡了，但周公和孔子的影响却自始至终指导中国人建立政权，并作为准则约束中国人的言行和习俗，使中国的礼仪和教育在世界上闻名。尽管很多人想尽一切办法要中国人放弃孔孟之道，但他们所采取的方式却是无法令人信服的。

在这封信中，曾国藩非常清楚地表达了自己最发自内心支持的信仰是孔子和其他思想者，他始终都站在他们这一边。他认为普通人所信的鬼神是不可知，只有祖先崇拜和上天给予的预兆是可知的。我们也能从中看出，他也经常相信一些普遍存在的神灵，如他曾向慈悲女神许愿。其实，他也知道一些神秘的事情是不能从自己所掌握的哲学中追根溯源的，只有承认人的命运是由上天来主宰的。因此他也记载过这样的事：一个自己熟悉的人，不论从哪个角度来看，都应该是生活得幸福美满，

[1] 川崎三郎：《东方的伟人》，第126页。

不应该是短命的人，竟然很早就去世了，这只能说是生死难料，一个好人能否得到好报，不是常理能解释的。[1] 曾国藩的弟弟在安庆之战后，又去了金陵，当时曾国藩告诫他不要焦急，要沉得住气，自己已经尽力而为，至于能否达到目的，那就要看时运如何了。他写道：[2]

以余阅历多年，见事之成功与否，人之得名与否，盖有命焉，不尽关人事也。

在另一封家书中，他又详细地阐述了这一观点：

凡办大事，以识为主，以才为辅；凡成大事，人谋居半，天意居半。往年攻安庆时，余告弟不必代天作主张。墙濠之坚，军心之固，严断接济，痛剿援贼，此可以人谋主张者也。克城之迟速，杀贼之多寡，我军士卒之病否，良将之有无损折，或添他军来助围师，或减围师分援他处，或功慕于垂成，或无心而奏捷，此皆由天意主张者也。

譬之场屋考试，文有理法才气，诗不错平仄抬头，此人谋主张者也。主司之取舍，科名之迟早，此天意主张者也。若恐天意难凭，而必广许神愿，行贿请枪；若恐人谋未臧，而更多方设法，一或作板绫衣以抄夹带，或蒸高丽参以磨墨。合是皆无识者之所为。弟现急求克城，颇有代天主张之意。若令丁道在营铸炮，则尤近于无识矣。愿弟常存畏天之念，而慎静以缓图之，则善耳。[3]

---

[1] 《家书》，1851年夏历九月初五。

[2] 《家书》，1861年2月10日。

[3] 《家书》，1863年9月3日。“天”字用在这里，指的是某个具体的神，不是随意的事务，耶稣会会员愿意用它指上帝，是觉得这个词含蓄地表达了个性和智慧。

尽管曾国藩对于普通人所信仰的宗教存在质疑，但身为清政府的官员，在遇到危险时，他也不得不参加传统的祭祀活动。1867 年 5 月—6 月，地方发生了旱情之后，他曾三番五次地去水神庙拜祭，为百姓祈求降雨。他也去了其他神庙，在地上洒圣水。结果，真显灵了，第二天就下了很大的雨。曾国藩为了表达对神灵的感激之情，特拿出 4000 两银子捐赠给了庙里。[1]1868 年，他又去了庙里拜祭神灵，祈求停止降雨。[2] 曾国藩的这种祭祀活动，在很多书上都没有记载，因此，我们不能确定他的这种信仰，有多少是因形势所迫。但我们能想到的是，曾国藩并不是绝对否定老百姓的信仰，有时也是相信的。若一种信仰可能有些是真的时，他宁愿相信它有，不可相信它没有。不过，可以肯定的是，他始终都不赞同从国外传入的宗教信仰。

和生活在当时的很多中国人一样，曾国藩有时也是很迷信的。他对"八字"之说深信不疑，认为八字好坏，会对一个人一生的运势产生深刻的影响。而人的出生年、月、日、时都能体现在八字中。很多人都觉得一个人的性格和八字有关，也就是说由八字中所含有的不同元素比例决定。[3] 当一家有喜事时，家人都会找阴阳先生算一下，想知道新娘和新郎的气质是否合适，性格上能否合得来。很多时候，曾国藩是不相信这些的，甚至有些轻视。不过在 1871 年，他写给家里的信中，却多次谈到自己长子的儿子出生："纪泽生一子，小大平安，深以为慰。纪泽今年三十三岁，正在望子极其殷之际，如愿得之，满门欣喜。惟八字于五行缺水、缺火，不知易于养成否。"[4] 他的担忧被证实了，这一年的 9 月，孩子得病早夭。曾国藩写道："此儿出生时，余观八字于五行中缺水缺火，

---

[1] 《年谱》卷十一，第18页下栏。

[2] 《年谱》卷十一，第22页下栏。

[3] 五行是金、木、水、火、土，它们作为一种符号用于标识时间。

[4] 《家书》，1871年3月15日。

与甲一儿中缺水缺木者相同，即已虑其难以长成，不料其如是之速。纪泽夫妇年逾三十，难免忧伤。然此等全凭天事，非人力所能主持，只得安命静听。”[1]

在西方人看来，中国官员生活腐败，贪官横行，这是官场上的最大弊端。敲诈勒索的行为四处可见，官员们互相包庇，官官相护，行贿受贿，凭借着这些手段，他们才能仕途一路顺利，发财致富。但即使在这样的环境下，曾国藩依然置身之外，不参与其中，真是很有意思。他的升官完全凭借自己的功绩，这在当时的官场是很少见的。他苦口婆心地教导自己的弟弟及家人，不要仗着自己的官位去谋取个人私利。同时，他也竭尽全力不让自己去攀关系。对于别人给以的好处，他不会轻易接受，也不会阿谀奉承他人，更重要的是，他会谨慎地处理别人对自己的感激之情，也不倡导别人凡事都来求助自己。在他看来，如果开始这样施恩于人，就会引诱更多人到他这里寻求帮助。那他的官职越高，身上的担子就越重，即使用十倍返还回去，也是无法卸下这个重担的。[2]

另外，当时很多官员中饱私囊，搜刮民脂民膏，放入自己的腰包中，但曾国藩没有这么做。1849 年他在家书中写道：“予自三十岁以来，即以做官发财为可耻，以宦囊积金遗子孙为可羞可恨，故私心立誓，总不靠做官发财，以遗后人。”[3]

几年后，曾国藩步入官场，有能力贪污腐败，就像当时官场中普遍采用的手段聚敛私财，但当他的弟弟曾国潢向他索要二百两银子时，他写信劝诫说：“余往年在京曾寄钱回家，每年或百金或二百金不等。一以奉堂上之甘旨，一以济族戚之穷乏。自行军以来，仅甲寅冬寄百五十

[1] 《家书》，1871年9月10日。

[2] 《家书》，1847年8月7日。

[3] 《家书》，1849年4月13日。

金。今年三月，澄弟在省城李家兑用二百金，此际实不能再寄。盖凡带勇之人，皆不免稍肥私祟。余不能禁人之不苟取，但求我身不苟取。以此风示僚属，即以此仰答圣主。”[1] 他总是很认真地看待这些事，并将其概括为八大基本的做人准则：“做官以不要钱为本。”[2] 这些陈腐、空泛的论调，曾国藩不只是说说而已。在任内，曾国藩是因廉洁闻名的。他还小心翼翼地不让家人接受别人的恩惠。1863 年，二儿子从长沙老家到曾国藩为官的安庆，曾国藩特意写信警告儿子，不要打着他的旗号行事，所到之处，也不要去麻烦当地的官员。如果去打扰他们，他们不得不耗费一定的时间，还得花钱去款待他。他不想家人因私事来找他，反而被地方官员照顾，这样就是欠下了别人的恩情。他禁止家人用自己的官位谋取私利。[3]

曾国藩做事的独立真诚在给家人和其他官员的书信中能看出一二。中国人说话常常是委婉含蓄的，但曾国藩的家书不是这样，经常说话坦率，毫无顾忌，只是在言语上稍微小心而已。他上奏给皇帝的折子和写给京城大员的信中，措辞可能更加高雅，不过不怎么用“虚笔”。例如，在针对政府是否应该招收外国军人的事情上，皇帝想听取曾国藩、李鸿章和左宗棠等人的建议，这三人在给皇帝的奏折上，就有明显的不同。李鸿章和左宗棠是尽量不得罪别人，曾国藩却将自己的想法坦诚地表达出来。[4] 对于那些弄虚作假、瞒报军情的行为，曾国藩是非常看不上的。如 1854 年王鑫和左宗棠本来打了败仗，结果却向京城谎报说胜利了，曾国藩对这种行为是不耻的。[5]

---

[1] 《家书》，1856年12月26日。

[2] 同上书，1861年4月4日。

[3] 《家训》，1863年9月24日。

[4] 见上面第十二章的奏疏。

[5] 《家书》，1854年5月16日。

曾国藩在为人处世方面，严格遵守四书五经。他不仅以身作则，还让家人也按照孝悌仁义的原则行事。在道德和人格塑造上，他把勤、俭、刚（意志坚强）、明、忠、恕（己所不欲，勿施于人）、谦、浑这八种美德作为自己追求的标准。[1] 在去天津处理教案的前一天晚上，他给儿子们的永别戒条，其中讲了四条应该追求的美德：

慎独则心安。主敬则身强。求仁则人悦。习劳则神钦。[2]

曾国藩非常赞同书籍本身具有的价值，因而他始终都在谆谆教导自己的弟弟们要刻苦读书，而他自己一辈子也是这么做的。不论是作为武官在战场上带兵打仗的艰苦环境下，还是作为文官，每天处理很多繁杂的事务，他都是天天诵读经典著作、历史或诗歌，几乎一天都离不开书，甚至在闲暇之时，抽时间写散文等文章。他每天都写日记，这些记载非常有价值，有利于我们的研究，遗憾的是，他的日记和一些文件消失在了九江城。他对后辈们也抱有这样的期望，希望他们养成爱读书的好习惯，把学习作为居家最重要的事。他经常给他们布置文章，还给他们找合适的先生，并不断地给他们鼓劲。如果他们完成得很好，他会给以奖励，要是做得不好，就会惩罚和训斥他们。同时他还会拿别人做比，告诉他们，人家的条件虽然很差，可是一直在努力读书，让他们觉得惭愧。

1843 年初，曾国藩在一封家书中写道，要想进步，必须具备有志、有识、有恒这三个必要条件。“有志则断不甘沦为下流；有识则知学问无

[1] 《家训》，1866年4月28日。他在一首诗中说最好的美德是“恕”（见《家书》夏历五月初五）。

[2] 《家训》，1870年7月6日。

尽，不敢以一得自足，如河伯观海，如井蛙窥天，皆无识也；有恒则断无不成之事。此三者缺一不可。”

我们也能从一些史料的记载中了解到曾国藩的学习情况。1844 年的 9 月—12 月，他认真地读了《王荆公文集》(100 卷)、《归震川文集》(40 卷)、《诗经大全》(20 卷)、《后汉书》(100 卷)，并在每一本书上做了批注。[1] 在他开始忙于打仗后，尽管没有充裕的时间来读那么多的书，但他还是为自己安排每天应完成的读书量，制订了一份非常详细的学习计划。他这么做，就是不让自己因诱惑而将学习抛诸脑后。在一封信里，他把学习比作烹饪。如果一直用大火炖肉，那肉会很快炖好，如果一会儿用大火，一会儿又用小火，甚至有时不用火，那肉是不可能炖好的。[2] 他在另一封信中写道，这个比喻他是用的哲学家朱熹的 [3]。“先须用猛火煮，然后用慢火温。予生平工夫全未用猛火煮过，虽略有见识，乃是从悟境得来，偶用功亦不过优游玩索而已耳，如未沸之汤，遽用慢火温之，将愈煮愈不熟矣。”[4]

学习和环境没有关系，不论是什么地方，只要想学习，就是好环境。学习和心中的定位有关，关键在于自己是否是真的渴望学习。曾国潢想通过当一名老师，来争取到学习的时间和动力，曾国藩在信中告诉他：“且苟能发奋自立，则家塾可读书，即旷野之地、热闹之场亦可读书，负薪牧豕，皆可读书；苟不能发奋自立，则家塾不宜读书，即清净之乡、神仙之境皆不能读书，何必择地？何必择时？但自问立志之真不真耳！”[5]

---

[1] 《家书》，1844年12月30日。

[2] 《家书》，1856年12月2日及12月26日。

[3] 宋朝的哲学家，儒家经典的正统注释者。

[4] 《家书》，1842年12月21日。

[5] 《家书》，1842年夏历十月二十六日。

他对后辈有很高的期望，希望他们依靠自己的力量生活，发奋读书。因此在他过世前几天，他给后人就写了四条准则用以指导学习："一曰看生书宜求速，不多阅则太陋；一曰温旧书宜求熟，不背诵则易忘；一曰习字宜有恒，不善写则如身之无衣，山之无木；一曰作文宜苦思，不善作则如人之哑不能言，马之跛不能行。"[1]

一直以来，曾国藩的身体素质都不太好，他曾对弟弟们说，自己这么弱的体质是遗传自母亲。因此他必须时刻关心自己的健康状况。在北京生活的那几年，他的身体始终不太好，他也问过别人，在 1842 年其中一个对他说，他的身体要想健康，彻底治愈，最重要的是静静地修养，这比吃药管用得多。[2]1857 年左右，给曾国藩看过病的大夫不计其数，但大部分都没什么真本事，身体又增加了 70% 的损害，只有 30% 是见效的，因此曾国藩不再让他们治疗了。[3]32 岁时，他彻底不抽烟了，他的弟弟们到了 30 多岁也都戒了。不过，他觉得没必要戒酒，喝少许还是可以的。[4] 他觉得早起是一件很重要的事，不仅体现在工作上，也对身体有好处。[5]

关于养生这一问题，我们也许能从曾国藩在 1866 年 7 月 16 日的家书中有一个全面的了解：

> 余老境日逼，勉强支持一年半载，实不能久当大任矣。因思吾兄弟体气皆不甚健，后辈子侄尤多虚弱，宜于平日讲求养生之法，不可于临时乱投药剂。

---

[1] 《家书》，1871年12月5日。

[2] 《家书》，1842年夏历九月十八。

[3] 《家训》，1860年夏历十一月初四。

[4] 《家书》，1852年2月28日。

[5] 《家书》，1860年4月24日。

养生之法约有五事：一曰眠食有恒，二曰惩忿，三曰节欲，四曰每夜临睡洗脚，五曰每日两饭后各行三千步。惩忿，即余匾中所谓养生以少恼怒为本也。眠食有恒及洗脚二事，星冈公行之四十年，余亦学行七年矣。饭后三千步今日试行，自矢永不间断。

从现代养生的理念来看，他认为阳光和新鲜空气对养生是十分有价值的。“若湿气太重，人或受之则易伤脾。凡屋高而天井小者，风难入，日亦难入，必须设法祛散湿气，乃不生病。”[1]

针对儿子们的学习情况，在同一封信中，曾国藩为他们制订了六条养生之道并教授给他们，在这封信中，曾国藩除了关心儿子们的学习外，为了不使他们因身体素质差而影响学习，他写了六条养生之道教导他们：第一，吃完饭要走 1000 步；第二，睡觉之前要用热水泡脚；[2] 第三，不要动怒；第四，按时静养；第五，定期练习射箭（他觉得这样最容易锻炼肌肉）；第六，早餐要简单，不吃菜，只吃一碗米饭就行了。

在他最后的两年里，他眼睛的旧病又发作了。当年，在处理天津教案时，他有一只眼睛看不见了，经常还头晕目眩。在临终前几日，他又晕倒了，这次情况很严重，使他的朋友很担心，时刻保持警惕。当时，他坐着轿子到河边，本是会见客人，结果眩晕却突然发作了。正是因为疾病的产生，他迫切想要尽自己最后的一点儿力量，让后辈们懂得练就一副好的身体。在太平天国运动的那段岁月中，我们看到了中国人面对痛苦时的强大忍耐力，使我们觉得他们的骨子里还有着中世纪的精神。现代战场的清理是从克里米亚战争和美国内战开始的，当时的处理方式已经在考虑人类所能承受的痛苦程度了。但太平天国运动是非常惨烈的，

[1] 《家书》，1860年2月29日。

[2] 有利于血液循环。

不仅是对太平天国而言，对镇压太平军的清政府而言也是如此。曾国藩杀了那么多太平军战俘，是觉得心安理得的。1861 年，他的两个弟弟认为战争死了太多的人，写信征求他的建议。曾国藩对他们说："要想把毒瘤彻底割掉，只有这么做才行，杀越多叛乱者，毒瘤才能根治。同时铲除天父和天兄的宗教和天燕、天豫的官员是合乎情理的。"[1]"虽使周孔生今，断无不力谋诛灭之理。既谋诛灭，断无以多杀为悔之理。"在攻陷安庆后，曾国藩领导的湘军杀了 2 万名太平军。[2] 有资料显示，在金陵周围的战场上，三河口战役结束之后，共有 2 万多名太平军惨遭屠杀。[3] 金陵陷落后，湘军将城门紧紧关闭，在街头巷尾到处追捕太平军，当时，有近 10 万人被湘军杀死了[4]。此后没多久，鲍超在抚州又无情地杀了 4 万太平军。[5] 尽管太平军被残忍地杀害，但那时的人们都觉得理所应当。降王八人在苏州投降，被砍了头，人们也没有丝毫的同情。尽管戈登对此事很生气，想要杀了李鸿章，但就像前面讲的那样，曾国藩不仅不同意戈登这么做，还非常赞同李鸿章的做法。"阅本日文件，见李少荃杀苏州降王八人一信稿一片稿，殊为眼明手辣。"[6] 从这些记录中可以发现，曾国藩对这种战争造成的杀戮是麻木不仁的，甚至是赞同和认可的。

我们在前面的几章中，也讲述了曾国藩对外国人的态度。他在京城为官的那几年，从不和外国人联系，也不去了解他们，但他觉得要想对政府有利，就不能让外国人踏进国门。[7]1849 年，清政府正在想是否让外国人进广州城时，曾国藩写道："英夷在广东，今年复请入城。徐总督

[1] 《家书》，1861年7月19日。
[2] 《大事记》卷二，第6页下栏。
[3] 《大事记》卷三，第10页下栏。
[4] 《大事记》卷三，第10页下栏。
[5] 《大事记》卷三，第14页上栏。
[6] 《日记类钞》卷二，第38页。
[7] 《家书》各处。

办理有方，外夷折服，竟不入城。从此永无夷祸，圣心嘉悦之至。”[1] 我们知道，曾国藩开始征战的生活时，对火炮非常有兴趣，觉得没有大炮他什么也做不成。我们也能发现，在后来的战争中，他觉得是汽船和汽艇有助于他取得成功。当他听到容闳提议在上海建立铁厂时，他欣然同意，并积极给予支持。最初，他不允许用来复枪，最终还是被迫同意了。我们已经了解到他对除了用国外的军队防御以外的事的态度，但我们也明白，他的想法正在逐步发生改变。临终前，他想采用外国的军队模式来改变中国，在当时来看，他作为政治家的代表，算是最胆大和眼光最长远的人。

在对外关系上，他最初不太喜欢西方人，充满敌对之情，但随着事情一步步的变化，他的这种情绪发生了改变，渐渐地对西方人的力量和毅力有了一定的认识。1862 年，他回信给李鸿章讲道：“夷务本难措置，然根本不外孔子忠、信、笃、敬四字。笃者，厚也。敬者，慎也。信，只不说假话耳。然却极难。吾辈当从此字下手，今日说定之话，明日勿因小利害而变。”[2] 几天后，针对对外政策，他又在另一封书信中展开了叙述，其中关于使用外国军队的事，写道：

> 与洋人交际，其要有四语：曰言忠信；曰行笃敬；曰会防不会剿；曰先疏后亲。忠者，无欺诈之心；信者，无欺诈之言；笃者，质厚；敬者，谦谨。此二语者，无论彼之或顺或逆，我当常守此而勿失。

第三语他在别的地方讲过，这里不再多说了，看第四语：

[1] 《家书》，1849年5月8日。

[2] 《书札》卷十八，第17页。

先疏后亲一语，则务求我之兵力足以自立，先独剿一二处，果其严肃奋勇，不为洋人所笑，然后与洋人相亲，尚不为晚。本此数语以行，目下虽若龂龂不和，久之必可相合相安。[1]

很明显，曾国藩不想把外国人看成差等人。与之相反的是，从曾国藩和外国人接触中可以发现，由于中国人和外国人在人种上的不同，如果从长远利益出发，只有以儒家的“恕”和“仁”为原则，才能更好地相处，有利于双方关系的发展。如果相处过程中只是为了获得短暂的利益，就采用欺诈的手段，曾国藩是完全不同意的。这种行为目光太短浅，会影响中国的大业。

对于向西方敞开国门，让外国人来华经商的做法，曾国藩是完全不同意的。他其实知道寻求国外的帮助是必要的，但他不想让外国人过多地参与其中，这样就会使许多中国人失去工作，使中国商人的利益受到损害。在建立商船队时，一些最底层的工作，他先让中国人来做，等中国人有了经验之后，能够自己掌管商船，就让他们接替外国人的职位。他不太乐意见到全国到处都有很多新鲜的东西存在，而是更乐意采取传统的方式，使职位和产品等没有太多的改变。他曾这样写对外贸易（不知是在早年写的，还是在晚年写的）：“总的来说，西方人数百年来始终处于弱的被强的吞并的状态。他们来到中国，到处建厂，贩卖各种各样的商品，是有目的的，居心叵测，会损害我们国家人民的利益，给老百姓的生活带来灾难。西方入侵后，中国老百姓所受的灾难是无穷无尽的，生活极端痛苦。在对外开放的几个港口上，在长江贸易沿岸，他们的生意做得红红火火，可生活在底层的百姓却什么也没得到，生活困苦不堪。

[1] 《书札》卷十八，第29页下栏第30页上栏。

如果再答应了西方人贩盐的要求，一定会使现在合法贩盐商人的利益受到损害，难以维持生计。如果让他们到处建房屋和仓库，那货站和店铺的买卖就会受到影响。如果让他们在河岸上自由行驶汽艇，那么在大小船上生活的水手就会受到影响，使他们没有生活来源而贫困。如果同意他们架设电报线修建铁路，那车夫、搬运工和旅店的人就会没有工作。他们想要的东西太多，但我们能答应的只有一个，那就是用他们的工具挖煤，来维护中国的长远利益。”[1]

通过这段话，我们对曾国藩有了一个清晰的了解，对于中国之后的那些妥协退让政策，即清政府把中国大量的资源拱手让给外国人，把中国的财政收入的绝大多数用来偿还贷款的利息。不管曾国藩聚集到了哪种力量，他肯定是不同意的。

但是，不管是一名文官，还是一位武将，不论取得了怎样的功绩，曾国藩自始至终都认为他灵魂的所归之处只有中国的文学和哲学。他在书信中展现了一种特殊的人格，这是文章的典范。他是一个散文家，功底扎实，文章曾被编选入中国十八位大诗人的作品集中。有人认为他是清朝最出色的文学家和大学者，尽管这种评价并不是所有人都赞同。

[1] 川崎三郎：《东方的伟人》，第124页。

尾声

全世界的人都很关注19世纪中期爆发的太平天国运动。这场运动使中国中部的大多省份的正常生产和生活被破坏了，这种毁坏是严重的。这场大灾难是由一个高坐在金陵城的宝座上的人想出来的，听起来让人觉得匪夷所思。我将全部的原因从头到尾理了一遍，又研究了所有的史料，我更认为发动这场运动的真正领导者是朱九涛。在清政府的资料记载中，朱九涛是洪秀全和冯云山的导师。在运动早期，为了达到反清复明的目的，人们拥护他，并尊称他为天德王。前几天，《太平天国野史》出版了，书中提到了朱九涛这个人，并说冯云山和洪秀全曾是他的追随者。朱九涛死后，洪秀全才开始领导太平天国运动。[1] 我觉得太平军从永安突围后，当时清军抓住了天德，当时他还活着，化名为洪大全。这个化名也是他亲口承认的。他或许已在供词中完全交代了发动这场运动的真实目的，并且是按照他们最初的计划行事的。我基本上是相信的，朱

[1] 《太平天国野史》卷十二，第13页。

九涛和冯云山把洪秀全来自上帝的启示作为根本，一起合作，策划了这一运动。可是后来，由于清政府逮捕了朱九涛，冯云山也去世了，运动的领导权到了洪秀全等那些热衷于宗教的人手中。这些人只是一味地利用宗教，最终致使太平天国运动被镇压了。这场本来是民众参与的运动，最终却演变为一次宗教性质的暴动，使那些没有办法参与到天平天国运动中的中坚力量转而支持清政府，他们没有参加太平军是因他们无法接受奇怪的宗教势力，三合会离开太平天国运动，也是这个原因。起初，三合会是太平军的支持者，但在太平军从广西的山林中突围，前往金陵时，三合会退出了。我提出的这种假设和推测，也正好能解释清楚为什么太平天国运动分化成了好几个阵营。

西方国家听说中国建立了一个基督教国家，都很有兴趣。太平军接受了来自大洋彼岸的教义，甚至还请传教士到金陵指导他们的行动。太平军占领金陵后不久，三个强国就从上海派代表到了金陵，研究他们的政策和宗教观念。最终，他们发现太平天国人士没什么政治能力，表面上崇拜《圣经》，实际上还是离不开儒家学说和佛教教义，用它们去解释基督教的教义。而且一种人神同形同性论的颠覆性理论也被他们吸纳了，他们称洪秀全为神，认为他是上帝的次子，东王杨秀清自称圣灵和“赎病主”。他们对于偶像精神的破除，有着强烈的想法，也很看重十诫和信仰形式，但默许抢掠的存在，这样做是为了确保军力的强大。领导阶级内部腐败不堪，各领导成员之间斗争不断，最终迫使真正有才能的领袖离开了。1858 年，以忠王和英王为代表的优秀人才的出现，使太平天国运动有了新的希望。

太平军在政治、宗教和智力等方面都是欠缺的，如果清政府实力够强大，又是一个统一的政权，那很快就会把他们镇压下去。但清王朝早期的皇帝为了避免像康熙皇帝那样，动用各种力量镇压了吴三桂叛乱，最终使民政和军权分开，出现了很多割据势力，致使清政府很难统一指挥各地方政权。地方自治得到了很好的发展，在这种行政体制下地方主义形成了，因此中央政府很难调动大量的地方军。此外，中央政府的财政收入主要来自地方的进贡，其他收入都相对不稳定。各省经费充足，有能力去组建地方军队。因此，巡抚们不想为朝廷的军队建设提供更多的经费。曾国藩在组建湘军时就遭到了这种行政体制的严重阻碍，几乎没有办法开展工作。他只是清政府派来的高官，其他什么都没有，这一官位也不能为他有效地筹集资金，只有湖南巡抚以及后上任的巡抚和总督给予了他一定的支持。在太平天国运动的后期，他担任了两江总督，门生李鸿章和左宗棠担任巡抚时，他的军队才有了充足的经费支持，也才有钱招募兵力用以镇压太平军。当曾国荃围攻金陵时，他只有2万人，但1864年湘军攻克金陵时，兵力增加到了5万人。曾国藩攻打金陵这11年的全部军费只有近2130万，这些是各省提供的银子、他在总督所辖地所得的全部财政收入以及卖出荣衔官位所换取的钱财。为什么太平天国运动被彻底镇压需要花费11年的时间，从这一点中我们应该有所了解。

如果我们认为曾国藩做事慢慢吞吞，比如即使有些工作要有冲劲和活力，他也会小心谨慎地处理，那我们应该看到一件十分明显的事，那就是他在工作上所面对的各种困境，比如上面提到的经费问题。在镇压太平天国运动的战争中，清政府的正规军一点儿战斗力都没有，如果不是地方兵力的介入，太平天国运动根本不可能失败。由于没有足够的财政支持曾国藩招募新兵，因此他所能领导的参加战斗的民兵部队每支只有几千人。还有一点我们应该看到，太平军之所以能把几十万善于烧杀抢掠的无组织无纪律之人轻而易举地召集起来，并不是曾国藩不行，而且清政府无能，在这种体制内的人都不能避免。曾国藩所做的事，只是白费工夫，没有取得成效，相反带来坏的影响。他一方面需要筹资建军队，另一方面还要想方设法取得战争的胜利，但要想有资金，就得背离一个为官者应该具备的品质，因为在他们看来，这笔钱，如果不用于招兵买马，用在他处的话，能带来更大的益处。因此，为了达到目的，他一定要面对羡慕他的官员、官场的风气以及官僚阶层的既得利益，这些他都得克服。

除此之外，曾国藩需要战胜的困难还有：第一，他自己本身是文官出身，没有当过兵，更没受过系统的军事训练。他只是一个有名望的学者，没有当过任何军事将领。第二，没有人支持他，甚至有时被各省官绅们抵制。因此在他的一生中，他主要的行政路线是非正统的。第三，军队之间的矛盾。一般来说，主要是他和正规军官兵之间的摩擦，正规军对民兵力量充满嫉妒，这似乎自古就有。第四，在他担任总督前，他的财政支持只有向官员们求助。第五，清军无力镇压太平军引起的北京政府的恐慌，他必须承受。清政府会下令让曾国藩弃城，抓捕太平天国那个很难找到行踪的王爷。第六，太平军将领的计谋高超，特别是有的将领采取调虎离山之计，让他和军队走了错误的路线。第七，有时会有危险，有时会“丢面子”（和遇到危险同样难对付）。但他遇到这些困难后，表现出了坚定的耐力和勇敢的行动力。

有一点不能忽视，就是我们不应该以太高的标准来要求曾国藩。他对于一些制定的计划都毫不动摇地执行，有时因为他人，特别是天才般的江忠源，还有能力欠缺的赛尚阿——江忠源坚定支持建水师的想法，赛尚阿提出建新军。他能让一群有着忠贞之心、精明能干的官员围绕在他身边，主要凭借的就是他的才干。在这些官员中，很多人在太平天国运动时期及之后发迹，宦途得意，如胡林翼、杨载福、鲍超、李鸿章、彭玉麟、左宗棠、李瀚章、曾国荃，还有一些职位不高的人。有几个如果不是在战场牺牲的话，一定扬名立万。正是靠着他们的支持，曾国藩才能彻底镇压了太平天国运动，即使没有外国军队的帮忙，他也能做到。在战争中，他还为国家训练了一批有着先进思想的新型官员，如果不是他，清政府很难寻找到这些优秀的人才。

战争结束后，他在中国政府中是最有权有势的。清政府为他开了先例，曾在他手下工作的许多人连最低级的官都没当过就直接被提拔为省级高官。这是完全违背常规的，因此李翁兵在他的书中连连感慨。在镇压捻军时，曾国藩的权力很大，除了有权调动汉人的军队外，还能指挥北方的旗营军队。他把之前镇压太平军的拥护者召集起来，成功地击败了捻军，不过曾国藩的胜果最终到了李鸿章手里。不管是曾国藩自己取得的成绩，还是靠着他的拥护者取得的功绩，都能够用以反驳莫尔斯讽刺[1]李鸿章和曾国藩的话。他说："这两人，曾国藩不常和外国人交流，如果他不会开玩笑的话，如果没有外国人帮助他们，他自己镇压了太平天国运动的话，那他为自己感到很骄傲。"这些证据也有助于我们评价罗伯特·哈特爵士的说法，关于1870年曾国藩处理天津教案的事，他说："总的来看，他在处理的时候什么也不做，他害怕百姓，处事优柔寡断，在他取得了镇压太平天国运动的胜利后，让人无法理解，他靠的是什么获得了胜利的呢。也许人们给了他太高的评价，其实他的才能是很平庸的（对此我不反对）。"[2]如果综合衡量各方面的情况，参考曾国藩在1853年到1864年那段时期的政绩来看，罗伯特·哈特爵士评价是不合理的。罗伯特·哈特爵士或许没能真正地明白曾国藩当时战胜的困难，就我自己来看，对于他处理天津教案的记载不能完全证明他的才能平庸。

在对外关系上，曾国藩确实不怎么和西方人交流。但他对欧洲人的态度在发生改变，由最初的敌对变成慢慢地开始接受。他反对雇佣外国人加入

[1] 莫尔斯：《中华帝国的国际关系》第2卷，第207页。

[2] 1870年9月28日致E. B. 德鲁的信，摘录于上书第2卷第208页。

中国军队，是因为他担心清政府会陷入危险之中，而不是排斥外人。有时对与外国贸易和交通方式的任意扩张，他是不赞同的，但他重视建造汽船。晚年，他还提出派遣留学生到海外进行深造。从他留下来的书信和奏折中，我们可以看到，曾国藩比清政府其他大多数的官员都了解外国的政治。

有些问题，在本书正文中没有探讨过，在这里还是要讲一下。挽救清王朝还有意义吗？如今的社会没有像当时的社会那样，给予曾国藩足够的关注。民国时，他长沙豪华雄伟的祠堂被军队毁坏了。从 1911 年起，民国军队就占领了长沙。花园的一部分被曾氏家族改建成了高等女子学校，校长是曾国藩的重孙女。对一些人来说，曾国藩和清王朝是紧密联系在一起的，但清王朝是被世人所诅咒的。当太平军打算将百姓传统的生活习俗和道德摧毁时，曾国藩和他的湘军反对太平军的大旗是得民心的，是百姓们心中所希望的。

还有一件事需要强调：假设当时太平天国运动取得了成功，那在中国的大地上就会出现两个政权，由于北方百姓不会支持太平天国，因此就会爆发更多的战争。1911 年的辛亥革命尽管成功了，但中国好像还是被地方势力所分割，没有任何希望可言。这种政权的分裂，给国家带来了沉重的灾难。当时，想要保卫国家的领土完整不被分割，是根本不可能做到的。曾国藩保护了国家领土的完整，对大清朝来说，曾国藩使它暂时勉强维持生存，直到民心尽失才最终被推翻。当一个较为兴盛的中国明白这个道理时，也许会赠给曾国藩作为一个军人和一个政治家所应得的荣誉。而曾国藩作为一名忠诚的政府的仆从，以及始终践行孔子思想的伟大品质，最终将被世人所认可。